LANGAGES DE L'ART

DU MÊME AUTEUR

La Structure de l'apparence, Vrin, 2005.
Esthétique et connaissance : pour changer de sujet (en collaboration avec Catherine Z. Elgin), Éclat, 2001.
L'Art en théorie et en action, Éclat, 1996.
Reconceptions en philosophie, dans d'autres arts et dans d'autres sciences (en collaboration avec Catherine Z. Elgin), PUF, 1994.
Faits, fictions et prédictions, Minuit, 1985.

NELSON GOODMAN

LANGAGES DE L'ART

Une approche de la théorie des symboles

Présenté et traduit de l'anglais
par Jacques Morizot

HACHETTE
Littératures

Collection fondée par Georges Liébert
et dirigée par Joël Roman

INTRODUCTION DU TRADUCTEUR

L'orgie n'est plus la sœur de l'inspiration : nous avons cassé cette parenté adultère.

Charles Baudelaire.

La rencontre entre la tradition esthétique et la pensée analytique, et le projet de constituer une philosophie analytique de l'art, a de prime abord tout pour faire naître la méfiance ou l'hostilité. Les tenants d'un discours interprétatif et inspiré sur les œuvres craindront par avance que la médiation de formes conceptuelles, de quelque nature qu'elles soient, ne menace l'irréductible originalité de l'art et n'annule la prégnance idiosyncrasique de chaque exemple. À l'inverse, les partisans d'un positivisme intransigeant contesteront que l'art soit en mesure d'apporter la moindre contribution cognitivement pertinente à une philosophie qui s'impose des contraintes méthodologiques sévères.

Un tel dialogue de sourds a peu de chance d'être surmonté si l'on n'en dénonce pas les conditions artificielles et ruineuses. Or il n'est pas difficile de suspecter que nos deux adversaires caricaturaux partagent la même espèce de malentendu, qui est la réduction de l'« analyse » philosophique à une sorte d'épistémologie logicisée dont l'enjeu majeur serait d'imposer une sorte de rationalité extrinsèque, idéalement reconstruite pour satisfaire à des normes scientifiques. La France, qui est restée à l'écart de son élaboration, est la terre de prédilection de ce genre de contresens, d'autant plus aisément que sa vie philosophique récente a été dominée par la dramatisation bachelardienne du concept et de l'image et par l'influence de l'anti-intellectualisme post-nietzschéen. La conjonction de ces deux courants a eu pour effet de décourager une approche à la fois modeste et techniquement universelle du langage des arts.

Pour ne rien arranger, de nombreux travaux ont indûment privilégié une relation à des œuvres canoniques surchargées de significations et de commentaires, alors qu'il aurait été philosophiquement plus instructif d'interroger des formes plus paradoxales mais capables de révéler des questions que la présentation des œuvres classiques empêchait de laisser émerger. Ce que Merleau-Ponty trouvait de manière privilégiée chez Cézanne, c'est l'art conceptuel qui peut le procurer aujourd'hui au philosophe-logicien. L'évolution de l'art ne peut laisser inchangé le type de réflexion sur l'art ; la question décisive n'est plus désormais l'enracinement sensible et le chiasme entre chaire et monde mais le rapport entre l'événement et l'intentionalité artistique, entre l'œuvre et les processus qui l'engendrent. Le readymade de Duchamp, le monochrome de Klein, l'art en tant qu'idée de Kosuth, en imposant une « dé-définition » (Rosenberg) de l'œuvre, mettent au centre de l'enquête philosophique les modalités opératoires réglant son existence. Le premier mérite des théoriciens anglo-saxons, avant même leurs scrupules de méthode, est d'avoir accepté de réfléchir sur le pop'art ou l'hyperréalisme pour y voir autre chose qu'un banal symptôme sociologique, et d'avoir cherché à ré-éclairer à partir de là les questions générales de la nature et de l'identité des actes artistiques.

Le cas de Goodman n'est assurément pas le plus simple car sa notoriété comme figure de proue du nominalisme épistémologique a compliqué l'évaluation de son travail sur les arts. Une lecture superficielle et malveillante a eu tendance à n'y chercher qu'une application détournée et quelque peu perverse de schémas qui auraient leur seul mérite en théorie de la connaissance, alors que l'ambition avouée de l'auteur est d'installer chaque point de vue dans une égale dignité théorétique. On ne s'est pas suffisamment avisé que, de tous les auteurs anglo-saxons, Goodman est certainement celui qui a pris le plus au sérieux l'expérience du relativisme des langages, et celle de leur commensurabilité symbolique, sans jamais céder à la facile confusion des discours. Son pari philosophique est de repenser la stratégie cognitive à partie du fait de l'hétérogénéité des modes de symbolisation, et des conditions que ce fait impose à une rationalité ouverte et évolutive.

Cette approche présente des caractères spécifiques, autant sur le plan logique que philosophique. Dès ses années de collaboration avec Quine, Goodman s'est avisé qu'une révision sérieuse des contraintes architectoniques courantes relatives aux procédures définitionnelles et aux conditions effectives d'individuation était indispensable. Entre autres, ses recherches sur la synonymie et la théorie des systèmes l'ont convaincu que le critère habituel d'identité extensionnelle entre definiens et definiendum, loin d'être trop lâche, était en réalité trop restrictif puisqu'il échouait à différencier des expressions coextensives non identiques en signification, telles par exemple une image de licorne et une image de dragon qui sont pourtant coréférentielles puisque leur domaine d'extension est dans chaque cas vide.

Mais le choix d'un isomorphisme structural qui préserve seulement une loi d'ensemble et non une correspondance terme à terme conduit de proche en proche à abandonner le réalisme au sens ordinaire. Dans les textes récents la prévalence de la globalité et de la pluralité devient une thèse centrale : seules existent des « version du monde » nombreuses et hétérogènes, éventuellement conflictuelles, quoique toutes ancrées à l'intérieur d'une expérience du monde réel. En toute rigueur, il n'y a même plus de sens à parler de différentes versions du même fait, c'est au contraire le fait qui est à comprendre comme une relation invariante entre certaines versions. Dans ce contexte la notion de vérité est à penser comme cas particulier de justesse, relativisée à des critères d'acceptabilité plus variés et plus mobiles.

La forme d'*irréalisme* que revendique Goodman ne doit pourtant rien à l'idée de « mondes possibles », elle est avant tout un défi lancé à la totalité des alternatives métaphysiques usuelles. Positivement elle équivaut à la thèse du réalisme interne du dernier Putnam, ontologiquement faible en ce qu'elle refuse de rendre « la réalité » indépendante du cadre de description adopté, sans pour autant céder à l'extrémisme d'un désaveu de la raison écartelée par l'incomparabilité supposée de ses productions. Mais avec Goodman l'ironie n'est jamais absente, et il s'amuse à renvoyer dos à dos ses adversaires désorientés ; le rationaliste ne sait que penser de la radicalité apparente de son relativisme, et le sceptique reste perplexe devant son appétit constructionnel.

Aux yeux du lecteur français, Goodman peut donc apparaître comme le champion d'une vision polymorphe et décentrée, et servir d'antidote à une conception monodrome de la rationalité. Il incarne même ce paradoxe surprenant d'une inflexible rigueur logicienne jointe à un sens de la découverte et de la variation inépuisable. Discipline et aventure enfin associées au lieu de se contredire ou de s'annuler. C'est pourquoi il peut être l'occasion privilégiée d'une double prise de conscience philosophique, par rapport au contenu propre de l'œuvre ici traduite, et par rapport à la tradition intellectuelle à laquelle elle se rattache. D'une part une volonté de vivifier la recherche sur les arts s'enracine dans des interrogations inhabituelles pour l'esthéticien mais qui ont l'insigne avantage d'évacuer des formulations impossibles à clarifier et de faire apparaître à leur place de nouvelles articulations conceptuelles dont la fécondité dépasse largement la problématique de leur point de départ. D'autre part cette stratégie novatrice vaut elle-même comme réorientation de l'image scolastique dans laquelle on a souvent enfermé la philosophie récente de langue anglaise, ou plutôt dans laquelle elle s'est elle-même enfermée par son inlassable ressassement d'exemples d'école. Un échange fructueux se noue alors entre des secteurs jusque-là indifférents l'un à l'autre, des résultats prometteurs relancent l'investigation sur des voies qu'on pouvait croire épuisées ou sans issue, et l'ensemble de la pratique philosophique se trouve dynamisée en même temps que la considération des arts a de meilleures chances d'échapper à l'arbitraire interprétatif et au dogmatisme métaphysique.

* *

Certes, aussi novatrice soit-elle, son œuvre s'inscrit dans un contexte historique déterminé. On considère habituellement que ce sont les articles de Morris Weitz, de Ziff, de Bouwsma qui ont établi les premiers points de repère solides, en rupture avec l'idéalisme esthétique de Santayana, Collingwood et Dewey. Ils imposent surtout le maillon intermédiaire entre le réductionnisme positiviste qui cherche à dissoudre l'art au nom d'une objectivité sans compromis et l'entreprise de récupération de la critique d'art qui ne légitime l'art qu'à travers le discours qu'on peut tenir sur lui. Ces travaux se plaçaient pour l'essentiel dans la filiation wittgensteinienne et avaient pour préoccupation dominante la différence entre les concepts scientifiques et la forme de théorisation accessible aux recherches esthétiques. Ainsi Weitz entreprend-il de rendre compte de la logique du mot art par référence à la notion de « concept ouvert », et Bouwsma propose-t-il une théorie de l'expression littéraire qui soit indépendante d'un monde intentionnel de la subjectivité. L'aboutissement moderne le plus accompli et le dépassement partiel de ce programme passe par l'analyse d'un « monde de l'art » telle qu'elle est menée par Dickie et Danto, en réaction contre « le fantôme de "l'attitude esthétique" » selon M. Beardsley et au bénéfice d'une approche institutionnelle ; mais celle-ci ne peut non plus être séparée de l'énorme effort de réévaluation des sources entrepris par les historiens des arts visuels, ainsi que par les musicologues du domaine baroque.

Sans être étrangère à ces approches dont elle intègre de nombreux aspects, mais toujours soucieuse de se démarquer de thèses ontologiquement compromettantes, l'œuvre de Goodman représente un autre départ, plus conforme à l'esprit instrumental américain. N'oublions pas qu'il s'est voulu l'héritier philosophique de Carnap dont il oppose l'exigence constructive au travail de diagnostic et de sape des adeptes britanniques du langage ordinaire. Son objectif n'est pas de découvrir les conditions de signification des énoncés esthétiques ni la spécificité du concept d'art mais d'élaborer un système rigoureux de variables objectuelles et de relations fonctionnelles capable d'en expliquer le fonctionnement, quand bien même celui-ci ne refléterait qu'approximativement le détail des situations concrètes. N'est-il pas d'ailleurs dans la nature de tout modèle d'être infidèle à la totalité du réel, à commencer par la carte de géographie que personne ne s'attend à voir reverdir chaque printemps ?

L'entreprise de Goodman pourrait être le plus justement dénommée une *logique de la schématisation artistique,* c'est-à-dire une théorie de la symbolisation applicable aux objets de l'art, et plus particulièrement au fonctionnement des œuvres. Ceci impose de concevoir l'œuvre non pas comme un artefact doté de propriétés matérielles constitutives, ni comme un univers incomparable et inépuisable de significations, mais comme une architecture de symboles organisés dans leurs propriétés syntaxiques et sémantiques, et variable en fonction des règles de projection sélectionnées. La notion d'« expérience esthétique » y perd à coup sûr la position initiale et exclusive qu'elle ne devait parfois qu'à une pétition de principe, mais elle conserve une rôle incontournable de pierre de touche pour l'acceptabilité du système d'hypothèses adopté, ne serait-ce que parce que toute analyse convaincante de l'art doit vérifier certaines caractéristiques usuelles majeures de la pratique culturelle.

Parler de symboles ne doit pas plus orienter vers une philosophie de tendance analogique que vers une sur-intellectualisation, mais doit en revanche inviter à mettre l'accent sur le processus d'interaction entre l'objet et les formes d'usages qui lui confèrent une pertinence artistique. Goodman adopte à dessein une attitude physicaliste, moins par méfiance envers le phénoménalisme dont il a été le principal avocat en épistémologie, que pour décourager la quête de sous-entendus et d'interprétations systématiquement détournées. En fait ce n'est pas la nature intrinsèque d'un élément qui importe mais sa place au sein d'une configuration d'éléments qui détermine un contexte sémiotique d'emploi (il arrive qu'une lettre fonctionne comme symbole graphique, comme dans un tableau de Jasper Johns, et qu'une image n'ait qu'un sens conventionnel, par exemple dans un pictogramme, etc.).

On comprend mieux dans cette optique que le questionnement artistique puisse être abordé fructueusement à partir de problèmes techniques d'apparence mineure, par exemple : la danse ou la peinture sont-elles justiciables d'une notation comme l'est la musique ? ou bien : la copie d'une œuvre picturale vaut-elle comme réplique de cette œuvre ? etc., et soit régulièrement confronté à des situations issues de la pratique, par exemple : une estampe est-elle assimilable à un diagramme ou à un échantillon ? etc., ainsi qu'à d'autres secteurs de l'activité intellectuelle, en particulier la recherche scientifique. Il ne faut voir là aucune intention de minimiser les prédicats esthétiques traditionnels, plutôt l'occasion d'illustrer comment un tel va-et-vient conceptuel peut les ré-éclairer à partir d'un réseau de similitudes et de contrastes.

Le point le plus caractéristique concerne l'importance reconnue à la portée délocutive des symboles artistiques. Lorsqu'on aborde une œuvre d'art, on a souvent tendance à l'envisager comme un message absolu et autonome dont l'existence s'imposerait avec le même genre d'évidence qu'un objet naturel, et qui peut recevoir toute interprétation préservant une cohérence minimale de son contenu. Ce point de vue internaliste est d'ailleurs compatible avec une large gamme d'attitudes phénoménologiquement divergentes, allant du formalisme le plus intransigeant à une revendication d'anarchisme esthétique.

Mais on peut faire le choix opposé et adhérer à une conception externaliste. Si on laisse de côté la dimension idéologique, i.e. l'ensemble des rapports historiques, sociologiques, politiques, etc., que l'œuvre entretient avec son milieu, ainsi que les considérations attachées aux motivations de l'artiste, au choix du sujet, etc., tous aspects qui ne relèvent pas d'une approche sémiotique, l'enjeu de l'analyse se concentre sur la relation entre l'œuvre en tant que symbole et le type de réalité qui lui correspond ou qui en est la réalisation. L'exploration de sa structure interne est alors dépassée vers celle de sa fonction référentielle, à travers l'examen des désignateurs qui assurent ce mécanisme de renvoi. Faire une théorie de l'art revient dans ces conditions à déterminer la sémantique appropriée des systèmes symboliques qu'il utilise, ce que Goodman aborde en termes de concordance afin de généraliser la dénotation à toute espèce de situation symbolique.

Le terme de sémantique a toutefois l'inconvénient d'être pris tantôt dans son acception linguistique de signification, tantôt dans son acception formelle d'extension (ou d'interprétation selon un modèle). Conformément à la réduction millienne et russellienne de la problématique du sens à la référence, l'approche sémantique consistera à déterminer quels sont les concordants d'une variété symbolique, c'est-à-dire l'univers d'application pour lequel l'œuvre possède une fonctionnement correct. Mais on est vite confronté à des difficultés sérieuses qui obligent à coupler intimement la théorie référentielle à des considérations sémiotiques, comme Peirce l'avait découvert. Il faut d'abord tenir compte des limitations du cadre vérifonctionnel et, plutôt que de chercher à étendre arbitrairement l'usage du terme de vérité au-delà des frontières coutumières, Goodman (qui n'adhère d'ailleurs pas à la thèse tarskienne) préfère la redéfinir dans le langage fonctionnel de la convenance qui offre l'avantage de reposer sur un processus d'adéquation expérimentalement révisable et de s'appliquer à des cas qui ne sont pas des énoncés.

La difficulté majeure tient pourtant à la différence de localisation de l'œuvre d'une forme d'art à une autre. Tout le monde admettra qu'un poème est une œuvre alors qu'une partition n'est qu'une prescription d'œuvre, quand bien même on écouterait une lecture orale du poème et qu'on déchiffrerait soi-même la partition. Et que pourrait être notre vision de *La Joconde,* aime à demander le musicologue Jean-Pierre Marty, si nous ne disposions pas du tableau mais seulement d'informations verbales laissées par Léonard, analogues aux directives notationnelles du compositeur ? Ces questions ne sont aucunement secondaires, elles commandent non seulement la signification de l'œuvre dans sa réception concrète mais la compréhension de son identité symbolique. Ainsi les innovations typographiques d'Apollinaire font partie intégrante de sa conception de la poésie alors que les traits visuels n'affectent pas le statut de la partition, sauf à modifier l'extension du terme dans le sens de graphismes musicaux ; quant au tempo, par exemple, il ajoute une spécification qui, quoique essentielle à l'expressivité du résultat sonore, reste extérieure à la correction « orthographique » de l'œuvre. Il ne faut donc pas se laisser abuser par l'apparence extérieure de l'œuvre ; à cet égard même la distinction entre une image et un texte peut se révéler trompeuse puisqu'il est possible de faire un usage allographique d'une image (le diagramme) et un usage autographique d'un mot (en graphologie par exemple), voire de leur ôter tout statut symbolique artistiquement significatif (ainsi lorsqu'un poème est utilisé comme code secret). Et corrélativement il ne suffit pas d'établir un codage spécifiant univoquement l'identité des marques (telle est par exemple l'ambition de l'abécédaire de la forme-couleur développé par Vasarely) pour doter les œuvres correspondantes d'un caractère notationnel.

Il est à peine besoin de noter combien une telle approche diffère radicalement de la sémiologie post-saussurienne dont l'horizon semble souvent se borner à savoir appliquer correctement des procédures linguistiques à des signes non verbaux (comment découper une image en syntagmes pertinents, etc.) sans en faire l'enjeu d'une discrimination logico-symbolique. Le paradoxe est que le « linguistic turn » se présente chez Goodman sous deux modalités en apparence contraires : d'un côté le modèle linguistique est relativisé à une classe assez restreinte de marques, et l'échec patent de la notationalité pour les non-langages se trouve établi à partir de critères théoriques rigoureux (c'est l'impossibilité de constituer des caractères qui a pour conséquence inévitable la non-échangeabilité entre marques équivalentes), mais en retour le langage est promu en tant que véhicule universel puisque toute référence est solidaire d'un cadre symbolique qui assure la possibilité d'une signalisation (ainsi un élément purement matériel tel qu'un fragment de tissu possédant une certaine qualité sensible ne peut fonctionner comme échantillon que s'il l'exemplifie, c'est-à-dire que si un prédicat quel qu'il soit se trouve effectivement dénoté). On reconnaît ici l'écho de la conviction nominaliste de Goodman, attaché à un monde d'individus, sans classes ni propriétés, que seule notre capacité à imposer un ordre rationnel sauve de l'indifférence et du chaos. Toutefois, on l'a souvent fait remarquer, l'usage qu'il fait du nominalisme est moins celui d'une hypothèse métaphysique que d'une hygiène épistémologique régulatrice et préventive.

*   *

Les principales thèses de *Langages de l'art* sont schématiquement résumables dans le tableau suivant*. Il peut être en effet commode de distinguer trois plans d'analyse qui conduisent de l'examen des relations opératoires élémentaires (I) aux conditions définitionnelles de l'œuvre (II) et à son fonctionnement symbolique global (III). À chaque niveau la méthode de Goodman consiste à ruiner une conception qu'il juge indéfendable quoiqu'elle soit prévalente, et à proposer les soubassements d'une alternative théorique solide. Il réconcilie ainsi la double inspiration du questionneur naïf et critique et de l'expert en constructions formelles — un peu comme le Socrate poppérien qui a lu Gödel et s'en trouve conforté dans sa croisade anti-sophistique.

I	représentation ≠ imitation expression ≠ empathie	théorie de la référence
II	identification ≠ indifférenciation esthétique	théorie de la projection théorie de la notation
III	fonctionnement esthétique ≠ valeur ou mérite	théorie de la symbolisation

(*) Pour un traitement plus développé, voir :
C. Elgin, With Reference to Reference, Hackett Publishing Co., Indianapolis and Cambridge, 1983.
J. Morizot, Logique de la symbolisation artistique (à paraître).

(I) Le premier niveau a pour horizon les labyrinthes de la représentation, entendue dans son sens iconique ordinaire et dans sa fonction plus générale de duplication symbolique du monde.

En ce qui concerne le fonctionnement référentiel, une différenciation entre forme graphique et forme textuelle est sans portée : la description (verbale) et la dépiction (par image) sont deux variétés dénotationnelles parallèles, en dépit des dissymétries que la tradition occidentale a valorisées, tant en soulignant le caractère conventionnel des mots et des écrits par opposition au caractère direct de l'image, qu'à rebours en les surchargeant aussitôt d'une intériorité capable de multiplier à l'infini leur pouvoir rhétorique d'évocation. Aussi, à l'encontre de l'inspiration longtemps dominante de la philosophie esthétique qui accordait une place prépondérante à la mimesis et à l'empathie émotionnelle, Goodman opère une critique radicale de l'absolutisme de la représentation (dans sa prétention à l'objectivité optique, et dans son illusion d'une norme indépendante de réalisme) et de la subjectivité de l'expression (qui devient une espèce métaphorique d'exemplification).

Mais c'est la nature même de la représentation qui est à réexaminer ; Goodman est conduit à faire éclater l'unité factice d'une notion qui confond sous le même terme une relation dyadique (entre image et référent) et une relation monadique (qui vaut latéralement entre des images d'une même catégorie), ce qui règle aussi de manière économique le cas des fictions. En arrachant à son tour l'exemplification à la simple possession pour en faire une relation converse de la dénotation, c'est l'ensemble du problème référentiel qui est abordable sans quitter le sol ferme de l'extensionalité.

Deux points toutefois méritent d'être soulignés. D'abord il est faux de prétendre que Goodman réduit la représentation à une pure dénotation, et l'œuvre à un ensemble de stimuli sensoriels, mais l'orientation inscriptionaliste de sa pensée jointe à son allure volontiers polémique le conduit sans aucun doute à sous-estimer le rôle des composants non perceptifs — d'où les reproches antinomiques de minimalisme et d'idéalisme !

De plus, il apparaît très vite indispensable de dépasser le cadre simpliste des variétés référentielles isolées (one-step reference) pour celui d'une référence complexe où une hiérarchie dénotationnelle permet de classer les étiquettes en fonction de leur position relative sur une échelle (dans un texte par exemple l'emploi des guillemets a pour effet de déplacer le bloc concerné d'un degré). De manière moins statique, il convient de raisonner en termes de chaînes référentielles dans lesquelles chaque pas intermédiaire correspond à une relation spécifique (ainsi : une étape exemplificationnelle, puis notationnelle, puis expressive, etc.), ce qui fournit une base objective de mesure de son éloignement référentiel (cf. *Of Mind and Other Matters,* IIIe partie). La conception de la métaphore développée ici au chapitre II constitue par avance une application élémentaire de référence indirecte au discours littéraire.

(II) La question de l'identification est complexe car elle met en jeu de multiples aspects dont les deux plus importants ici portent sur la projection et sur la notation. Le point de départ de Goodman est le problème simple mais paradoxal de l'authenticité d'une œuvre au sens de la reconnaissance de sa paternité véritable, et plus exactement des conséquences que cette reconnaissance impose à l'appréciation esthétique de l'œuvre : en quoi deux tableaux qu'il est visuellement impossible de différencier pourraient-ils ne pas avoir le même statut ? Si l'on veut appréhender le sens de la démarche de l'auteur, il vaut probablement mieux suivre l'itinéraire inverse du sien et remonter des résultats techniques vers le type d'interrogation qui le motive.

L'acquis le plus patent (développé tout au long des chapitres IV et V) est la construction quasi axiomatique d'une théorie de la notationalité qui détermine les conditions auxquelles doivent satisfaire des éléments quelconques pour qu'une contrefaçon soit dénuée de sens. Le noyau de l'analyse est la notion de caractère pris comme classe d'équivalence entre inscriptions singulières (dans un texte par exemple une lettre est une telle classe modulo le cardinal de l'alphabet), de telle sorte qu'on sache toujours déterminer si une inscription appartient ou non à un caractère donné. Par le choix de réquisits adéquats, Goodman aboutit à la distinction fondamentale de la densité vs la différenciation (ou articulation) dont le paradigme technologique usuel est l'opposition entre analogique et digital (ou numérique). Il en découle qu'il peut exister des faux dans les arts graphiques mais non pas pour les œuvres littéraires ou musicales (cela n'exclut pas des contrefaçons d'édition ou d'interprétation, ce qui n'est plus la même question).

Cette analyse ne serait pourtant pas d'un grand secours artistique si on ne la supplémentait pas de deux manières. En premier lieu, il faut être conscient que la structuration sémantique a autant d'importance que l'organisation syntaxique, même si elle est moins intuitive. Le privilège de la notation musicale standard est précisément d'assurer une correspondance univoque entre la partition et l'événement sonore résultant (avec une marge de liberté elle-même contrôlable) alors que les classe de concordance d'un texte sont denses, sauf à réduire ses concordants à la seule réalisation vocale indépendamment du sens, ce qui serait une violence indue et inacceptable. L'opposition fonctionnelle entre les autographes et les allographes doit donc être remplacée par la tripartition symbolique des esquisses, scripts et partitions qui commande l'interprétation sémio-esthétique des différents arts.

Par ailleurs l'usage qui est fait d'un ensemble symbolique non différencié dépend ou non de stipulations, implicites ou expresses. L'on ne dispose habituellement d'aucune règle d'interprétation lorsqu'on regarde une aquarelle (eût-elle un titre explicite et un style typique) alors que la lecture d'un diagramme impose des conventions strictes qui sont énoncées par la légende. La distinction pertinente est entre saturation (avec pour corollaire l'originalité maximale) vs atténuation (par sélection de paramètres significatifs) qui est une question de degré et non de nature et toujours surdéterminée par les traditions culturelles (en Occident il existe une longue tradition de sémiologie graphique alors que l'Orient semble avoir privilégié le processus inverse, par la stylisation calligraphique de l'écriture). Le même phénomène vaut au niveau du contenu exemplifié et permet de distinguer par exemple un échantillon commercial et une lithographie très fouillée de Carzou.

On comprend alors que la tâche d'un expert artistique soit infiniment plus délicate que celle d'un contremaître déchiffrant un plan architectural. C'est qu'il doit se livrer à une recherche inductive hasardeuse, avec pour base la classe des identifications considérées comme correctes, mais rien ne peut exclure d'avance les pièges les plus redoutables (le cas Van Meegeren est l'analogue esthétique de l'énigme épistémologique des émeraudes bleues développée dans le chapitre IV de *Faits, fictions et prédictions*). La conclusion n'est pas que l'authenticité artistique n'est pas fonction de l'originalité créatrice, mais que la possibilité qu'elle soit reconnue telle présuppose la conformité de la pratique symbolique à une théorie de la confirmation.

(III) L'ensemble des analyses précédentes converge vers une philosophie synthétique de l'activité symbolisante, c'est-à-dire de l'attitude active de l'homme devant le monde, ou plutôt devant les mondes qu'il ne cesse de fabriquer par sa manipulation des choses et des signes. En composant et décomposant, en déchiffrant un ordre ou en le modifiant, en répétant ou en supprimant, en déformant et en multipliant les variations, etc., il n'ajoute pas seulement à la diversité phénoménale, il réorganise ses propres catégories d'appréhension et son pouvoir de compréhension : faire et savoir ne font qu'un.

Par des cheminements différents et dans un langage qui doit beaucoup aux pragmatistes américains, Goodman défend une conception qui s'apparente à bien des égards à une problématique néo-kantienne. Le point de contact entre les deux traditions passe par une double réinterprétation : d'un côté Cassirer l'élargit à la dimension d'une philosophie de la culture, de l'autre Clarence Lewis la recentre autour d'une technologie du concept (avec son audacieuse reformulation d'un a priori qui est pragmatique et non transcendantal). Dans les deux cas, l'économie de la pensée conçue comme système de facultés est suffisamment bouleversée pour ôter leur sens aux vieilles frontières dogmatiquement fixées.

La fin de *Langages de l'art* est un plaidoyer vigoureux pour une transdisciplinarité de la démarche cognitive. Goodman ne s'en prend à l'image si répandue d'une esthétique émotionnelle, comme d'ailleurs aux clichés néo-positivistes sur la connaissance, que pour mieux faire apparaître leur responsabilité insigne dans le divorce moderne entre l'art et la science. Ainsi qu'il le revendique dans son dernier livre, en collaboration avec C. Elgin, « nous travaillons *à partir d'*une perspective qui emprunte aux arts, aux sciences, à la philosophie, à la perception, et à nos mondes quotidiens, et *en vue d'*une meilleure compréhension de chacun par l'intermédiaire d'une comparaison significative avec les autres » (*Reconceptions in Philosophy and Other Arts and Sciences,* p.164).

Mais il est peut-être vain de prétendre attaquer de front une opposition aussi institutionnalisée ; comme Rousseau, Goodman fait davantage confiance à l'éducation qu'à la révolution et sait qu'une modification des mentalités ne s'improvise ni ne se décrète. Ce qu'il propose est une patiente pédagogie cognitive, au double sens d'une pédagogie des capacités cognitives et d'une pédagogie qui fait fond sur une philosophie cognitiviste. À l'encontre de la fascination moderne pour le subconscient et la libre créativité, il plaide pour une sorte de cartographie des composants esthésiques et de leur soubassement conceptuel, dans l'optique d'une poïétique généralisée au sens valéryen, et ne recule même pas devant une recherche expérimentale qui utiliserait la physiologie cérébrale comme voie d'exploration des affinités et divergences entre les divers talents symboliques. Ces préoccupations ont débouché en 1967 sur la fondation du *Projet Zero* à la *Harvard Graduate School of Education,* exemple sans doute unique d'organe pluridisciplinaire exclusivement dévolu à la recherche et à l'initiative en matière d'éducation esthétique et dont l'objectif n'est pas, comme souvent, de vulgariser les résultats artistiques mais de faire comprendre « quelque chose de la manière de travailler de l'artiste », témoin la célèbre série *Art in the Making* au début des années 70.

*   *

Y a-t-il en définitive un sens à dire qu'une conclusion esthétique se dégage de l'entreprise goodmanienne ?

Au premier abord, le résultat semble purement destructeur et concerner uniquement ce que l'esthétique ne peut pas être. N'ayant jamais fait mystère de son aversion pour la plus grande partie de la « philosophie de l'art », Goodman répond à ceux qui lui objectent de laisser l'esthétique en l'état où elle se trouvait avant lui qu'il ne faut pas voir en cela un indice de désintérêt pour les applications concrètes de ses recherches, mais à l'inverse une volonté de se départir d'une approche trop étroite et trop individuelle ; son analyse a l'ambition de dépasser l'esthétique philosophique comme la voiture a laissé sur place le carrosse qui l'a historiquement précédée.

Mais il est possible d'envisager deux sortes de prolongements. La première voie est celle de l'hédonisme intellectuel qui débouche sur une esthétisation de la philosophie. Aucun auteur n'a été plus attentif à la sensualité de l'intelligence dans l'exploration de ses possibilités, et plutôt que de rabaisser la philosophie à n'être qu'un art comme l'y condamnait Valéry, il préfère considérer que c'est l'art qui est la plus stimulante des philosophies. Par son pouvoir actif de discrimination et de métamorphose, il est un modèle irremplaçable de réussite symbolique.

Certes il pourrait sembler paradoxal de valoriser cet aspect, en considération de l'intransigeance théorique de Goodman. Quel musicien accepterait qu'une exécution entachée d'une seule fausse note ne soit pas un exemple du tout de l'œuvre en question ? Mais cette objection n'est nullement spécifique à l'art, elle concerne la relation générale entre des principes logiques quelconques et leurs circonstances d'application, et il n'y a pas de raison décisive de penser que l'art échappe par nature à ce genre de situation. Contrairement à Carnap, Goodman refuse d'accommoder le schéma théorique pour prévenir les difficultés locales de tel contexte déterminé mais il est prêt à faire toutes les concessions qui s'imposent sur le plan pratique. Son relativisme n'a rien d'un abandon ou d'un laxisme, il équivaut à une sorte de principe de charité qui porte à interpréter dans le sens le plus favorable à la situation considérée l'inadéquation entre les règles formelles et les tolérances de l'usage.

D'autre part, à la différence de Danto, il ne se sent guère attiré par la critique d'art, et rapproche plus volontiers la réflexion de la création. Goodman est probablement un des rares philosophes à avoir écrit et produit un spectacle audiovisuel : *Hockey Seen : A Nightmare in Three Periods and Sudden Death.* Au point de départ, il s'agit d'une série de dessins de K. Sturgis réalisés à partir de matches sportifs ; il les a organisés autour d'un script pour mettre en valeur leurs caractéristiques expressives puis a commandé une chorégraphie à Martha Gray et une musique à John Adams. L'œuvre a été créée à Cambridge, Massachusetts, en 1972 puis reprise en Belgique en 1980.

Ne serait-ce qu'un divertissement tardif et atypique ? N'est-il pas plus révélateur d'y chercher un symptôme d'un procès implicite du découpage rigide entre auteur et spectateur, entre artisan et penseur, entre sensibilité et raisonnement ? La faiblesse de l'esthétique classique fut de fabriquer une philosophie à pôles éloignés et dissemblables : le génie et l'homme de goût, le désintéressement et la fièvre créatrice, etc. La vertu de l'analyse est inversement d'imposer un court-circuit qui montre ce que la création et la contemplation doivent au même déchiffrement inventif, tant sur la plan d'une morphologie que d'une sémantique. C'est renouer magnifiquement avec une esthétique baudelairienne pour laquelle l'imagination et l'intelligence sont les deux antithèses jumelles de l'« instinct ». De manière inattendue mais nullement frivole, la logique qu'on a si souvent accusée d'être une mutilation qui dépouille la réalité de sa prégnance sensible se découvre l'instrument propédeutique d'une nouvelle manière de jouer avec le monde.

Jacques Morizot.

PRÉFACE

Le cheminement de pensée qui a rapproché mon intérêt pour les arts de mes recherches en théorie de la connaissance a commencé d'émerger il y a quelque dix ans. Deux ans plus tard, une invitation à prononcer les Conférences John Locke d'Oxford en 1962 m'a conduit à organiser le matériel accumulé en six leçons. Ce sont elles qui forment la base des présents chapitres, très remaniés et augmentés.

Ma dette envers des institutions et des individus est désagréablement élevée eu égard aux résultats. Une année passée au Center for Cognitive Studies d'Harvard University et ensuite l'appui de la National Science Foundation (sous le matricule GS 978) et de l'Old Dominion Foundation ont rendu possible une investigation plus large et plus approfondie que celle que j'aurais pu autrement entreprendre. En tant que philosophe pénétré de la tradition socratique de ne savoir rien, je me suis appuyé sur des spécialistes et des praticiens des domaines où mon étude a eu à s'engager. Parmi ceux-ci : en psychologie, Paul A. Kolers ; en linguistique, S. Jay Keyser ; dans les arts visuels, Meyer Schapiro et Katharine Sturgis ; en musique, George Rochberg, Harold Shapero, et Joyce Mekeel ; pour la danse et sa notation, Ina Hahn, Anne Hutchinson Guest, et Lucy Venable.

J'ai également tiré profit de discussions avec mes étudiants licenciés, avec des philosophes et d'autres enseignants à l'université de Pennsylvanie, à Oxford, Harvard, Princeton, Cornell, et dans d'autres universités où des versions de certains de ces chapitres ont été donnés en conférences. Enfin, ce que le livre peut receler de qualités et d'imperfections est en partie attribuable au concours de mes assistants chercheurs, en particulier Robert Schwartz, Marsha Hanen, et Hoyt Hobbs. Lynn Foster et Geoffrey Hellman se sont chargés d'une grande partie de la correction des épreuves et ont établi les index.

Université de Harvard,
Nelson Goodman.

INTRODUCTION

Bien que ce livre traite de problèmes qui concernent les arts, il ne recouvre pas exactement le domaine de ce que l'on considère habituellement comme l'esthétique. D'une part je n'effleure qu'occasionnellement les questions de valeur, et n'offre nul canon pour une critique. Aucun jugement prescriptif n'est impliqué concernant l'une quelconque des œuvres que je cite à titre d'exemple, et le lecteur est invité à leur substituer ses propres illustrations. D'autre part mon étude déborde les arts vers des questions qui relèvent des sciences, de la technologie, de la perception, et de la pratique. Les problèmes concernant les arts sont des points de départ plutôt que de convergence. L'objectif est d'avoir accès à une théorie générale des symboles.

J'emploie ici « symbole » comme un terme très général et neutre. Il recouvre les lettres, les mots, les textes, les images, les diagrammes, les cartes, les modèles, et bien d'autres choses, mais ne véhicule pas de sous-entendus détournés ou occultes. Le portrait le plus littéral et la page la plus prosaïque sont au même titre des symboles, sont aussi « hautement symboliques » que les portraits et les pages les plus imaginatifs et les plus figurés.

Une enquête systématique sur les variétés et les fonctions des symboles a rarement été entreprise. Les recherches en plein développement de la linguistique structurale récente exigent d'être complétées et intégrées à un examen serré des systèmes symboliques non verbaux, lesquels incluent aussi bien la représentation picturale que la notation musicale, si nous voulons comprendre dans leur totalité les chemins de la référence et leur usage varié et subtil dans les opérations de l'entendement. « Langages », dans mon titre, serait strictement remplaçable par « systèmes symboliques ». Mais j'ai conservé au titre, puisqu'on le lit toujours avant le livre, son caractère vernaculaire. Le lecteur superficiel n'en aura cure et le lecteur véritable comprendra — de même que le lecteur de mon premier livre comprend que « Structures de l'apparence » aurait été un titre plus adéquat.

Le titre des six chapitres et le fait qu'ils furent à l'origine des conférences pourraient donner à penser qu'ils forment un ensemble d'essais sur des sujets sans grand rapport les uns avec les autres. En vérité, la structure du livre est plutôt difficile à démêler ; deux parcours d'investigation, l'un commençant au premier chapitre et l'autre au troisième, se fondent seulement dans le dernier. Ce n'est pas un simple avertissement, toutefois, qui viendra à bout d'une autre difficulté qui peut se présenter à certains lecteurs : un profane ne devrait pas avoir de mal à comprendre la majeure partie du livre, mais il rencontrera cependant des termes, des paragraphes et des sections qui supposent un arrière-plan de philosophie technique ; si on ignore la logique élémentaire, on progressera avec peine dans une grande partie du chapitre IV. Néanmoins, en contournant d'abord les passages techniques, presque n'importe qui peut se faire une idée suffisamment claire de ce dont il est question pour décider s'il doit faire l'effort exigé pour comprendre ce qu'il a omis.

Profane ou non, le lecteur doit se préparer à voir ses convictions et son bon sens — ce répertoire de vieilles erreurs — fréquemment malmenés par ce qu'il trouvera ici. Mainte fois j'ai dû attaquer une de ces doctrines qui ont actuellement cours, l'un de ces articles de foi dont on se berce. Cependant, je ne prétends attribuer aucune nouveauté marquante à mes conclusions. Je n'ignore aucunement les contributions de philosophes tels que Peirce, Cassirer, Morris et Langer à la théorie symbolique ; et quoique je rejette l'un après l'autre les points de vue communs à bon nombre des écrits d'esthétique, il se pourrait que la plupart de mes arguments et résultats aient été anticipés par d'autres auteurs. Mais essayer de présenter le tableau complexe de mes accords et désaccords avec chacun de ces auteurs ou même l'un d'entre eux donnerait à une question purement historique une importance disproportionnée et nous égarerait ; je prierai donc ceux qui ont peut-être déjà écrit ce qu'ils lisent ici de bien vouloir accepter mes excuses. Là où j'ai consulté des travaux précis de psychologues et d'auteurs qui ont écrit sur divers arts, j'ai toujours essayé de fournir des références détaillées.

Il m'est souvent arrivé de reprendre un résultat de mon travail philosophique antérieur, mais j'ai essayé de ne pas réaffûter de vieilles haches. Par exemple, si quelques-unes des pages qui suivent manquent aux principes du nominalisme, c'est uniquement parce qu'il ne me semble pas nécessaire de montrer, pour les desseins présents, comment on peut formuler une interprétation nominaliste.

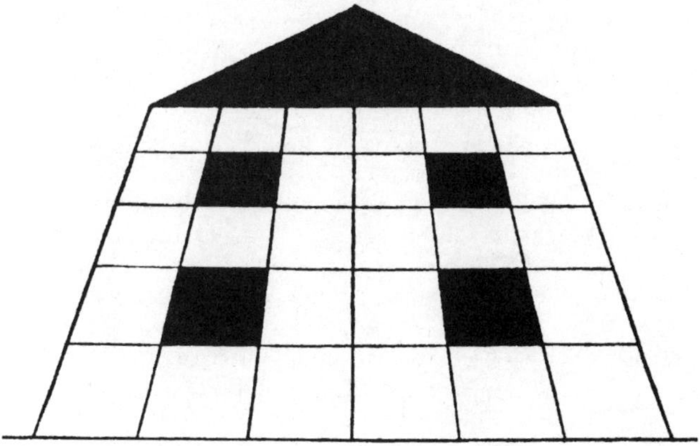

Au dos :

Dessin extrait des *Pädagogische Skizzenbuch* de Paul Klee, Munich, 1925 (seconde édition américaine, New York, Frederick A. Praeger, Inc., 1953), p.41 ; (trad. fr. in *Théorie de l'art moderne,* Gonthier Médiations n°19, 1964, figure n°44, p.106). Reproduit avec l'autorisation des éditeurs.

I
REFAIRE LA RÉALITÉ

L'art n'est pas une copie du monde réel. L'un des deux suffit largement.*

1. LA DÉNOTATION.

Qu'une image doive ou non être une représentation est une question beaucoup moins essentielle qu'il pourrait sembler au vu des âpres disputes que l'on peut observer entre artistes, critiques et auteurs de manifestes. Néanmoins une étude préliminaire de la représentation s'impose à qui veut procéder à l'examen philosophique du fonctionnement des symboles dans les arts et ailleurs. Le fait que la représentation soit fréquente dans certains arts, tels que la peinture, et rare dans d'autres, tels que la musique, est un handicap pour une esthétique unifiée ; mais toute théorie des symboles peut être mise en péril par la moindre confusion concernant les parentés et les différences dans la manière dont une représentation picturale, une description verbale et une mimique faciale sont respectivement des modes de signification.

(*) Signalé comme se trouvant dans un essai sur Virginia Woolf. J'ai été incapable de localiser la source.

Le point de vue le plus naïf sur la représentation pourrait probablement être présenté à peu près ainsi : « *A* représente *B* si et seulement si *A* ressemble à *B* d'une manière appréciable », ou « *A* représente *B* dans la mesure où *A* ressemble à *B*. » On rencontre des vestiges de ce point de vue, non sans divers raffinements, dans la plupart des écrits sur la représentation. Cependant, on pourrait difficilement condenser plus d'erreurs dans une formule aussi brève.

Certaines de ces fautes sont assez évidentes. Un objet ressemble à lui-même au plus haut degré mais se représente rarement lui-même ; la ressemblance, à la différence de la représentation, est réflexive. Toujours à la différence de la représentation, la ressemblance est de plus symétrique : *B* ressemble autant à *A* que *A* ressemble à *B* ; mais si un tableau peut représenter le duc de Wellington, le duc ne représente pas le tableau. En outre, dans de nombreux cas, de deux objets très ressemblants d'une paire, aucun ne représente l'autre : aucune des automobiles qui sortent d'une chaîne de montage n'est l'image d'une autre ; un homme n'est pas en général la représentation d'un autre homme, fût-il son frère jumeau. À l'évidence, la ressemblance n'est à aucun degré une condition suffisante pour la représentation [1].

Ce qui n'est pas aussi évident, c'est de savoir comment corriger la formule. Nous pouvons restreindre nos ambitions et faire précéder la condition de l'antécédent : « Si *A* est une image… ». Bien sûr, si par « image » nous entendons « représentation », alors nous renonçons à traiter une grande partie de la question : à savoir, ce qui constitue une représentation. Mais, même si nous interprétons « image » en un sens assez large pour couvrir toutes les peintures, la formule reste insatisfaisante à d'autres égards. Un tableau du château de Malborough par Constable ressemble plus à n'importe quelle autre image qu'au château, et cependant il représente le château et pas une autre image, pas même la copie la plus fidèle. Il serait vain et désespéré d'exiger en plus que *B* ne puisse pas être une image ; car une image peut en représenter une autre, et, de fait, chacune de ces peintures, autrefois populaires, de galeries d'art en représente de nombreuses autres.

Le fait est qu'une image, pour représenter un objet [2], doit en être un symbole, valoir pour lui, y faire référence ; mais aucun degré de ressemblance ne suffit à établir le rapport requis de référence. La ressemblance n'est d'ailleurs nullement *nécessaire* pour la référence ; presque tout peut valoir pour presque n'importe quoi d'autre. Une image qui représente un objet — ou une page qui le décrit — y fait référence et, plus particulièrement, le *dénote* [3]. La dénotation est le cœur de la représentation et elle est indépendante de la ressemblance.

Si la relation entre une image et ce qu'elle représente se trouve ainsi assimilée à la relation entre un prédicat et ce à quoi il s'applique, nous devons examiner les caractéristiques de la représentation en tant qu'espèce particulière de la dénotation. Qu'est-ce que la dénotation picturale, la dénotation verbale et la dénotation diagrammatique ont en commun, et en quoi diffèrent-elles ? Une réponse assez plausible serait que la ressemblance, sans être une condition suffisante de la représentation, n'en est pas moins le trait qui distingue la représentation d'autres espèces de dénotation. Se pourrait-il que, si *A* dénote *B,* alors *A* représente *B* dans l'exacte mesure où *A* ressemble à *B* ? Je pense que même cette version atténuée et en apparence inoffensive de notre formule initiale trahit un manque de compréhension profond de la nature de la représentation.

2. L'IMITATION.

« Pour faire une image fidèle, copiez l'objet tel qu'il est autant que vous le pourrez. » Cette recommandation simpliste me déconcerte ; car l'objet en face de moi est un homme, un essaim d'atomes, une organisation de cellules, un violoniste, un ami, un sot, et bien davantage. Si l'objet tel qu'il est n'est aucune de ces choses, que peut-il bien être ? Si ce sont toutes des manières d'être, alors aucune n'est *la* manière d'être de l'objet [4]. Je ne puis les copier toutes à la fois ; et plus je serais près de réussir, moins le résultat serait une image réaliste.

Ce que je vais copier, semble-t-il, est donc l'un de ces aspects, l'une des manières d'être ou d'apparaître de l'objet. Bien sûr, pas n'importe laquelle, au hasard, comme par exemple, le duc de Wellington tel qu'il apparaît à un ivrogne sous une averse. Plutôt, on peut du moins le supposer, la manière dont l'objet apparaît à l'œil normal, à distance appropriée, sous un angle favorable, par un bon éclairage, sans l'aide d'instruments, libre de préjugés qui naissent des affections, des animosités ou des intérêts, et non embelli par la pensée ou l'interprétation. En bref, l'objet est à copier tel qu'il est vu dans des conditions aseptiques par l'œil libre et innocent.

Le piège ici — Ernst Gombrich y insiste — est qu'il n'existe pas d'œil innocent [5]. C'est toujours vieilli que l'œil aborde son activité, obsédé par son propre passé et par les insinuations anciennes et récentes de l'oreille, du nez, de la langue, des doigts, du cœur et du cerveau. Il ne fonctionne pas comme un instrument solitaire et doté de sa propre énergie, mais comme un membre soumis d'un organisme complexe et capricieux. Besoins et préjugés ne gouvernent pas seulement sa manière de voir mais aussi le contenu de ce qu'il voit [6]. Il choisit, rejette, organise, distingue, associe, classe, analyse, construit. Il saisit et fabrique plutôt qu'il ne reflète ; et les choses qu'il saisit et fabrique, il ne les voit pas nues comme autant d'éléments privés d'attributs, mais comme des objets, comme de la nourriture, comme des gens, comme des ennemis, comme des étoiles, comme des armes. Rien n'est vu tout simplement, à nu.

Les mythes de l'œil innocent et du donné absolu sont de fieffés complices. Tous deux renforcent l'idée, d'où ils dérivent, que savoir consiste à élaborer un matériau brut reçu par les sens, et qu'il est possible de découvrir ce matériau brut soit au moyen de rites de purification, soit par une réduction méthodique de l'interprétation. Mais recevoir et interpréter ne sont pas des opérations séparables ; elles sont entièrement solidaires. La maxime kantienne fait ici écho : l'œil innocent est aveugle et l'esprit vierge vide. De plus, on ne peut distinguer dans le produit fini ce qui a été reçu et ce qu'on a ajouté. On ne peut extraire le contenu en pelant les couches de commentaires [7].

Au demeurant, un artiste a souvent raison d'adopter la perspective de l'innocence de l'œil. Un effort parfois le sauve des schémas épuisés de la vision quotidienne et rafraîchit son approche. L'effort opposé, qui consiste à donner libre cours à une lecture personnelle, peut être tout aussi tonique — et pour la même raison. L'œil le plus neutre et l'œil le plus sélectif sont en effet tous deux sophistiqués, mais différemment. La vision la plus ascétique et la vision la plus baroque, de même que le portrait réaliste et la caricature au vitriol, diffèrent seulement par la *nature* mais non par la *grandeur* de l'interprétation.

La théorie de la représentation-copie est donc condamnée à l'origine par son incapacité à spécifier ce qui est à copier : ni l'objet dans sa manière d'être, ni toutes ses manières d'être, ni sa manière d'apparaître à l'œil dépourvu de toute préoccupation. Qui plus est, il y a quelque chose de faux dans l'idée même de copier l'une des manières d'être d'un objet, n'importe lequel de ses aspects. Car un aspect n'est pas simplement l'objet-vu-à-une-distance-et-sous-un-angle-donnés-et-dans-une-lumière-donnée ; c'est l'objet tel que nous le regardons ou le concevons, une version ou une interprétation de l'objet. En représentant un objet, nous ne copions pas ladite version ou interprétation, nous la *réalisons* [8].

En d'autres termes, on ne représente jamais rien qui soit tout à fait dépouillé ou dans la plénitude de ses propriétés. Une image ne représente jamais simplement *x* ; elle représente *x en* homme ou elle représente *x comme* une montagne ou elle représente *le fait que x* est un melon. Même si on admettait l'existence des faits, il serait difficile de comprendre ce que copier un fait pourrait bien signifier ; me demander de copier *x* comme ceci-ou-cela revient un peu à me demander de vendre quelque chose comme cadeau ; et parler de copier quelque chose en homme est pure ineptie. Nous aurons bientôt à approfondir tout cela ; mais point n'est besoin d'approfondissement pour voir à quel point la représentation est peu une affaire d'imitation.

Les arguments en faveur de la relativité de la vision et de la représentation ont été exposés d'une façon si décisive ailleurs que je suis déchargé du soin de la démontrer ici tout au long. Gombrich, en particulier, a accumulé une masse d'indices accablants montrant comment notre façon de voir et de dépeindre dépend de nos expériences, de nos pratiques, de nos intérêts et de nos attitudes, et varie avec eux. Mais sur un point Gombrich et d'autres me semblent souvent adopter une position qui ne cadre pas avec une telle relativité ; il me faut donc discuter brièvement la question du caractère conventionnel de la perspective.

3. LA PERSPECTIVE.

Un artiste peut librement choisir ses moyens de rendre le mouvement, l'intensité lumineuse, la qualité de l'atmosphère, les vibrations de la couleur mais, s'il veut représenter correctement l'espace, il doit — presque tout le monde le lui dira — obéir aux lois de la perspective. Il est largement admis que l'adoption de la perspective, pendant la Renaissance, a constitué un grand pas en direction du réalisme dans la représentation picturale. On suppose que les lois de la perspective fournissent des normes absolues de fidélité qui annulent les différences stylistiques du voir et du peindre. Gombrich tourne en dérision « l'idée que la perspective est une simple convention et qu'elle ne représente pas le monde tel qu'il apparaît » ; et il déclare : « On n'insistera jamais assez sur le fait que l'art de la perspective vise à une équation correcte : il veut que l'image paraisse semblable à l'objet, et l'objet semblable à l'image. [9] » Et James J. Gibson écrit : « Il ne semble pas raisonnable d'affirmer que l'emploi de la perspective dans les tableaux n'est qu'une simple convention, que le peintre pourrait utiliser ou négliger au choix (...). Lorsque l'artiste transcrit ce qu'il voit sur une surface à deux dimensions, il utilise la géométrie perspective, par nécessité. [10] »

De toute évidence, les lois du comportement de la lumière ne sont pas plus conventionnelles que n'importe quelles autres lois scientifiques. Supposez donc que nous ayons un objet immobile, monochromatique et ne reflétant qu'une lumière d'intensité moyenne. L'argument se présente ainsi [11] : une image tracée selon la perspective correcte transmettra à l'œil, sous des conditions spécifiées, un faisceau de rayons lumineux correspondant à celui que transmet l'objet lui-même. Cette correspondance (*matching*) est quelque chose de purement objectif, mesurable par des instruments. Une telle correspondance constitue la fidélité de la représentation ; car, puisque l'œil ne peut recevoir de l'image de l'objet que des rayons lumineux, l'identité du tracé des rayons lumineux doit constituer l'identité de l'apparence. Bien entendu, les rayons qui partent de l'image sous les conditions spécifiées correspondent non seulement à ceux qui partent de l'objet en question à une distance et sous un angle donnés, mais ils correspondent également à ceux qui partent de n'importe lequel d'une multitude d'autres objets à des distances et sous des angles différents [12]. Il est clair que l'identité du tracé des rayons lumineux, pas plus que d'autres espèces de ressemblance, n'est une condition suffisante de la représentation. On avancerait plutôt qu'une telle identité est un critère de fidélité, de correction de la représentation par image, là où la dénotation est établie par d'autres moyens.

Si l'argument tel qu'il est énoncé semble à première vue simple et convaincant, il le devient nettement moins lorsqu'on considère les conditions d'observation qu'il prescrit. L'image doit être vue à travers un judas, de face, à une distance déterminée, un œil fermé et l'autre immobile. L'objet doit lui aussi être observé à travers un judas, sous un angle (qui, habituellement, n'est pas le même) et à une distance donnés, par un œil unique qu'on immobilise. Autrement, les rayons lumineux ne se correspondront pas.

Dans ces conditions remarquables, n'a-t-on pas, en fin de compte, une représentation fidèle ? Sûrement pas. Dans ces conditions, ce qu'on regarde tend à disparaître assez rapidement. L'expérience a montré que l'œil ne peut voir de façon normale sans bouger par rapport à ce qu'il voit [13] ; scruter semble manifestement indispensable à une vision normale. L'œil fixe est presque aussi aveugle que l'œil innocent. Quel rapport peut bien avoir une correspondance entre des rayons lumineux obtenue dans des conditions qui rendent impossible une vision normale avec la fidélité de la représentation ? Mesurer la fidélité en dirigeant des rayons vers un œil fermé ne serait pas plus absurde. Mais inutile d'insister sur cette objection ; peut-être pourrait-on admettre suffisamment de mouvement oculaire pour scruter mais non pour envelopper l'objet du regard [14]. La difficulté fondamentale vient de ce que les conditions d'observation spécifiées sont nettement anormales. Quelles raisons y a-t-il de prendre la correspondance entre des rayons lumineux obtenue dans des conditions aussi extraordinaires comme mesure de la fidélité ? Dans des conditions nullement plus artificielles, telle que l'interposition de lentilles convenablement arrangées, on pourrait aussi faire qu'une image absolument non conforme à la perspective ait pour résultat le même tracé de rayons lumineux que l'objet. Qu'au moyen de trucages assez habiles il soit possible d'extraire, d'une image tracée selon la perspective, des rayons lumineux qui correspondent à ceux qu'on peut extraire de l'objet représenté est un argument bizarre et sans portée quant à la fidélité de la perspective.

De plus, les conditions d'observation en question ne sont, dans la plupart des cas, pas les mêmes pour l'image et pour l'objet. Tous deux doivent être vus à travers un judas, par un seul œil qu'on maintient immobile ; mais l'image est à voir de face, à une distance de deux mètres, tandis que la cathédrale représentée doit être regardée, disons, d'un angle de 45° par rapport à sa façade et à une distance de soixante-dix mètres. Ce ne sont donc pas seulement les rayons de lumière reçus mais aussi les conditions concomitantes qui déterminent ce qu'on voit, et la façon dont on le voit ; ainsi qu'aiment à dire les psychologues, la vision déborde le visible. De même exactement qu'un feu rouge indique « stop » sur la nationale et « port » en mer, le même stimulus donne naissance à une expérience visuelle différente dans des circonstances différentes. Même là où les rayons lumineux et les conditions externes momentanées sont identiques, toute la série antérieure des expériences visuelles, jointe à l'information provenant de toutes les sources, peut produire une énorme différence dans ce qui est vu. Si les conditions précédentes ne sont même pas semblables, alors la probabilité d'obtenir une perception identique n'est pas plus grande si l'on recourt à la reproduction des rayons lumineux que si l'on recourt à la reproduction des conditions lorsque les rayons lumineux sont différents.

Normalement, c'est une personne libre de se déplacer et de mouvoir les yeux qui voit des images encadrées, sur un fond. Peindre une image qui, dans ces conditions, transmette les mêmes rayons lumineux que l'objet, vu dans n'importe quelles conditions, n'aurait aucun intérêt si même la chose était possible. Bien plutôt la tâche de l'artiste qui veut représenter un objet qu'il a devant lui est de décider quels rayons lumineux, dans les conditions d'une galerie, réussiront à rendre ce qu'il voit. Il ne s'agit pas de copier mais de faire comprendre. Il s'agit plus de « saisir une ressemblance » que de reproduire, au sens où une ressemblance manquée par une photographie peut être saisie par une caricature. Cela implique que quelque chose comme une traduction vienne compenser les différences dues aux circonstances. La meilleure façon de la mener à bien dépend de facteurs nombreux et variables, dont les moindres ne sont pas les habitudes particulières du voir et du représenter enracinées chez les spectateurs. Les images en perspective, comme n'importe quelles autres, doivent être lues ; et la capacité de lire s'acquiert. L'œil uniquement accoutumé à la peinture orientale ne comprend pas immédiatement une image en perspective. Cependant, avec de la pratique, on peut s'adapter progressivement à des lunettes déformantes ou à des images tracées selon une perspective faussée ou même inversée [15]. Et même nous qui sommes rompus au rendu perspectif, nous ne l'acceptons pas toujours comme une représentation fidèle : la photographie d'un homme dont les pieds sont lancés vers l'avant paraît déformée, et le pic Pike s'affaisse tristement sur un cliché. Comme on l'a dit, rien de tel qu'un appareil-photo pour changer une montagne en taupinière.

Jusqu'ici j'ai feint d'accepter cette idée que la perspective picturale obéissait aux lois de l'optique géométrique, et qu'une image dessinée conformément aux règles picturales standard doit transmettre, dans les conditions très anormales indiquées ci-dessus, un faisceau de rayons lumineux qui correspond à celui que transmet la scène figurée. Seule cette supposition donne quelque plausibilité à l'argument tiré de la perspective. Mais la supposition est manifestement fausse. Selon les règles picturales, on dessine comme convergents des rails de chemin de fer qui s'éloignent horizontalement de l'œil, alors qu'on dessine comme parallèles des poteaux téléphoniques (ou les arêtes d'une façade) qui s'éloignent de l'œil à la verticale. Les « lois géométriques » commanderaient de dessiner également les poteaux comme convergents. Mais, ainsi dessinés, ils semblent aussi incorrects que des rails de chemin de fer dessinés parallèles. Nous disposons d'ailleurs d'appareils-photo à fond inclinable et à objectifs excentrés pour « corriger la distorsion », c'est-à-dire faire que les parallèles verticales fuient bien parallèlement sur nos photographies ; nous n'essayons pas d'en faire autant en faisant fuir les rails parallèlement. Les règles de la perspective picturale ne découlent pas davantage des lois de l'optique que ne le feraient des règles appelant à dessiner les rails parallèles et les poteaux convergents. En contradiction absolue avec ce que dit Gibson, l'artiste qui veut produire une représentation spatiale que l'œil occidental d'aujourd'hui acceptera comme fidèle doit braver les « lois de géométrie ».

Si tout ceci semble parfaitement évident, et nettement confirmé par Klee [16], beaucoup de ceux qui font autorité penchent néanmoins en faveur de la thèse adverse [17], s'appuyant sur l'argument que toutes les parallèles dans le plan frontal donnent par projection géométrique des parallèles sur le plan parallèle de l'image. La source de l'interminable débat sur la perspective semble provenir d'une confusion relative aux conditions pertinentes de l'observation. Sur la figure 1, un observateur se tient au niveau du sol, l'œil en *A* ; *BC* désigne la façade d'une tour au sommet d'un immeuble ; *DE* est une image frontale de la tour, dessinée selon la perspective standard et à une échelle telle qu'aux distances indiquées l'image et la façade de la tour sous-tendent en *A* des angles égaux. La ligne de vision normale pour la tour est la ligne *Af* ; regarder beaucoup plus haut ou plus bas laissera hors de vue ou brouillera une partie de la façade de la tour. De même, la ligne de vision normale pour l'image est *Ag*. Or, bien qu'image et façade soient parallèles, la ligne *Ag* est perpendiculaire à l'image, de sorte que des verticales parallèles sur l'image sont projetées vers l'œil comme des parallèles, tandis que la ligne *Af* fait un angle avec la façade, de sorte que des verticales parallèles y sont projetées vers l'œil comme convergeant vers le haut. Pour faire qu'image et façade transmettent à l'œil des faisceaux optiques qui se correspondent, on pourrait tenter, soit de déplacer l'image vers le haut jusqu'à la position *HI,* soit de l'incliner jusqu'à la position *JK,* soit de regarder l'image depuis *A* mais la tour depuis *M,* quelques étages plus haut. Dans les deux premiers cas, puisqu'on doit aussi rapprocher l'image de l'œil pour sous-tendre le même angle, l'échelle ne respectera pas les dimensions latérales (droite-gauche). Mais l'essentiel est qu'aucune de ces trois conditions d'observation n'est tant soit peu normale. D'ordinaire, on ne suspend pas les peintures très au-dessus de la ligne de vision ; on ne les incline

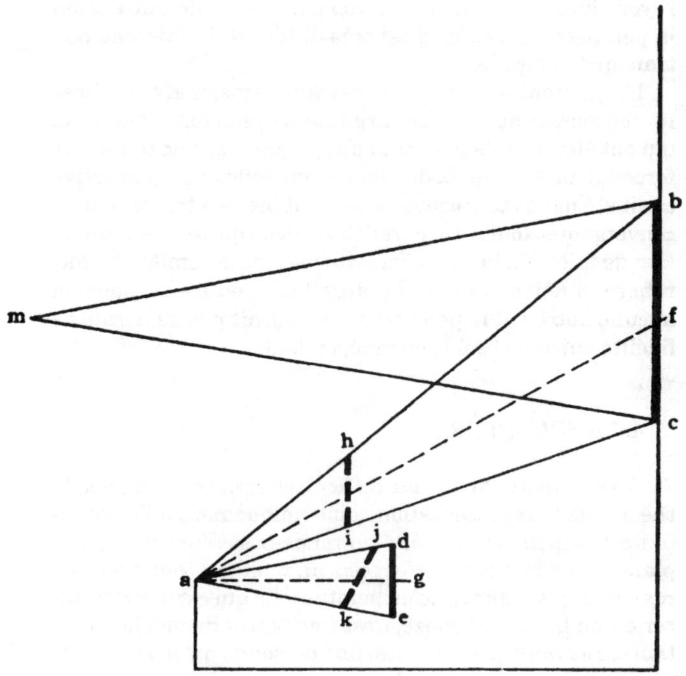

figure 1

pas non plus désespérément, la base vers soi ; enfin, on ne s'élève pas à volonté pour regarder des tours à l'équerre [18] En plaçant œil et image en position normale, le faisceau de rayons lumineux transmis à l'œil par l'image dessinée selon la perspective standard est très différent du faisceau que transmet la façade.

L'argument est concluant par lui-même, mais ma thèse ne repose pas sur lui. Les arguments plus fondamentaux qui ont été avancés plus haut s'appliqueraient de toute leur force même si le choix des règles officielles de perspective avait été moins capricieux et qu'il eût invité à tracer comme convergentes toutes les parallèles, quelle que soit leur direction de fuite. En bref, le comportement de la lumière ne corrobore ni notre manière habituelle de rendre l'espace, ni aucune autre ; et la perspective ne fournit pas de norme de fidélité qui soit absolue ou indépendante.

4. LA SCULPTURE.

On attribue parfois les difficultés rencontrées avec la théorie de la représentation-copie uniquement à l'impossibilité de dépeindre la réalité-en-ronde-bosse sur une surface plane. Mais l'imitation n'est pas un meilleur indicateur de réalisme en sculpture qu'en peinture. Ce qui est à portraiturer en un buste de bronze, c'est une personne mobile, hésitante, aux multiples facettes, une personne qu'on rencontre par une lumière toujours changeante et sur des fonds variés. Il est très peu vraisemblable que la reproduction de la forme de la tête à un instant donné produise une représentation fidèle. Le fait même de fixer un tel moment transitoire embaumerait la personne tout comme une photographie prise avec un temps de pose trop court gèle une fontaine ou immobilise une course de chevaux. Faire un portrait fidèle, c'est donner à comprendre une personne connue et comme distillée à partir d'une variété d'expériences. Cette affectation insaisissable n'est rien qu'on puisse expressément essayer de reproduire ou d'imiter dans un bronze statique, sur un piédestal de musée. Le sculpteur entreprend plutôt un subtil et complexe problème de traduction.

Même lorsque l'objet représenté est plus simple et plus stable qu'une personne, la reproduction coïncide rarement avec une représentation réaliste. Si, sur un tympan surmontant un haut portail gothique, la pomme d'Ève était de même taille qu'une pomme à cidre, elle ne semblerait pas assez grosse pour tenter Adam. La sculpture éloignée ou colossale doit également être *façonnée* très différemment de ce qu'elle dépeint pour être réaliste, pour « paraître juste ». Mais on ne peut réduire les moyens de la faire « paraître juste » à des règles fixes et universelles ; car l'apparence d'un objet ne dépend pas seulement de son orientation, de la distance et de l'éclairage, mais de tout ce que nous savons de lui, ainsi que de notre éducation, de nos habitudes et préoccupations.

Il est à peine besoin d'aller plus loin pour voir que l'argumentation de base qui refuse de faire de l'imitation un test du réalisme est aussi probante pour la sculpture que pour la peinture.

5. LES FICTIONS.

Jusqu'ici je n'ai pris en considération que la représentation d'une personne, d'un groupe, d'une chose ou d'une scène particulier ; mais une image, de même qu'un prédicat, peut dénoter plusieurs membres d'une classe donnée. Une image qui accompagne une définition dans un dictionnaire est souvent une représentation de ce type, qui ne dénote par exemple ni individuellement un aigle singulier, ni collectivement la classe des aigles, mais de manière distributive les aigles en général.

D'autres représentations ne possèdent ni dénotation unique ni dénotation multiple. Que représentent par exemple des images de Pickwick ou d'une licorne ? Elles ne représentent rien, ce sont des représentations à dénotation nulle. Cependant, comment pouvons-nous dire à la fois qu'une image représente Pickwick ou une licorne et qu'elle ne représente rien ? Puisqu'il n'existe ni Pickwick ni licorne, l'image de Pickwick et l'image d'une licorne représentent la même chose. Pourtant, il est certain qu'être une image de Pickwick et être l'image d'une licorne ne sont nullement la même chose.

Il s'agit simplement de ceci : de même que la plupart des meubles sont aisément classables en bureaux, chaises, tables, etc., de même la plupart des images sont aisément classables en images de Pickwick, de Pégase, d'une licorne, etc., sans référence à quoi que ce soit de représenté. Ce qui tend à nous égarer, c'est que des locutions comme « image de » et « représente » ont l'apparence d'honnêtes prédicats à deux places et peuvent parfois s'interpréter ainsi. Mais « image de Pickwick » et « représente une licorne » sont mieux caractérisés comme d'invisibles prédicats monadiques, ou termes-de-classes, tels « bureau » et « table ». Impossible de décomposer aucun de ceux-ci, ni de quantifier sur leurs parties. De ce que *I* est l'image d'une licorne ou la représente, nous ne pouvons pas inférer qu'il existe quelque chose dont *I* est l'image ou qu'elle représente. En outre, une image de Pickwick est l'image d'un homme, même s'il n'existe aucun homme qu'elle représente. Dire d'une image qu'elle représente telle ou telle chose est donc hautement ambigu : ou bien on dit ce que l'image dénote, ou bien on dit de quelle sorte d'image il s'agit. On peut éviter une partie de la confusion si, dans le dernier cas, on parle d'une « image-qui-représente-Pickwick » ou d'une « image-qui-représente-une-licorne » ou d'une « image-qui-représente-un-homme », ou, pour abréger, d'une « image-de-Pickwick », ou d'une « image-de-licorne », ou d'une « image-d'homme ». Manifestement, une image ne peut, si l'on exclut l'équivoque, à la fois représenter Pickwick et ne rien représenter. Mais une image peut être d'une certaine sorte — être une image-de-Pickwick ou une image-d'homme — sans rien représenter [19].

La différence entre une image-d'homme et l'image d'un homme est étroitement parallèle à la différence entre une description-d'homme ou un terme-pour-homme et une description ou un terme pour un homme. « Pickwick », « le duc de Wellington », « l'homme qui a vaincu Napoléon », « un homme replet », « l'homme qui a trois têtes » sont toutes des descriptions-d'homme, mais il s'en faut que toutes décrivent un homme. Quelques-unes dénotent un homme particulier, certaines dénotent chacun d'entre une multitude d'hommes, et certaines ne dénotent rien [20]. Et, bien que « Pickwick », « l'homme aux trois têtes » et « Pégase » aient toutes la même extension nulle, la seconde diffère de la première en ce qu'elle est, par exemple, une description-d'homme-à-plusieurs-têtes, tandis que la dernière diffère des deux autres en étant une description-de-cheval-ailé.

La manière dont images et descriptions sont ainsi classées en espèces est loin d'être stricte ou stable, non plus que dans la plupart des manières habituelles de classer, et elle résiste à la codification. Les frontières se déplacent et se brouillent, de nouvelles catégories viennent constamment occuper le premier plan, et les canons de la classification sont moins clairs que sa pratique. Ceci seulement pour dire que nous pourrions avoir quelque difficulté à préciser si certaines images (en langage commun) « représentent une licorne », ou encore à énoncer des règles pour décider dans chaque cas si une image est une image-d'homme. Il serait vraiment difficile de formuler des conditions exactes et générales dans lesquelles quelque chose est une image-de-telle-chose ou une description-de-telle-chose. Nous pouvons citer des exemples : *Le Facteur* de Van Gogh est une image-d'homme ; et en français « un homme » est une description-d'homme. Nous pouvons aussi noter, par exemple, qu'être une image-de-telle-chose, c'est être une image-de-telle-chose en tant que totalité, de sorte qu'une image qui contient ou est contenue dans une image-d'homme n'a nul besoin d'être elle-même une image-d'homme. Mais s'aventurer plus loin, c'est s'engloutir dans un bourbier philosophique bien connu dont les problèmes, frustrants encore que fascinants, ne concernent pas notre tâche présente. Tout ce qui importe directement ici, je le répète, c'est que les images sont effectivement classées avec plus ou moins de facilité, en images-d'homme, images-de-licorne, images-de-Pickwick, images-de-cheval-ailé, etc., exactement comme des meubles sont classés en bureaux, tables, chaises, etc. Et ce fait n'est pas affecté par la difficulté, dans chaque cas, de concevoir des définitions pour les classes respectives ou de mettre à jour un principe général de classification.

L'objection possible : il faut d'abord comprendre ce qu'est un homme ou une licorne pour savoir comment appliquer « image-d'homme » ou « image-de-licorne », me semble très mal orientée. Nous pouvons apprendre à appliquer « pipe en épi de maïs » ou « bois de cerf » sans comprendre d'abord, ou sans savoir comment appliquer en tant que termes séparés : « maïs », « épi de maïs », « cerf », ou « bois ». Et nous pouvons apprendre, sur la base d'échantillons, à appliquer « image-de-licorne », non seulement sans avoir jamais vu de licornes, mais sans avoir jamais vu ou entendu auparavant le mot « licorne ». De fait, c'est principalement en apprenant ce que sont des images-de-licorne et des descriptions-de-licorne que nous en venons à comprendre le mot « licorne » ; et notre capacité à reconnaître un bois de cerf peut nous aider à reconnaître un cerf lorsque nous en voyons un. Nous pouvons commencer à comprendre un terme en apprenant dans quel cas appliquer soit le terme lui-même, soit quelque terme plus large qui le contient. Acquérir l'une de ces compétences peut aider à en acquérir d'autres sans qu'aucune ne présuppose de les posséder. Pour pouvoir correctement appliquer un terme et ses composés, il n'est pas besoin de déjà le comprendre ; c'est souvent en apprenant à l'appliquer qu'on en acquiert la compréhension [21].

J'ai dit plus haut que la dénotation est une condition nécessaire de la représentation, et ensuite j'ai rencontré des représentations sans dénotation. Mais l'explication en est désormais claire. Une image doit dénoter un homme pour le représenter, mais elle n'a pas besoin de dénoter quoi que ce soit pour être une représentation-d'homme. Entre parenthèses, la théorie de la représentation-copie subit ici une défaite supplémentaire ; car, lorsqu'une représentation ne représente rien, il ne peut être question qu'elle ressemble à ce qu'elle représente.

Utiliser des exemples tels que des images-de-Pickwick et des images-de-licorne peut laisser supposer que les représentations à dénotation nulle sont comparativement rares. C'est tout le contraire ; le monde des images regorge de personnages, d'endroits et de choses anonymes et fictives. L'homme dans *Paysage avec un chasseur* de Rembrandt n'est probablement aucune personne réelle ; c'est simplement l'homme dans la gravure de Rembrandt. En d'autres mots, la gravure ne représente aucun homme, elle est simplement une image-d'homme, et, plus particulièrement, une image-de-l'homme-dans-*Paysage-avec-un-chasseur*-de-Rembrandt. Et quand bien même ce serait un homme réel qui se trouverait ici dépeint, son identité importe aussi peu que le groupe sanguin de l'artiste. Du reste, l'information requise pour déterminer ce que dénote une image (si tel est le cas) n'est pas toujours accessible. Il se peut, par exemple, que nous soyons incapables de dire si une représentation donnée est multiple, comme une image-d'aigle dans le dictionnaire, ou fictive, comme une image-de-Pickwick. Mais là où nous ne pouvons déterminer si une image dénote quelque chose ou non, notre seule manière de procéder est de faire comme s'il n'y avait pas de dénotation — à savoir, nous en tenir à considérer quelle sorte d'image c'est. Les cas de dénotation indéterminée se traitent donc de la même façon que les cas de dénotation nulle.

Mais ce n'est pas seulement lorsque la dénotation est nulle ou indéterminée qu'il faut prendre en considération la classification d'une image. Car la dénotation d'une image ne détermine pas plus sa sorte que la sorte d'image ne détermine la dénotation. Il s'en faut que toute image-d'homme représente un homme, et réciproquement que toute image qui représente un homme soit une image-d'homme. C'est dans la différence entre être et ne pas être une image-d'homme que se trouve la différence, parmi les images qui dénotent un homme, entre celles qui le représentent en homme et celles où ce n'est pas le cas.

6. LA REPRÉSENTATION-EN.

La locution « représente… en » possède deux usages tout à fait différents. Dire qu'une image représente le duc de Wellington en bébé, en adulte, ou en vainqueur de Waterloo, revient souvent à dire simplement que l'image représente le duc à une période ou à un moment donné, qu'elle en dénote une certaine partie temporelle (longue ou courte, continue ou brisée), une « tranche de durée ». Ici, « en… » se combine au *nom* « le duc de Wellington » pour former une description d'une des parcelles de l'individu dans toute son extension [22]. Il est toujours possible de remplacer une telle description par une autre du genre : « le duc de Wellington enfant », ou « le duc de Wellington lors de sa victoire à Waterloo ». Ces cas ne soulèvent donc aucune difficulté ; on se borne à dire que l'image représente l'objet ainsi décrit.

Le second usage est illustré lorsque nous disons qu'une image donnée représente Winston Churchill en bébé, là où l'image ne représente pas le bébé Churchill mais plutôt représente l'adulte Churchill en bébé. Ici, tout autant que lorsque nous disons que d'autres images représentent l'adulte Churchill en adulte, le « en... » se combine au *verbe* et le modifie, et nous avons des cas authentiques de *représentation-en*. Il nous faut maintenant marquer les différences et les rapports entre une telle représentation-en et la représentation.

Une image qui représente un homme le dénote ; une image qui représente un homme de fiction est une image-d'homme ; et une image qui représente un homme en homme est une image-d'homme le dénotant. Le premier cas concerne donc seulement ce que l'image dénote, le second seulement la sorte d'image qu'elle est, et le troisième concerne à la fois la dénotation et la classification.

Une formulation plus précise réclame quelque précaution. Ce qui est dit représenté par une image peut être dénoté par l'image en totalité ou par une partie d'elle-même. Semblablement, une image peut être une image-de-telle-chose en totalité ou simplement du fait qu'elle contient une image-de-telle-chose [23]. Songez à un portrait ordinaire du duc et de la duchesse de Wellington. L'image (en totalité) dénote le couple et (en partie) elle dénote le duc. En outre, c'est (en totalité) une image-de-deux personnes et (en partie) une image-d'homme. L'image représente le duc et la duchesse en deux personnes et elle représente le duc en homme. Mais, bien qu'elle représente le duc et qu'elle soit une image-de-deux-personnes, elle ne représente évidemment pas le duc en deux personnes ; et, bien qu'elle représente deux personnes et qu'elle soit une image-d'homme, elle ne représente pas les deux en homme. Car l'image n'est pas, ni ne contient, une image qui, en totalité, représente le duc et qui est en même temps une image-de-deux-hommes, ou bien en totalité représente deux personnes et est en même temps une image-d'homme.

Donc, en règle générale, un objet *k* est représenté en telle-chose par une image *i* si et seulement si *i* est ou contient une image qui, en totalité, dénote *k* et est en même temps une image-de-telle-chose [24]. Comme on le comprend dans ce qui suit, on peut toutefois omettre la plupart des modificateurs qu'il a fallu inclure ici ; par exemple, « est ou contient une image qui, en totalité, dénote Churchill et est en même temps une image-d'adulte » peut s'abréger en « est une image-d'adulte qui dénote Churchill ».

L'usage quotidien se soucie rarement de la distinction entre représentation et représentation-en. Nous avons déjà cité des cas où dire qu'une image représente telle-chose signifie non pas qu'elle dénote telle-chose mais que c'est une image-de-telle-chose. Dans d'autres cas, nous pouvons vouloir dire les deux. Si je vous dis que je possède une image d'un certain cheval noir, et qu'ensuite je présente un cliché sur lequel il se réduit à une petite tache dans le lointain, vous ne pouvez sûrement pas me convaincre de mensonge ; mais vous pouvez très bien avoir le sentiment que je vous ai induit en erreur. D'une manière très compréhensible, vous supposiez que je voulais dire : une image du cheval noir en tant que tel ; et vous vous attendiez donc à ce que l'image non seulement dénote le cheval en question mais soit une image-de-cheval-noir. Il n'est pas inconcevable qu'en disant d'une image qu'elle représente le cheval noir on puisse signifier en des occasions différentes qu'elle représente le cheval comme étant noir (c'est-à-dire qu'elle est une image-de-chose-noire dénotant le cheval) ou qu'elle représente la chose noire en question en cheval (c'est-à-dire qu'elle est une image-de-cheval dénotant la chose noire).

Les ambiguïtés du langage ordinaire ne s'arrêtent pas là. Dire que l'adulte Churchill est représenté en bébé (ou en adulte), c'est dire que l'image en question est une image-de-bébé (ou une image-d'adulte). Mais dire que Pickwick est représenté en clown (ou en Don Quichotte) ne peut signifier que l'image est une image-de-clown (ou une image-de-Don-Quichotte) qui représente Pickwick, car Pickwick n'existe pas. Cela revient plutôt à dire que l'image appartient à une certaine classe assez restreinte d'images qu'on peut décrire comme des images-de-Pickwick-en-clown (ou des images-de-Pickwick-en-Don-Quichotte).

Nous avons ainsi besoin d'indiquer soigneusement, pour nos desseins présents, des distinctions qu'une grande partie du discours non formel obscurcit. Étant affaire de classification monadique, la représentation-en diffère du tout au tout de la représentation dénotative dyadique. Si une image représente *k* en telle-chose, alors elle dénote *k* et est une image-de-telle-chose. Si *k* est identique à *h*, l'image dénote et représente aussi *h*. Et si *k* est tel-et-tel, l'image représente également un (ou le) tel-et-tel, mais non nécessairement *en* un (ou le) tel-et-tel. Représenter le premier duc de Wellington, c'est représenter Arthur Wellesley et aussi représenter un soldat, mais pas nécessairement le représenter *en* soldat, car certaines images qu'on a de lui sont des images-de-civil.

Les représentations sont donc des images qui fonctionnent un peu de la même manière que des descriptions [25]. Tout comme on classe des objets au moyen ou sous des étiquettes verbales diverses, on classe aussi des objets au moyen ou sous diverses étiquettes imagées. Et les étiquettes elles-mêmes, verbales ou imagées, se classent à leur tour sous des étiquettes verbales ou non verbales. On classe les objets en « bureau », « table », etc., et également par des images qui les représentent. On classe les descriptions en « description-de-bureau », « description-de-centaure », « nom-de-Cicéron », etc. ; et les images en « image-de-bureau », « image-de-Pickwick », etc. L'étiquetage des étiquettes ne dépend pas de ce dont elles sont les étiquettes. Certaines, telle « licorne », ne s'appliquent à rien ; et, comme nous l'avons remarqué, toutes les images de soldats ne sont pas nécessairement des images-de-soldats. Ainsi, à propos d'une image comme de n'importe quelle autre étiquette, il se pose toujours deux questions : ce qu'elle représente (ou décrit) et la sorte de représentation (ou de description) qu'elle est. La première question demande à quels objets, s'il y en a, elle s'applique en tant qu'étiquette ; et la seconde demande laquelle, parmi certaines étiquettes, s'applique à elle. En représentant, une image délimite une classe d'objets et simultanément appartient à une classe ou à des classes déterminées d'images [26].

7. L'INVENTION.

Si représenter consiste à classer les objets plutôt qu'à les imiter à caractériser plutôt qu'à copier, il n'est pas question d'enregistrer passivement. L'objet ne pose pas tel un modèle docile, avec des attributs nettement séparés, et bien mis en évidence pour que nous l'admirions et en fixions l'image. Il existe parmi d'innombrables objets et peut faire l'objet d'autant de classements différents qu'on peut y discerner d'attributs. Admettre toutes les classifications sur un pied d'égalité revient à ne pas faire de classification du tout. La classification comporte une promotion ; ainsi l'application d'une étiquette (imagée, verbale, etc.) *engendre* une classification aussi souvent qu'elle en enregistre une. Les espèces « naturelles » sont simplement celles que nous sommes accoutumés à repérer pour et par l'étiquetage. De plus, l'objet lui-même n'est pas quelque chose de tout fait mais résulte d'une manière d'aborder le monde. Fabriquer une image contribue généralement à la fabrication de ce qui est à représenter par l'image. L'objet et ses aspects dépendent de l'organisation et les étiquettes de toutes sortes sont des outils d'organisation.

Représentation et description impliquent donc une idée d'organisation qui, réciproquement, les implique souvent. Une étiquette associe entre eux des objets auxquels elle s'applique, et se trouve associée aux autres étiquettes d'une ou de plusieurs espèces. De manière moins directe, elle associe ses référents à ces autres étiquettes et à leurs référents, et ainsi de suite. Il s'en faut que toutes ces associations aient une force égale ; leur solidité varie avec leur proximité, avec la spécificité des classifications en question et avec la fermeté de prise que ces classifications et étiquetages se sont acquis. Mais, de toutes ces façons, une représentation ou une description, en vertu de la manière dont elle classe et est classée, peut créer ou indiquer des connexions, analyser des objets, bref organiser le monde.

Une représentation ou une description convient, est efficace, pénétrante, elle éclaire ou intrigue, dans la mesure où l'artiste ou l'écrivain saisit des rapports nouveaux et significatifs, et imagine des moyens pour les rendre manifestes. Il arrive que le discours ou la dépiction qui découpe des unités familières et les distribue en ensembles-types sous des étiquettes rebattues rende des services, en dépit de sa banalité.

Découper de nouveaux éléments ou classes, ou doter ceux qui étaient familiers d'un nouveau type d'étiquettes ou de combinaisons nouvelles d'anciennes étiquettes peut fournir des aperçus nouveaux. Gombrich insiste sur la métaphore de Constable : « La peinture est une science (...) dont les images ne sont que les expériences. [27] » Dans la représentation, l'artiste doit remettre en œuvre d'anciennes habitudes lorsqu'il veut faire apparaître des connexions et objets originaux. Que, pour un spectateur, une image fasse presque, mais pas tout à fait, référence au mobilier banal du monde quotidien ; qu'elle s'inscrive dans une espèce courante d'image et s'en écarte toutefois ; elle pourra mettre à jour des ressemblances et des différences négligées, susciter des associations inaccoutumées, et jusqu'à un certain point refaire notre monde. Que non seulement l'image soit bien faite mais qu'elle soit aussi justifiée, que les réajustements qu'elle opère directement et indirectement soient intéressants et importants, et, tout autant qu'une expérience cruciale, elle sera une contribution authentique à la connaissance. À quelqu'un qui se plaignait que son portrait de Gertrude Stein n'était pas ressemblant, Picasso, dit-on, répondit : « Aucune importance ; il le deviendra. »

En résumé, la représentation et la description efficaces réclament l'invention. Elles sont créatrices. Elles s'informent l'une l'autre ; elles forment, rattachent et distinguent les objets. Que la nature imite l'art est une maxime trop timide. La nature est un produit de l'art et du discours.

8. LE RÉALISME.

Ceci laisse sans réponse la question secondaire de ce qui constitue le réalisme de la représentation. Il ne s'agit certainement pas, si l'on se réfère à ce qui précède, d'une quelconque ressemblance avec la réalité. Nous comparons pourtant bien les représentations eu égard à leur réalisme, leur naturalisme, ou leur fidélité. Si la ressemblance n'est pas le critère, quel est-il ?

Une réponse fréquemment admise situe le test de la fidélité dans la tromperie : une image est réaliste dans l'exacte mesure où elle est une illusion réussie, conduisant celui qui la regarde à supposer qu'elle est ce qu'elle représente, ou qu'elle en possède les caractéristiques. En d'autres termes, on propose comme mesure du réalisme la probabilité de confondre la représentation avec le représenté. C'est une première amélioration par rapport à la théorie-copie ; car ce qui compte ici n'est pas la minutie avec laquelle l'image reproduit un objet mais de savoir jusqu'où image et objet, dans des conditions d'observation appropriées à chacun, donnent naissance aux mêmes espoirs et réactions. Qui plus est, la théorie n'est pas d'emblée réfutée par le fait que des représentations fictives diffèrent en degré de réalisme ; car, même s'il n'existe pas de centaures, il se pourrait que je me laisse berner par une image réaliste au point que je la prenne pour un centaure.

Il reste cependant des difficultés à surmonter. Ce qui trompe dépend de ce qui est observé, et ce qui est observé varie au gré des intérêts et des habitudes. Si la probabilité de confondre est 1, il ne s'agit plus de représentation, mais d'identité. De plus, la probabilité s'élève rarement de façon notable au-dessus de zéro, même pour la peinture en trompe l'œil la plus perfide, lorsqu'elle est vue dans les conditions ordinaires d'une galerie d'art. Car voir une image en tant qu'image empêche qu'on la prenne faussement pour n'importe quoi d'autre ; les conditions appropriées d'observation (par exemple, le fait d'être encadrée, placée devant un fond uniforme, etc.) sont calculées pour déjouer la tromperie. La tromperie ne répugne pas à quelque mauvais tour tel qu'une présentation suggestive ou un judas qui masque cadre et fond. Mais une tromperie qui se produit dans des conditions si peu courantes n'est aucunement un test de réalisme ; car, avec suffisamment de mise en scène, même l'image la plus irréaliste est capable de tromper. La tromperie est moins une mesure de réalisme que la preuve de l'art du magicien, c'est un accident hautement atypique. Lorsque je regarde l'image la plus réaliste, il m'arrive rarement de croire que je peux littéralement plonger la main dans le tableau, couper la tomate, ou jouer du tambour. Au contraire, j'identifie les images comme étant les signes des objets représentés et de leurs caractéristiques et ces signes fonctionnent immédiatement et sans équivoque, on ne les confond pas avec ce qu'ils dénotent. Bien sûr, il se trouve parfois que, lorsqu'une tromperie se produit effectivement — disons, devant une peinture murale de fenêtre —, nous avons tout à fait le droit de qualifier l'image de réaliste ; mais de tels cas ne fournissent aucune base pour établir entre des images en général un ordre usuel de réalisme décroissant.

Dans la ligne de ces considérations, on est conduit à suggérer que l'image la plus réaliste est celle qui fournit la plus grande quantité d'information pertinente. Mais on peut réfuter rapidement et complètement cette hypothèse. Considérez une image réaliste, peinte selon la perspective ordinaire et en couleurs normales, et une seconde image semblable en tout à la première, excepté le fait que la perspective y soit inversée et chaque couleur remplacée par sa complémentaire. La seconde image, convenablement interprétée, fournit exactement la même information que la première. Et on peut imaginer, en nombre indéfini, d'autres transformations radicales mais qui conservent l'information. À l'évidence, des images réalistes et irréalistes peuvent apporter une information égale ; le rendement informationnel ne fournit pas un test de réalisme.

Jusqu'ici, il ne nous a pas été nécessaire de distinguer entre fidélité et réalisme. Les critères considérés plus haut se sont révélés aussi peu satisfaisants pour l'un que pour l'autre. Mais il n'est pas possible de les tenir plus longtemps pour équivalents. Les deux images que nous venons de décrire sont au même titre correctes, au même titre fidèles à ce qu'elles représentent, fournissent la même information, qui est en conséquence au même titre vraie ; cependant, elles ne sont pas au même titre réalistes ou littérales. Être fidèle, pour une image, signifie simplement que l'objet représenté possède les propriétés que l'image lui attribue en substance. Mais une telle fidélité (ou correction, ou vérité) n'est pas une condition suffisante pour qu'elle soit littérale ou réaliste.

L'absolutiste vigilant objectera que nous avons besoin d'une clé pour la seconde image, mais non pour la première. La différence tient plutôt en ce que la clé est, pour la première, immédiatement disponible. Pour lire convenablement la seconde image, nous avons à découvrir des règles d'interprétation et à les appliquer à bon escient. La première se lit conformément à une habitude pratiquement automatique ; la pratique a rendu les symboles si transparents que nous ne sommes pas conscients d'un quelconque effort, du moindre choix, ni même d'effectuer réellement une interprétation [28]. La pierre de touche du réalisme est à chercher, à mon avis, non pas dans la quantité d'information mais dans la facilité avec laquelle on l'obtient, laquelle dépend du degré de stéréotypie du mode de représentation, et de la trivialité atteinte par les étiquettes et leurs usages.

Le réalisme est relatif, déterminé par le système de représentation qui sert de norme à une culture ou à une personne donnée à un moment donné. On tient pour artificiels ou sommaires des systèmes plus récents, plus anciens ou étrangers. Pour un Égyptien de la Ve dynastie, la manière qui va de soi pour représenter quelque chose n'est pas la même que pour un Japonais du XVIIIe siècle ; et aucune des deux n'est la même que pour un Anglais du début du XXe siècle. Chacun aurait dans une certaine mesure à apprendre comment lire une image dans l'un des deux autres styles. Cette relativité est masquée par notre tendance à omettre de préciser le cadre de référence lorsqu'il s'agit du nôtre. On en vient ainsi souvent à utiliser « réalisme » comme le nom d'un style ou d'un système de représentation particulier. Tout comme, sur cette planète, nous considérons habituellement comme fixes les objets qui sont dans une position constante par rapport à la Terre, de même, à cette époque et en ce lieu, nous considérons d'ordinaire comme littérales ou réalistes des peintures qui appartiennent à un style de représentation européen traditionnel [29]. Mais une telle ellipse égocentrique ne doit pas nous induire à conclure que ces objets (ou n'importe quel autre) sont fixes en un sens absolu, ou que de telles peintures (ou n'importe quelle autre) sont réalistes en un sens absolu.

Des changements de norme peuvent se produire assez rapidement. Ce qu'ont de marquant les effets qui peuvent accompagner une infraction judicieuse à un système traditionnel de représentation nous dispose d'ailleurs souvent, au moins temporairement, à établir comme norme le mode plus récent. Nous disons alors d'un artiste qu'il a franchi un nouveau degré de réalisme, ou qu'il a découvert de nouveaux moyens de rendre avec réalisme, disons, la lumière ou le mouvement. Il se produit ici quelque chose de semblable à la « découverte » que ce n'est pas la Terre mais le Soleil qui est « réellement fixe ». Les avantages d'un nouveau cadre de référence, en partie à cause de sa nouveauté, encouragent son officialisation en certaines occasions, en remplacement du cadre coutumier. Néanmoins, savoir si un objet est « réellement fixe » ou si une image est réaliste dépend, à tout moment, entièrement du cadre ou du mode qui est alors la norme. Le réalisme n'est pas affaire d'un quelconque rapport constant ou absolu entre une image et son objet mais d'un rapport entre le système de représentation employé dans l'image et le système servant de norme. La plupart du temps, c'est bien sûr le système traditionnel qui est pris pour norme ; et le système de représentation littéral, réaliste ou naturaliste est tout simplement le système coutumier.

En résumé, la représentation réaliste ne repose pas sur l'imitation, l'illusion ou l'information, mais sur l'inculcation. Toute image, ou peu s'en faut, peut représenter à peu près n'importe quoi ; c'est-à-dire que, étant donnés une image et un objet, il existe d'ordinaire un système de représentation, un plan de corrélation, relativement auxquels l'image représente l'objet [30]. Le degré de correction de l'image dans ce système dépend de la précision de l'information qu'on obtient à propos de l'objet en lisant l'image conformément à ce système. Mais le degré de littéralité ou de réalisme dépend de la normativité du système. Si la représentation est une question de choix, et la correction une question d'information, le réalisme est affaire d'habitude.

On comprend facilement en ces termes qu'en dépit d'une contre-évidence écrasante, nous ne renoncions pas à voir dans la ressemblance la mesure du réalisme. Les habitudes de représentation qui gouvernent le réalisme tendent également à engendrer la ressemblance. Qu'une image ressemble à la nature signifie souvent seulement qu'elle se présente de la façon dont la nature est ordinairement peinte. D'ailleurs, ce qui me bernera au point de me faire supposer qu'il y a un objet d'une espèce donnée devant moi dépend de ce que j'ai remarqué à propos de tels objets, et ceci se trouve à son tour affecté par la manière dont j'ai l'habitude de les voir dépeints. La ressemblance et la possibilité d'être trompé, loin d'être des sources et des critères constants et indépendants de la pratique représentationnelle, en sont à un certain degré des produits [31].

9. DESCRIPTION ET DÉPICTION.

Tout au long de ce chapitre, j'ai insisté sur l'analogie entre la représentation par image et la description verbale, parce qu'elle me semble à la fois corrective et suggestive. Faire référence à un objet est une condition nécessaire pour le dépeindre ou le décrire, mais aucun degré de ressemblance n'est une condition nécessaire ou suffisante, pour l'un ou l'autre cas. Dépiction et description prennent tous deux part à la formation et à la caractérisation du monde ; elles interagissent l'une sur l'autre, ainsi qu'avec la perception et le savoir. Ce sont des manières de classer au moyen d'étiquettes qui ont une référence unique, multiple ou nulle. Imagées ou verbales, les étiquettes sont elles-mêmes classées en espèces ; l'interprétation des étiquettes fictives, celle de la dépiction-*en* et de la description-*en* se fait en termes de telles espèces. L'application et la classification d'une étiquette sont relatives à un système [32], et il existe d'innombrables systèmes de représentation et de description concurrents. De tels systèmes sont, dans des proportions qui varient, les produits de la stipulation et de l'accoutumance. Le choix entre ces systèmes est libre ; mais, étant donné un système, la question de savoir si un objet nouvellement rencontré est un bureau ou une image-de-licorne, ou s'il est représenté par une peinture déterminée, revient à la question de savoir s'il convient, dans ce système, de projeter le prédicat « bureau », le prédicat « image-de-licorne », ou la peinture, sur la chose en question. La décision est guidée par l'usage qu'on fait de ce système et il lui sert réciproquement de guide [33].

On peut être tenté d'appeler langage un système basé sur la dépiction ; mais je refuse de m'engager dans cette voie. Savoir ce qui distingue les systèmes représentationnels des systèmes linguistiques nécessite un examen minutieux. On pourrait supposer qu'il est possible d'appliquer ici aussi le critère du réalisme, à savoir l'existence d'une échelle continue de symboles allant des dépictions les plus réalistes jusqu'aux descriptions qui le sont de moins en moins. Ce n'est sûrement pas le cas ; la mesure du réalisme est l'accoutumance, mais par accoutumance jamais une description ne deviendra une dépiction. Les noms français les plus ordinaires ne sont pas devenus des images.

Dire qu'on dépeint au moyen d'images alors qu'on décrit au moyen de mots n'est pas seulement supposer résolue une bonne partie de la question mais aussi négliger le fait que la dénotation au moyen d'une image ne constitue pas toujours une dépiction ; par exemple, si, dans un musée réquisitionné, un officier instructeur se sert d'images qui jouent le rôle des positions ennemies, les images ne représentent pas de ce fait ces positions. Pour représenter, une image doit fonctionner comme un symbole par image ; à savoir, fonctionner dans un système tel que ce qui est dénoté dépende uniquement des propriétés d'image du symbole*. On pourrait grossièrement délimiter les propriétés d'image par une spécification à peu près récursive [34]. Une caractérisation élémentaire d'image énonce quelle couleur possède une image à un endroit donné de sa surface. D'autres caractérisations d'image combinent en fait un grand nombre de données élémentaires de ce type par conjonction, alternance, quantification, etc. Ainsi, une caractérisation d'image peut nommer les couleurs en différents endroits, ou énoncer que la couleur en un endroit varie dans telles limites, ou énoncer que les couleurs, en deux endroits, sont complémentaires, et ainsi de suite. En bref, une caractérisation d'image dit plus ou moins complètement et plus ou moins spécifiquement les couleurs que l'image possède et à quels endroits. Les propriétés correctement attribuées à une image par la caractérisation d'image sont ses propriétés d'image.

(*) La traduction de « pictorial » par « -d'image » est assurément un peu lourde mais paraît difficilement évitable dans un contexte technique, en l'absence d'adjectif dérivé en français du mot « image » (ainsi que de substantif ordinaire dérivé du verbe « dépeindre »). Le terme « imaginal » qui conviendrait a désormais un usage spécialisé et solidaire d'une imagination mystique ; quant à « pictural », il a l'inconvénient d'appeler une appréciation, de nature étroitement esthétique, de la peinture. Le terme de « propriété » (*property*) est neutre et général, et recouvre toute caractérisation d'un individu ou d'un symbole. Les propriétés d'image sont donc les propriétés que l'image possède de par sa seule fonction d'image (cf. p.150), c'est-à-dire celles qui relèvent de la dépiction, et à l'exclusion de ce qui se rapporte à son contenu iconographique singulier. (N.d.T.)

Tout ceci, cependant, reste beaucoup trop limité. La formule se prête facilement à quelque élargissement mais résiste à une généralisation. Il est de fait que les sculptures dont la dénotation dépend de propriétés sculpturales telles que la forme représentent ; mais ce n'est pas le cas des mots dont la dénotation dépend de propriétés verbales telles que l'orthographe. Nous n'avons pas encore capturé la différence décisive entre propriétés d'image et propriétés verbales, entre symboles ou systèmes non linguistiques et linguistiques, celle qui fait la différence entre la représentation en général et la description.

Nous n'avons fait jusqu'ici que subsumer la représentation descriptive sous la dénotation. La représentation est ainsi débarrassée d'idées qui la dénaturent, comme celle d'un processus physique et idiosyncrasique de reflet, et reconnue comme un rapport symbolique qui est relatif et variable. De plus la représentation se trouve ainsi mise en contraste avec des modes non dénotatifs de référence dont on analysera certains dans le prochain chapitre. C'est seulement beaucoup plus tard que je reviendrai sur la question ardue de savoir distinguer les systèmes représentationnels des langages.

NOTES
CHAPITRE I

1. Je considère ici la représentation par image, ou dépiction (*depiction*) et la représentation comparable qui peut intervenir dans d'autres arts. Des objets naturels peuvent représenter de la même manière : témoins l'homme dans la lune et le chien-berger dans les nuages. Certains auteurs utilisent « représentation » comme terme général pour toutes les variétés de ce que j'appelle symbolisation ou référence (*reference*), et emploient « symbolique » pour les signes verbaux et les autres signes qui ne sont pas des images et que je nomme non-représentationnels. « Représenter » et ses dérivés ont de nombreux autres emplois dont je mentionnerai certains plus loin, les autres ne nous concernant pas du tout ici. Parmi ces derniers figurent ces usages : un ambassadeur représente une nation et fait des représentations à un gouvernement étranger.

2. J'utilise « objet » indifféremment pour ce que l'image représente, quoi que ce soit, une pomme ou une bataille. Une subtilité de langage fait de l'objet représenté un sujet.

3. C'est seulement dans le chapitre suivant que la dénotation sera distinguée d'autres variétés de référence.

4. Dans « The Way the World Is », *Review of Metaphysics,* 1960, vol.14, pp. 48-56, j'ai soutenu que le monde existe d'autant de manières qu'il peut être adéquatement décrit, vu, peint, etc., et qu'il n'y a rien de tel que *la* manière d'être du monde. Ryle adopte une position quelque peu semblable (*Dilemmas,* Cambridge, G.B., Cambridge University Press, 1954, pp.75-77) lorsqu'il compare la relation entre une table en tant qu'objet solide et la table comme essaim d'atomes, avec la relation entre une bibliothèque universitaire selon le catalogue et selon l'intendant. Certains ont suggéré qu'il serait possible pour atteindre la manière d'être du monde de conjoindre la totalité de ces diverses approches. Cela néglige le fait que la conjonction elle-même est propre à certains systèmes ; par exemple, nous ne pouvons conjoindre un paragraphe et une image. Et toute tentative de combiner toutes les manières d'être ne serait elle-même qu'une des manières d'être du monde — et singulièrement indigeste.

Mais qu'est *le monde* qui est de tant de manières ? Parler de manières d'être du monde, ou de manières de décrire ou de dépeindre le monde, c'est parler de descriptions-du-monde ou d'images-du-monde, et ceci n'implique pas qu'il existe une chose unique — ou même quoi que ce soit — qui soit décrit ou peint. Bien sûr, rien de tout ceci n'implique non plus que rien ne soit décrit ou peint. Voir plus loin section 5 et la note 19.

5. Dans *Art and Illusion,* New York, Pantheon Books, 1960, pp.297-298 et ailleurs (trad. fr. Guy Durand, *L'art et l'illusion,* Gallimard, 1971, ch. IX, section 3). Sur la question générale de la relativité de la vision, voir également des travaux tels que ceux de R.L. Gregory, *Eye and Brain,* New York, Mc Graw-Hill Book Co., 1966 ; et de Marshall H. Segall, Donald Campbell et Melville J. Herskovits, *The Influence of Culture on Visual Perception,* Indianapolis et New York, The Bobbs-Merrill Co., Inc., 1966.

6. Pour des échantillons de recherches psychologiques sur ce point, voir Jerome S. Bruner : « On Perceptual Readiness », *Psychological review,* 1957, vol. 64, pp.123-152, et d'autres articles qu'il cite ; également William P. Brown : « Conceptions on Perceptual Defense », *British Journal of Psychology Monograph Supplement XXXV,* Cambridge, G.B., Cambridge University Press, 1961.

7. Sur la vacuité de la notion de primauté (*primacy*) épistémologique et sur la futilité de la recherche du donné absolu, voir mon livre *Structure of Appearance* (2e éd., Indianapolis et New York, The Bobbs-Merrill Co., Inc., 1966 — auquel je réfère ci-dessous par *SA*), pp.132-145, et « Sense and Certainty », *Philosophical Review,* 1952, vol.61, pp.160-167.

8. Ceci n'est pas moins vrai lorsque l'instrument que nous utilisons est un appareil-photo plutôt qu'une plume ou un pinceau. Le choix et le maniement de l'instrument prennent part au déchiffrement. Une œuvre de photographe, comme celle d'un peintre, peut faire preuve d'un style personnel. Sur les « corrections » que permettent certains appareils-photo, voir plus loin section 3.

9. *Art and Illusion,* pp.254 et 257 (trad. fr. citée ch.VIII, sect.4).

10. Extrait de « Pictures, Perspective, and Perception », *Daedalus* (hiver 1960), p.227. Gibson ne semble pas être explicitement revenu sur ces affirmations, bien que son livre récent et intéressant, *The Senses Considered as Perceptual Systems* (Boston, Houghton Mifflin Co., 1966), débatte longuement de problèmes connexes.

11. Bien sûr, cet argument a été avancé en substance par de nombreux autres auteurs. Pour une intéressante discussion voir D. Gioseffi, *Perspetiva Artificialis,* Trieste, Universita degli studi di Trieste, Instituto di Storia dell'Arte Antica e Moderna, 1957 ; et le long compte rendu qu'en fait M.H. Pirenne dans *The Art Bulletin,* 1959, vol.41, pp.213-217. Je suis redevable de cette référence au professeur Meyer Schapiro.

12. Cf. la discussion par Gombrich des « portillons » dans *Art and Illusion,* p.250-251. (trad.fr. citée VIII, 4).

13. Voir L.A. Riggs, F. Ratliff, J.C. Cornsweet et T. Cornsweet, « The Disappearance of Steadily Fixated Visual Objects », *Journal of the Optical Society of America,* 1953, vol.43, pp.495-501. Plus récemment, les changements rapides et drastiques qui se produisent dans la perception pendant qu'on fixe ont été étudiés en détail par R.M. Pritchard, W. Heron, et D.O. Hebb dans « Visual Perception Approached by the Method of Stabilized Images », *Canadian Journal of Psychology,* 1960, vol.14, pp.67-77. Selon cet article, l'image tend à se régénérer, transformée parfois en unités dotées d'une signification qui n'était pas initialement présente.

14. À noter qu'en raison de la protubérance de la cornée, lorsque l'œil tourne (et même si l'on garde la tête fixe), il lui est souvent possible de voir un peu du pourtour latéral de l'objet.

15. L'adaptation à des lunettes de diverses sortes a été un sujet d'expérimentation considérable. Voir, par exemple, J.E. Hochberg, « Effects of Gestalt Revolution : The Cornell Symposium on Perception », *Psychological review,* 1959, vol.64, pp.74-75 ; J.G. Taylor, *The Behavioral Basis of Perception,* New Haven, Yale University Press, 1962, pp.166-185 ; et Irvin Rock, *The Nature of Perceptual Adaptation,* New York, Basic Books, Inc., 1966. N'importe qui peut facilement vérifier sur lui-même combien il est facile d'apprendre à lire des images dessinées selon une pers-

pective inversée, ou modifiée d'autre façon. La perspective inversée se rencontre souvent dans l'art oriental, byzantin et médiéval ; quelquefois, perspectives standard et inversée sont même utilisées dans des parties différentes d'une même image — voir, par exemple, Leonid Ouspensky et Vladimir Lossky, *The Meaning of Icons,* Boston, Boston Book and Art Shop, 1952, pp.42 (note 1) et 200. À propos du fait qu'on a à apprendre à lire les images en perspective standard, Melville J. Herskovits écrit dans *Man and His Works,* New York, Alfred A. Knopf, 1948, p.381 : « Plus d'un ethnographe a relaté l'expérience dans laquelle on montre une photo nette, figurant une maison, une personne, un paysage familier, à des gens qui vivent dans une culture dépourvue de toute connaissance de la photographie, et les essais des indigènes pour interpréter cet arrangement sans signification de diverses nuances de gris sur une feuille de papier en tenant l'image selon tous les angles possibles ou en la retournant pour examiner la blancheur du verso. Car même le cliché le plus évident n'est qu'une interprétation de ce que voit l'appareil-photo. »

16. Voir le frontispice de ce chapitre. Comme le remarque Klee, le dessin paraît tout à fait normal si on le considère comme représentant un parquet, mais de guingois en tant que représentation d'une façade, même si dans les deux cas les parallèles de l'objet représenté s'éloignent pareillement de l'œil.

17. En vérité, c'est la position orthodoxe qu'adoptent non seulement Pirenne, Gibson et Gombrich, mais la plupart des auteurs qui traitent du sujet. Quelques exceptions, en plus de Klee : Erwin Panofsky « Die Perspektive als "Symbolische Form" », *Vortrage der Bibliothek Warburg,* 1924-1925, pp.258 sq. (trad. fr. sous la direction de Guy Ballangé, *La Perspective comme forme symbolique,* Éd. de Minuit, 1975) ; Rudolf Arnheim, *Art and Visual Perception,* Berkeley, University of California Press, 1954, notamment pp.92 sq., 226 sq., et ailleurs ; et, avant eux, un certain Arthur Parsey qui fut pris à partie pour ses opinions hétérodoxes par Augustus de Morgan dans *Budget of Paradoxes* (Londres, 1872), pp.176-177. Je suis redevable de cette dernière référence à P.T. Geach. On trouvera d'intéressantes discussions de la perspective dans *The Birth and Rebirth*

of Pictorial Space, de John White, New York, Thomas Yoseloff, 1958, chap.VIII et XIII.

18. Il se peut que la manière optimale de voir la façade de la tour soit de la regarder tout droit depuis M ; mais alors la manière optimale de voir les rails de chemin de fer serait de les regarder directement depuis la verticale du point médian de leur longueur.

19. L'essentiel de ce paragraphe et des deux suivants se trouve dans mon article, « On Likeness of Meaning », *Analysis,* 1949, vol.1, pp.1-7, approfondi par la suite dans : « On Some Differences about Meaning », *Analysis,* 1953, vol.13, pp.90-96. Voir également le traitement parallèle du problème des énoncés portant « sur des entités fictives » dans « About », *Mind,* 1961, vol.70, surtout pp.18-22. Dans une série d'articles dont les premiers remontent à 1939 (la plupart ont été retravaillés et republiés dans *From a Logical Point of View,* Cambridge, Mass., Harvard University Press, 1953), W.V. Quine avait affiné la distinction entre les expressions qui sont syncatégorématiques et celles qui ne le sont pas et avait montré qu'une observation attentive de cette distinction pourrait dissiper bien des problèmes philosophiques.

Je recours au procédé du trait d'union (ainsi : « image-d'homme ») seulement comme un appui dans le discours technique, non pour réformer l'usage quotidien, là où le contexte empêche normalement la confusion et où la tendance à faire des interférences existentielles erronées est moins contraignante, sinon moins lourde de conséquences, qu'en philosophie. Dans ce qui suit, « image-d'homme » sera toujours une abréviation pour l'expression plus longue et plus courante : « image représentant un homme », considérée comme un indivisible prédicat à une place (d'argument) qui n'a nullement besoin de s'appliquer à toutes les images qui représentent un homme réel ou seulement à celles-ci. Le même principe général gouvernera l'emploi de tous les composés de la forme « image-de- ». Ainsi, par exemple, je n'utiliserai pas « image-de-Churchill » comme abréviation pour « image peinte par Churchill » ou pour « image appartenant à Churchill ». Notez de plus qu'une image-de-carré n'est pas nécessairement une image carrée mais une image-qui-représente-un-carré.

20. En toute rigueur, nous devrions ici parler d'émissions (*utterances*) et d'inscriptions ; car différents exemples du même terme peuvent différer en dénotation. En fait, classer ensemble des répliques (*replicas*) pour constituer des termes n'est qu'une des manières, et loin d'être la plus simple, de classer des émissions et des inscriptions en espèces. Voir en outre *SA*, pp.359-363, et également ci-dessous chapitre IV.

21. Savoir comment appliquer tous les composés d'un terme entraînerait qu'on sache comment appliquer au moins quelques composés de tous les autres termes du langage. Nous disons normalement que nous comprenons un terme lorsque nous savons raisonnablement bien comment l'appliquer, lui et suffisamment de ses composés les plus usuels. Si, pour un composé donné « image-de- », nous sommes dans l'incertitude sur la manière de l'appliquer dans un pourcentage plutôt élevé de cas, ce sera également vrai du prédicat corrélatif « représente-en- ». Bien sûr, comprendre un terme ne se ramène pas exclusivement à savoir comment l'appliquer, lui et ses composés ; d'autres facteurs interviennent, par exemple quelles inférences on peut faire à partir d'énoncés, ou aboutissant à des énoncés, contenant le terme.

22. Je suis redevable à H.P. Grice et à J.O. Urmson de commentaires qui ont conduit à clarifier ce point. Quelquefois, la parcelle en question peut être découpée sur des lignes autres que temporelles. Sur la notion d'une partie temporelle, voir *SA*, pp.127-129.

23. Il se peut néanmoins que l'image contenue dénote des objets donnés et soit une image-de-telle-chose *comme résultat* de son incorporation dans le contexte de l'image qui la contient, exactement comme « triangle », dans l'occurrence « triangle et batterie », peut dénoter des instruments musicaux donnés et être une description-d'un-instrument-de-musique.

24. Cela couvre les cas où *k* est représenté en telle-chose soit par une image complète, soit par une partie d'elle-même. Comme on l'a remarqué à la fin de la note 19 ci-dessus, il existe des restrictions sur les substitutions qu'on peut admettre pour « telle-chose » dans ce schème définitionnel ; une vieille image, une image carrée ou bien appartenant à Churchill ne le représente pas de ce fait comme vieux, carré ou s'appartenant.

25. Le lecteur aura déjà noté qu'on ne restreint pas, dans le présent texte, « description » à ce qu'on appelle en logique des descriptions définies, mais qu'on englobe tous les prédicats depuis les noms propres et sans omettre les passages les plus fleuris, qu'ils aient une dénotation singulaire, multiple ou nulle.

26. L'image ne dénote pas la classe délimitée, mais dénote les membres (aucun, un ou plusieurs) de cette classe. Une image appartient bien sûr à d'innombrables classes, mais seulement certaines d'entre elles (par exemple, la classe des images-de-carré, la classe des images-de-Churchill) et non pas d'autres (par exemple, la classe des images carrées, la classe des images qui appartiennent à Churchill) ont un rapport avec ce que l'image représente-en.

27. Extrait de la quatrième conférence de Constable à la Royal Institution en 1826 ; voir C.R. Leslie, *Memoirs of the Life of John Constable,* ed. Jonathan Mayne, Londres, Phaidon Press, 1951, p.323.

28. Cf. Descartes, *Méditations métaphysiques* (trad. E.S. Haldane et G.R.T. Ross, New York, Dover Publications, Inc., 1955, vol.1, p.155) ; également Berkeley, « Essay towards a New Theory of Vision » in *Works on Vision,* ed. C.M. Turbayne, New York, The Bobbs-Merrill Co., Inc., 1963, p.42 (trad. fr. par A. Leroy, *Théorie nouvelle de la vision,* Aubier-Montaigne).

29. Ou conventionnel ; mais « conventionnel » est un terme dangereusement ambigu : témoin le contraste entre « très conventionnel » (au sens de « très ordinaire ») et « hautement conventionnel » ou « d'un rendu très conventionnel » (au sens de « très artificiel »).

30. En vérité, il existe d'ordinaire beaucoup de tels systèmes. Une image qui, dans un système (non familier), est une représentation correcte mais fortement irréaliste d'un objet peut dans un autre système (standard) être une représentation réaliste mais très incorrecte du même objet. C'est seulement lorsque l'information précise est obtenue dans le système standard que l'image représentera l'objet d'une manière à la fois correcte et littérale.

31. Ni ici ni ailleurs je n'ai soutenu qu'il n'existe pas de relation constante de ressemblance ; les jugements de similarité à des

points de vue choisis et familiers sont, encore que grossiers et faillibles, aussi objectifs et catégoriques que n'importe lesquels de ceux qu'on fait en décrivant le monde. Mais des jugements de ressemblance complexe et globale posent de tout autres questions. En premier lieu, ils dépendent des aspects ou facteurs dans les termes desquels les objets dont il s'agit sont comparés ; et ceci est fortement dépendant des habitudes conceptuelles et perceptuelles. En second lieu, supposant ces facteurs déterminés, les similarités repérées sur les différents axes ne sont pas immédiatement commensurables, et le degré de ressemblance totale dépendra de la façon d'évaluer les différents facteurs. Normalement, par exemple, la proximité dans la situation géographique importe peu à notre jugement de ressemblance entre immeubles, mais importe beaucoup à notre jugement de ressemblance entre lotissements. Faire l'estimation d'une ressemblance totale est sujet à une foule d'influences, dont nos habitudes représentationnelles ne sont pas les moindres. Somme toute, j'ai cherché à montrer que, pour autant que la ressemblance est une relation objective et constante, la ressemblance entre une image et ce qu'elle représente ne coïncide pas avec le réalisme ; et que, pour autant que la ressemblance coïncide avec le réalisme, les critères de ressemblance varient avec les changements dans la pratique représentationnelle.

32. Pour anticiper sur l'explication plus complète du chapitre V, un système symbolique (pas nécessairement formel) englobe à la fois les symboles et leur interprétation ; un langage est un système symbolique d'une espèce particulière. Un système formel est rédigé dans un langage, il possède des éléments primitifs qu'on stipule ainsi que des procédés de dérivation.

33. Sur l'interaction entre jugement spécifique et ligne de conduite générale, voir mon livre *Fact, Fiction and Forecast* (2e édition, Indianapolis et New York, The Bobbs-Merrill Co., Inc., 1965 (trad. fr., *Faits, fictions et prédictions,* Paris, Éd. de Minuit, 1985) — auquel je me réfère ci-dessous par *FFF*), pp.63-64. On pourrait dire que la propriété de projeter un prédicat dépend des similarités existant entre les objets en question ; mais on pourrait dire, avec une égale vérité, que les similarités entre les objets dépendent des prédicats qui sont projetés (cf. note 31 ci-dessus,

et *FFF,* pp.82, 96-99, 119-120). Sur le rapport entre la « théorie-langage » des images esquissée ci-dessus et la « théorie-image » du langage, très discutée, voir « The Way the World is » (cité à la note 4), pp.55-56.

34. La spécification qui suit contient de nombreuses insuffisances, dont le fait de ne pas tenir compte de la nature souvent tridimensionnelle des surfaces d'image. Mais, quoiqu'une distinction grossière entre les propriétés d'image et les autres soit utile ici et dans quelques contextes ultérieurs, rien de très essentiel ne repose sur sa formulation précise.

II
LA SONORITÉ DES IMAGES

Sonorité double — froide tension des lignes droites, chaude tension des courbes, du rigide au délié, du souple au ramassé.*

Wassily Kandinsky.

1. UNE DIFFÉRENCE DE DOMAINE.

Dans le parler quotidien, nous malmenons au moins autant le mot « exprimer » que le mot « représenter ». Nous disons par exemple qu'un jugement exprime ce qu'il affirme, décrit ou suggère ; et qu'une image exprime un sentiment, un fait, une idée, ou une personnalité. On pourra peut-être commencer à mettre un peu d'ordre dans ce chaos si l'on peut isoler une relation spéciale et caractéristique de l'expression, qui la distinguerait de la représentation et de toute autre référence en usage dans les arts. Un premier pas est de dissiper une ambiguïté répandue. Exprimer la tristesse peut vouloir dire qu'une personne exprime le sentiment de tristesse ou bien qu'elle exprime le fait d'éprouver

(*) Légende d'un dessin de *Point and Line to Plane,* traduit par H. Dearstyne et H. Rebay, New York, Solomon R. Guggenheim foundation, 1947, p.188-189 (trad. fr. *Point, ligne, plan,* Gonthier, planche n°21 ; la citation est retraduite).

ce sentiment. Ce qui embrouille les choses puisque, à l'évidence, on peut exprimer une tristesse qu'on n'éprouve ni ne prétend éprouver, et éprouver ou prétendre éprouver un sentiment qu'on n'exprime pas. Je pense que nous ferons bien de limiter d'emblée « exprimer » aux cas où on fait référence à un sentiment, ou une autre propriété [1], plutôt qu'à une simple occurrence de propriété. Ce qui est impliqué dans l'acte de montrer ou d'affirmer la présence d'une propriété en une occasion donnée peut s'interpréter autrement. À titre d'hypothèse, une différence caractéristique entre représentation et expression est alors que la représentation porte sur des objets ou des événements, tandis que l'expression porte sur des sentiments ou d'autres propriétés.

Est-ce que les deux relations ne se distinguent cependant qu'au moyen de ce qu'elles relient ? Des frères et des sœurs sont tous issus de mêmes parents et la différence entre être un frère ou être une sœur dépend uniquement du fait d'être mâle ou femelle. En est-il de même ici : ce qui est représenté et ce qui est exprimé étant pareillement dénotés, leur différence dépend-elle uniquement de savoir si on dénote un particulier ou une propriété ? Ou bien existe-t-il quelque différence plus radicale entre les deux relations ?

À première vue, il peut sembler que l'expression soit moins littérale que la représentation. Le plus souvent le sentiment, l'émotion ou la propriété exprimé est éloigné du moyen d'expression : une peinture peut exprimer la chaleur, une composition musicale peut exprimer la couleur ou la fragilité. À coup sûr il ne saurait être question ici de copier, en quelque acception que ce soit. L'expression procède par suggestion plutôt que par imitation. Mais nous avons vu que la représentation n'est pas non plus une imitation, qu'aucun degré de similarité n'est nécessaire, même entre la plus littérale des images et ce qu'elle représente.

Peut-être alors faut-il chercher une différence dans la direction opposée : l'expression serait-elle plus directe, plus immédiate que la représentation ? En conformité avec ceci, il y a l'idée qu'une expression est reliée de manière causale à ce qui est exprimé. L'expression d'un visage, par exemple, peut être due à la peur, à la colère ou à la tristesse qu'une personne ressent, les mimiques faciales naissant immédiatement de cette émotion et la manifestant ; ou, à la manière de James-Lange, l'émotion peut naître de la perception qu'on a de l'expression corporelle. Dans aucune des deux versions cela ne résistera très longtemps à l'examen. Il se peut qu'une expression de satisfaction ne soit due qu'à la politesse et soit malaisément supportée ; et que la peur fasse naître une expression d'abjecte approbation qui tarit la confiance plus qu'elle ne la conforte. L'expression faciale d'un acteur n'a besoin ni de se nourrir des émotions correspondantes ni de les susciter. Il n'est pas nécessaire qu'un peintre ou un compositeur ressente les émotions qu'il exprime dans son œuvre. Et, à l'évidence, les œuvres d'art elles-mêmes ne ressentent pas ce qu'elles expriment, même lorsque c'est un sentiment qu'elles expriment.

Certains de ces cas suggèrent que l'exprimé est plutôt l'émotion ou le sentiment provoqué chez le spectateur : une image exprimerait la tristesse en attristant quelque peu le visiteur d'une galerie d'art, et une tragédie exprimerait la douleur en mettant, réellement ou virtuellement, le spectateur au bord des larmes. Nul besoin pour l'acteur de se sentir triste, mais il réussit à exprimer la tristesse dans l'exacte mesure où il me rend triste. Si ce point de vue l'emporte en vraisemblance sur celui précédemment considéré, il est à peine plus défendable. En premier lieu, quelle que soit l'émotion provoquée, c'est rarement elle qui est exprimée. Un visage qui exprime l'angoisse inspire davantage la pitié que la souffrance ; un corps qui exprime la haine et la colère tend à faire naître l'aversion ou la peur. De plus, il se peut que le contenu exprimé soit autre qu'un sentiment ou qu'une émotion. Une image en noir et blanc exprimant la couleur ne me conduit pas à me sentir coloré ; et un portrait qui exprime le courage et l'intelligence ne produit sûrement pas une autre qualité chez le spectateur.

Ces notions confuses de l'expression s'enchevêtrent avec la conviction populaire que provoquer des émotions est une fonction essentielle de l'art. Qu'on me permette ici d'ouvrir une parenthèse pour protester contre cette idée, et contre les théories esthétiques — telle celle de la catharsis émotionnelle — qui en sont tributaires. Mais j'y reviendrai plus tard (VI, 3-4).

L'expression ne diffère donc de la représentation ni par un défaut d'imitation, ni par la place qu'y tiendrait la cause ; n'est-elle pas néanmoins une relation sensiblement plus absolue et invariable ? Nous avons vu que la représentation est relative, que n'importe quelle image peut représenter n'importe quel objet. Par opposition, il semble qu'un visage souriant puisse difficilement exprimer la peine, une silhouette languissante la gaieté, une image bleu ardoise la chaleur, ou un passage staccato et presto la tranquillité. Si la liaison n'est pas causale, elle semble du moins constante. Mais cette distinction s'évapore elle aussi. Lorsque les premiers beaux films japonais arrivèrent chez nous, le public occidental a eu quelque mal à déterminer quelles étaient les émotions que les acteurs exprimaient. Il n'était pas toujours évident au premier abord qu'un visage exprimait l'angoisse ou bien la haine, l'inquiétude, la détermination, le désespoir, le désir ; car même les expressions faciales se moulent jusqu'à un certain point sur la coutume et la culture. Le spectateur amateur, et sans imagination, peut tenir pour instinctif et invariable ce que l'acteur professionnel ou le metteur en scène sait être acquis et variable. Si par préjugé nous considérons les mouvements d'une danse étrangère comme hautement artificiels, et ceux de nos danses indigènes comme davantage innés, l'exécutant ou le maître de danse qui les perçoivent ne nourrissent pas de semblables illusions ; un éminent chorégraphe et directeur de troupe écrit :

> « Chemin faisant, j'ai souvent été obligé d'apprendre à de jeunes gens comment faire la cour, à des jeunes filles comment être rapaces, coquettes ou aguichantes, et il m'a fallu aider chacun à exprimer l'inquiétude, l'effroi et une infinité d'autres états émotionnels. Ils pouvaient bien avoir ressenti ces choses, mais les mouvements leur étaient complètement étrangers.
>
> (...) Les gestes sont des schémas dynamiques établis par un long usage entre les hommes. (...) Il existe de nombreux sentiments qui peuvent s'exprimer de tant de manières que, pour eux, il n'y a réellement aucun modèle unique. Par exemple, l'espoir n'a pas de forme, pas plus que l'inspiration, la peur ou l'amour. [2] »

Et l'anthropologue le rejoint :

> « Autant que j'ai pu m'en rendre compte, tout comme il n'y a pas de mots universels, d'ensembles de sons qui véhiculent la même signification dans le monde entier, il n'existe pas non plus de mouvements corporels, d'expressions faciales ou de gestes qui déclenchent des réactions identiques dans le monde entier. On peut fléchir le corps de chagrin, par humilité, de rire, ou parce qu'on se prépare à attaquer. Un « sourire » dans une société dépeint le désir d'amitié, dans une autre l'embarras et, dans une autre encore, il peut avertir que, si l'atmosphère ne se détend pas, l'hostilité et l'attaque suivront. [3] »

Il en est donc de l'expression comme de la représentation ; si l'habitude peut rendre fixes certains rapports, dans aucun des deux cas ces rapports ne sont absolus, universels ou immuables.

Jusqu'ici donc nous n'avons rien trouvé d'incompatible avec la conclusion que la représentation et l'expression sont toutes deux des espèces de dénotation, qui se distinguent seulement par le caractère concret ou abstrait de ce qui est dénoté. Mais il nous faut aller plus loin.

2. UNE DIFFÉRENCE DE DIRECTION.

Devant moi se trouve une image d'arbres et de falaises près de la mer, peinte en gris ternes, et exprimant une profonde tristesse. Cette description fournit trois sortes d'information, nous renseignant sur ce que représente l'image, sur les propriétés qu'elle possède, sur les sentiments qu'elle exprime. La nature logique des rapports sous-jacents aux deux premiers cas est claire : l'image dénote une certaine scène, et illustre concrètement certaines nuances de gris. Mais quel est le caractère logique du rapport que l'image entretient avec ce qu'on dit qu'elle exprime ?

Un examen plus attentif de la description peut nous conduire à nous demander ce qui sépare la possession et l'expression d'une qualité. Car au lieu de dire que l'image exprime la tristesse, j'aurais pu dire que c'est une image triste. Est-elle triste, alors, de la même manière qu'elle est grise ? On remarque immédiatement la différence suivante : puisque, au sens littéral du mot, seuls des êtres ou des événements doués de sensibilité peuvent être tristes, une image n'est triste qu'au figuré. Une image possède littéralement une couleur grise, appartient réellement à la classe des choses grises ; mais c'est métaphoriquement seulement qu'elle possède la tristesse ou appartient à la classe des choses qui ressentent de la tristesse.

On peut donc provisoirement et partiellement caractériser l'expression comme ce qui comporte une possession figurée. Cela peut expliquer pourquoi nous tenons l'expression pour une relation à la fois plus directe et moins littérale que la représentation. Car la possession semble plus intime que la dénotation, tandis que le figuré est à coup sûr moins littéral que le littéral. Cependant dire que l'expression implique une possession figurée semble immédiatement l'assimiler à la possession et l'opposer à la possession. « Figuré » semble impliquer « non véritable ». En quel sens l'expression peut-elle comporter une possession qui ne soit pourtant pas une possession véritable ? Nous aurons bientôt à entreprendre une analyse de la nature du figuré, ou tout au moins du métaphorique ; car bien que le métaphoriquement vrai ne soit pas littéralement vrai, il n'est pas non plus simplement faux. Qu'est-ce qui distingue cependant la vérité métaphorique de la vérité littérale d'une part, et de la fausseté d'autre part ?

Avant d'examiner cette question, nous ferions bien de définir plus précisément la possession véritable. Un objet est gris, il est un exemple de gris ou possède cette propriété si et seulement si « gris » s'applique à l'objet [4]. Alors qu'une image dénote ce qu'elle représente et qu'un prédicat dénote ce qu'il décrit, les propriétés que possède l'image ou le prédicat dépendent plutôt des prédicats qui les dénotent. On ne peut dire qu'une image dénote ces propriétés ou ces prédicats qu'en prenant les choses à l'envers, comme lorsqu'on dit d'un journal local qu'il s'est « acquis de nouveaux propriétaires ». L'image *ne dénote pas* la couleur grise, elle *est dénotée* par le prédicat « gris ».

Donc, si la représentation est affaire de dénotation alors que l'expression est en quelque manière affaire de possession, les deux diffèrent par leur direction tout autant (ou peut-être davantage) que par le domaine qu'elles recouvrent. Que le représenté soit ou non concret et l'exprimé abstrait, ce qui est exprimé subsume l'image comme exemple au moins autant que l'image subsume ce qu'elle représente.

L'expression n'est pas, bien sûr, pure possession. Mis à part le fait que la possession impliquée dans l'expression est métaphorique, aucune possession ni littérale ni métaphorique ne constitue le moins du monde une symbolisation. Dénoter, c'est faire référence, mais être dénoté n'est pas nécessairement faire référence à quoi que ce soit. Cependant l'expression, tout comme la représentation, est un mode de symbolisation ; et une image doit valoir pour ce qu'elle exprime, le symboliser, y faire référence. La symbolisation ou référence fonctionne ici, nous l'avons vu, en sens inverse de la dénotation — elle remonte à partir du dénoté plutôt qu'elle ne descend vers lui. On peut dire qu'un objet exemplifie un prédicat ou une propriété lorsqu'il est littéralement ou métaphoriquement dénoté par un prédicat, et qu'il fait référence à ce prédicat ou à la propriété correspondante. Il s'en faut que toute exemplification soit une expression, mais toute expression est une exemplification.

3. L'EXEMPLIFICATION.

Bien que rencontrée ici assez incidemment dans le cours de notre recherche sur l'expression, et bien qu'on lui accorde rarement quelque attention, l'exemplification est un mode de symbolisation important et largement en usage dans le domaine des arts et ailleurs.

Songez aux liasses de petits morceaux d'étoffe que possède un tailleur. Ceux-ci fonctionnent comme échantillons, comme symboles qui exemplifient certaines propriétés. Mais un tel spécimen n'exemplifie pas toutes ses propriétés ; c'est un échantillon de la couleur, du tissage, de la texture, et de l'impression, mais non de la taille, de la forme, du poids spécifique et de la valeur. Et il n'exemplifie pas même toutes les propriétés — comme d'avoir été achevé un mardi — qu'il partage avec son lot ou la série de fabrication. L'exemplification, c'est la possession plus la référence [5]. Avoir sans symboliser c'est simplement posséder, et symboliser sans avoir c'est faire référence sans passer par l'exemplification. Le spécimen exemplifie seulement celles des propriétés qu'il a et auxquelles simultanément il fait référence. Nous pouvons dire de lui qu'il exemplifie le lot ou la série au sens elliptique d'exemplifier la propriété d'être issu du lot [6]. Mais il s'en faut que tout fragment du matériau fonctionne comme échantillon ; et autre chose, un éclat de bois peint par exemple, peut avoir la couleur ou d'autres propriétés du matériau, et servir à les exemplifier.

Si la possession est intrinsèque, la référence ne l'est pas ; mais savoir exactement quelles propriétés du symbole on exemplifie dépend du système particulier de symbolisation adopté. L'échantillon du tailleur ne fonctionne pas normalement comme échantillon d'un échantillon de tailleur ; il exemplifie normalement certaines propriétés d'un matériau, mais non la propriété d'exemplifier de telles propriétés. Cependant si on le présente en réponse à une question sur ce qu'est un échantillon de tailleur, le spécimen peut vraiment exemplifier la propriété d'être un échantillon de tailleur. Ce qui nous surprend et nous amuse dans la remarque de Ring Lardner qu'une de ses nouvelles « est un exemple de ce qu'on peut faire avec un bout de crayon » [7], c'est que, bien qu'elle puisse avoir la propriété que son manuscrit a été écrit avec un bout de crayon, la nouvelle n'exemplifie cette propriété ni dans ce contexte, ni d'ailleurs dans aucun contexte ordinaire.

Jusqu'ici, j'ai dit indifféremment des propriétés ou des prédicats qu'ils étaient exemplifiés. Il faut maintenant dissiper un risque d'équivoque. Bien que nous disions habituellement que c'est la rougeur qui est exemplifiée, ou la propriété d'être rouge, plutôt que le prédicat « (est) rouge », tout discours sur les propriétés rencontre des difficultés bien connues. Lorsqu'il discute de philosophie à Athènes, Socrate est un animal rationnel, un bipède sans plumes, et un mammifère riant ; mais le fait qu'il exemplifie la première propriété n'implique pas qu'il exemplifie les deux autres. Cela tient peut-être à ce que les trois propriétés, quoique coextensives, ne sont pas identiques. Ainsi une figure qui exemplifie la triangularité, bien que toujours trilatère, n'exemplifie pas toujours la trilatéralité. Si la trilatéralité n'est pas identique à la triangularité, qu'est-ce qui lui sera identique ? Et si ces deux propriétés sont identiques, alors des propriétés identiques peuvent différer en ce qui les exemplifie. Il semble que nous ayons besoin d'une propriété différente pour chaque prédicat.

Prenons donc comme élémentaire l'exemplification des *prédicats* et autres étiquettes. En traitant, par exemple, un éclat peint comme échantillon de « rouge » plutôt que de la rougeur, il faut nous souvenir que ce qui exemplifie ici est quelque chose que le prédicat dénote mais non une inscription du prédicat. Ce qu'un symbole exemplifie doit s'y appliquer. Un homme, mais non une inscription, peut exemplifier (toute inscription de) « homme » ; une inscription, mais non un homme, peut exemplifier (toute inscription de) « "homme" ».

Il est cependant trop strict de soutenir que « exemplifie la rougeur » doit toujours être tenu pour un équivalent approximatif de « exemplifie " rouge " ». Pour Platon, Socrate n'exemplifie sûrement pas « rationnel » mais plutôt le prédicat grec correspondant ; et une éclat peint exemplifie « red », non « rouge », pour un Anglais. Sans même sortir de sa langue, on peut hésiter sur le prédicat auquel fait référence un échantillon au sein d'un ensemble de prédicats concurrents. Nous avons besoin d'une interprétation de « exemplifie la rougeur », en termes d'exemplification de prédicats, qui offre davantage de latitude.

Supposez que nous interprétions « exemplifie la rougeur » comme une ellipse pour « exemplifie quelque étiquette coextensive à " rouge " ». Dire que Socrate exemplifie la rationalité c'est tout simplement dire alors que Socrate exemplifie quelque étiquette coextensive à « rationnel ». Ceci fournit une latitude suffisante mais semble nous en fournir trop. Car si Socrate exemplifie la rationalité, et si « rationnel » est coextensif à « risible », alors Socrate exemplifiera aussi la risibilité. Or il n'exemplifie *pas,* en réalité, « risible ». Mais nous faut-il choisir entre une interprétation si large qu'elle inclut la risibilité et une autre si étroite qu'elle rejette l'équivalent grec de « rationnel » ?

La réponse est que les limites peuvent être tracées avec n'importe quel degré d'imprécision ou d'exactitude. Tandis que « exemplifie la rationalité », pris en lui-même, dit seulement « exemplifie *quelque* étiquette coextensive à " rationnel " », le contexte nous en apprend habituellement beaucoup plus sur l'étiquette dont il est question. Lorsqu'un éclat de bois peint exemplifie la couleur rouge pour un Anglais ou lorsque Socrate exemplifie la rationalité pour Platon, il est bien clair qu'il ne s'agit pas de prédicats français. Lorsque des anglophones parlent de peindre une maison, un échantillon de rouge exemplifie « red » ou peut-être l'un, voire la totalité des quelques prédicats qu'on utilise de manière interchangeable avec « red » dans ce type de discussion. En disant que Socrate exemplifie pour moi la rationalité, je ne dis certainement pas qu'il exemplifie un mot grec que j'ignore. Mais est-ce que je dis qu'il exemplifie « risible » ? Je peux m'imposer une stratégie qui maximise la spécificité de l'étiquette ou des étiquettes exemplifiées, ou bien me contenter de ce qui équivaut à un jugement indéfini : Socrate exemplifie quelque étiquette coextensive à « rationnel ». Si je choisis la seconde voie, je n'ai pas le droit de me plaindre du caractère indéfini de ma réponse. En bref, nous pouvons être aussi spécifiques ou aussi généraux que nous le voulons à propos de ce qui est exemplifié, mais nous ne pouvons atteindre simultanément un maximum de spécificité et un maximum de généralité.

J'ai dit plus haut que ce qui est exemplifié est abstrait. Maintenant je viens d'interpréter l'exemplification comme la relation entre l'échantillon et une étiquette — par exemple, entre l'échantillon et chaque inscription concrète d'un prédicat. Une telle étiquette (i.e., ses inscriptions) peut de fait être « abstraite » en ce qu'elle a une dénotation multiple ; mais on peut tout aussi bien exemplifier une étiquette singulière au moyen de ce qu'elle dénote. Et on peut bien sûr dénoter une étiquette elle-même, qu'elle ait une dénotation plurale, singulière ou nulle. La « différence de domaine » dont nous avons traité plus haut se réduit donc à ceci : s'il est vrai qu'on peut dénoter n'importe quoi, on ne peut exemplifier que des étiquettes [8].

4. ÉCHANTILLONS ET ÉTIQUETTES.

Traiter toute exemplification comme portant fondamentalement sur des étiquettes soulève toutefois la question de la dépendance complète de l'exemplification envers le langage. Est-ce que l'exemplification n'émerge qu'autant que le langage se développe ? N'exemplifie-t-on que des mots ? N'existe-t-il pas d'échantillons de choses sans nom ? La réponse habituelle est que toutes les étiquettes ne sont pas des prédicats ; les prédicats sont des étiquettes empruntées à des systèmes linguistiques. Il est possible d'exemplifier des symboles issus d'autres systèmes — gestuel, pictural, diagrammatique, etc. — et qui fonctionnent à d'autres égards d'une manière très comparable aux prédicats d'un langage. De tels systèmes non linguistiques, dont certains se sont développés avant l'apparition ou l'acquisition du langage, sont d'un usage constant. Exemplifier une propriété qui n'a pas de nom revient habituellement à exemplifier un symbole non verbal pour lequel nous n'avons pas de mot ou de description correspondant.

Cependant l'orientation qui distingue l'exemplification de la dénotation semble dériver de l'organisation du langage, même lorsqu'elle concerne des symboles non verbaux. Dans le langage ordinaire, la référence de « homme » à Churchill, et de « mot » à « homme » est sans équivoque une dénotation ; tandis que, si Churchill symbolise « homme » et que « homme » symbolise « mot », la référence est sans équivoque une exemplification. Dans le cas des images, bien qu'elles soient non verbales, l'orientation des rapports de référence est assuré par l'établissement de corrélations avec le langage. Une image qui représente Churchill, de même qu'un prédicat qui s'applique à lui, le dénote. Qu'une image fasse référence à l'une de ses couleurs revient souvent à exemplifier un prédicat du langage ordinaire. De tels parallèles et points de contact avec le langage suffisent à établir la direction.

Là où il n'existe pas de semblables liens avec le langage, et où symboles et référents sont non verbaux, on peut parfois déterminer ce qui distingue en direction dénotation et exemplification à partir de traits formels. Si un diagramme référentiel est tel que toutes ses flèches soient à un seul sens, l'exemplification en est absente ; car nous savons que l'exemplification implique la converse de la dénotation. Là où interviennent des flèches à double sens, il y a parfois moyen de dire dans quelle direction fonctionne la dénotation. Par exemple, si on a préalablement distingué les éléments (les nœuds du diagramme) en deux catégories, *A* et *B*, et si toute flèche à un sens va d'un *A* vers un *B*, alors la référence d'un

A vers un *B* est toujours ici une dénotation, la référence d'un *B* vers un *A* une exemplification. On peut raffiner et approfondir cette idée générale pour opérer sur quelques cas plus complexes ; mais dans d'autres cas la distinction entre dénotation et exemplification peut perdre de son importance. Elle n'est pertinente que là où on trouve deux directions dominantes qui s'opposent.

L'étiquetage semble jouir d'une liberté que n'a pas l'échantillonnage. Je puis accepter que n'importe quoi dénote des choses rouges, mais je ne puis accepter que n'importe quoi qui n'est pas rouge soit un échantillon de rouge. L'exemplification est-elle donc plus intrinsèque, moïns arbitraire que la dénotation ? La différence se ramène à ceci : pour qu'un mot (par exemple) dénote des choses rouges, il est suffisant d'admettre qu'il puisse y faire référence ; mais pour que mon chandail vert exemplifie un prédicat, il ne suffit pas d'admettre que le chandail fasse référence à ce prédicat. Il faut aussi que le chandail soit dénoté par le prédicat ; c'est-à-dire qu'il faut aussi admettre que le prédicat fasse référence au chandail. La contrainte qui pèse sur l'exemplification comparée à la dénotation dérive du statut de l'exemplification en tant que sous-relation de la converse de la dénotation ; elle tient au fait que la dénotation implique une référence entre deux éléments dans une seule direction alors que l'exemplification implique une référence entre les deux éléments dans les deux directions. L'exemplification n'est limitée qu'autant qu'on tient la dénotation de l'étiquette en question pour préalablement fixée.

Les choses se compliquent encore avec les symboles qui font référence à eux-mêmes. Un symbole qui se dénote lui-même s'exemplifie aussi lui-même, il est à la fois dénoté et exemplifié par lui-même. Ainsi « mot » se rapporte à lui-même, également « court » et « polysyllabique », mais non « long » ou « monosyllabe ». « Long » est un échantillon de

« court », « monosyllabe » dénote les mots courts, et « court » exemplifie et dénote à la fois les mots courts [9].

Si je vous demande la couleur de votre maison, vous pouvez me dire « rouge », ou bien me montrer un éclat peint rouge, ou encore écrire « rouge » à l'encre rouge. C'est-à-dire que vous pouvez répondre par un prédicat, par un échantillon, ou par la combinaison d'un prédicat et d'un échantillon. Dans ce dernier cas, ce que vous écrivez est considéré soit comme un prédicat, interchangeable avec toute inscription identiquement orthographiée, soit comme un échantillon-de-couleur, interchangeable avec ce qui est de même couleur. La distinction illustrée ici prend toute son importance dans la traduction de la poésie ou d'autres œuvres littéraires. L'original et la traduction différeront bien sûr par certaines propriétés ; mais il en va de même de deux inscriptions quelconques d'un même mot, et même de deux inscriptions rouges de « rouge ». Le but est de préserver au maximum ce que l'original *exemplifie* non moins que ce qu'il dit. Traduire un staccato par un legato peut faire davantage violence au texte que quelques écarts de dénotation (voir ci-dessous, section 9).

Nous sommes habitués à considérer les inscriptions comme des étiquettes plutôt que comme des échantillons-de-couleur, les éclats de bois peints comme des échantillons-de-couleur plutôt que comme des étiquettes. Mais les inscriptions peuvent aussi fonctionner comme échantillons-de-couleur, comme nous venons de le voir et comme c'est le cas d'une manière déconcertante lorsque nous sommes confrontés, au frontispice de ce chapitre, à plusieurs occurrences de « rouge », « jaune », « bleu » et « vert » de couleurs diverses et mélangées [10]. L'on peut également se servir d'éclats de bois colorés comme d'étiquettes. Chacun d'eux peut dénoter tout ce qui est de sa propre couleur, et donc il exemplifiera et sera en même temps l'étiquette exemplifiée [11] ; ou bien chacun d'eux peut dénoter seulement des choses qui sont de sa couleur, mais pas toutes, par exemple des boutons dans une boîte ; ou encore chacun d'eux peut dénoter des choses telles que des clous d'une certaine taille, sans s'occuper de leur couleur [12].

Un geste également peut dénoter, ou exemplifier, ou les deux à la fois. Des signes d'acquiescement ou de dénégation, des saluts, des révérences, des pointages de doigt servent d'étiquettes. Un hochement de tête négatif par exemple s'applique à des choses qu'on désapprouve, sans normalement en faire partie. Les gestes d'un chef d'orchestre dénotent des sons à produire mais ne sont pas eux-mêmes des sons. Ils peuvent réellement posséder et même exemplifier certaines propriétés de la musique — disons de vitesse ou de cadence —, mais les gestes ne figurent pas parmi leurs propres denotata. C'est également vrai d'activités de réponse à la musique telles que des tapotements de pied et de doigt, des balancements de tête et autres petits mouvements variés. Que ces derniers naissent de la musique alors que les gestes du chef d'orchestre la font naître n'affecte en rien leur statut d'étiquettes ; car on peut se servir d'étiquettes pour enregistrer ou pour prescrire — ainsi « fraise », « framboise », « citron » et « citron vert » peuvent nous apprendre ce qui *est* dans une série de récipients, ou bien quoi y *mettre*.

Mais pourquoi ces activités négligeables prennent-elles tant d'importance quand elles sont liées à la musique ? Leur importance est simplement celle d'étiquettes qu'on applique pour analyser, organiser, et enregistrer ce que nous entendons. *À l'encontre* de ce qu'affirment les théories de l'empathie [13], il n'est nullement nécessaire que ces étiquettes aient avec la musique des propriétés particulières communes. Les psychologues et les linguistes ont insisté sur la participation omniprésente de l'action dans la perception en général, sur l'usage généralisé et précoce de symboles gestuels, sensori-moteurs ou énactifs, et sur le rôle de tels symboles dans le développement cognitif [14]. Selon Jaques-Dalcroze utiliser ces activités pour comprendre en profondeur la musique est un facteur essentiel de l'éducation musicale [15].

Le maître de gymnastique, à la différence du chef d'orchestre, fournit des échantillons. Ses démonstrations exemplifient les propriétés requises des actions que sa classe doit exécuter, tandis que ses instructions orales prescrivent plutôt qu'elles ne montrent ce qui est à faire. La réponse appropriée à sa flexion de genou est une flexion de genou ; la réponse appropriée à son cri « plus bas » (même s'il est proféré d'une voix aiguë) n'est pas de crier « plus bas » mais de fléchir davantage. Néanmoins, puisque les démonstrations font partie de l'instruction, qu'elles sont accompagnées de directives verbales qui peuvent les remplacer, et qu'elles n'ont pas de dénotation déjà établie, on peut considérer — comme c'est le cas pour n'importe quel échantillon qui n'est pas indépendamment assujetti à une dénotation — qu'elles dénotent aussi ce que dénotent les prédicats qu'elles exemplifient ; ce sont alors des étiquettes qui s'exemplifient elles-mêmes.

L'action d'un mime, inversement, n'entre pas habituellement dans les actions qu'il dénote. Il ne grimpe pas à des échelles ni ne lave de carreaux, mais plutôt dépeint, représente, dénote l'escalade d'échelles et le lavage de carreaux par les gestes qu'il fait. Sa mimique peut réellement exemplifier des activités qui font partie de l'escalade ou du lavage de carreaux, de même qu'une image peut exemplifier la couleur d'une maison qu'elle représente ; mais pas plus que l'image n'est une maison, la mimique n'est une escalade. Bien sûr, les pas du mime peuvent exemplifier la marche aussi bien que dénoter des pas, exactement comme « bref » exemplifie la brièveté aussi bien qu'il dénote des mots brefs ; mais de tels symboles autodénotants et autoexemplifiants sont minoritaires dans la pantomime, tout comme dans le langage et la peinture. Le mot « oiseau » ou l'image d'un oiseau, n'étant pas eux-mêmes un oiseau, n'exemplifient pas une étiquette qui dénote tous les oiseaux et rien qu'eux ; et le mime d'un vol, n'étant pas un vol, n'exemplifie pas une étiquette qui dénote tous les vols et rien qu'eux. Il n'est pas fréquent qu'un mot, une image ou une pantomime exemplifient une étiquette qui leur est coextensive.

Certains éléments de la danse sont essentiellement dénotatifs ; ce sont des interprétations de gestes descriptifs tirés du quotidien (ainsi s'incliner, saluer) ou de rituels (signes de bénédiction, postures hindoues de la main) [16]. Mais d'autres mouvements, surtout dans la danse moderne, ont pour fonction première l'exemplification plutôt que la dénotation. Ce qu'ils exemplifient, toutefois, ce ne sont pas des activités stéréotypées ou familières, mais plutôt des rythmes et des formes dynamiques. Les motifs et les propriétés exemplifiés peuvent réorganiser l'expérience, mettant en rapport des actions qu'on n'associe pas habituellement ou en distinguant d'autres généralement non différenciées, enrichissant donc l'allusion ou affinant la discrimination. Il serait évidemment absurde de supposer que ces mouvements illustrent des descriptions verbales puisqu'il est rare qu'on sache trouver les mots exacts qui les décrivent [17]. Mais il arrive que l'étiquette qu'un mouvement exemplifie soit lui-même ; un tel mouvement, n'ayant aucune dénotation antécédente, joue le rôle d'une étiquette qui dénote certaines actions, dont elle-même. Ici, comme souvent ailleurs dans les arts, le vocabulaire évolue de concert avec ce qu'il sert à transmettre.

Le fait que l'exemplification soit une référence qui fasse retour du denotatum vers l'étiquette ne veut en aucune façon dire que tout cas de référence soit un cas de dénotation ou d'exemplification. Il peut arriver qu'un élément donné serve de symbole d'un autre élément relié à lui d'une manière à peu près quelconque. Parfois la relation sous-jacente n'est pas référentielle, par exemple lorsque le symbole est la cause ou l'effet de ce qu'il dénote (pour cette raison on parle parfois de signe), ou lorsqu'il est juste à sa gauche, ou qu'il lui est semblable. Dans d'autres cas la référence parcourt toute une chaîne de relations dont certaines, voire toutes, sont référentielles. Ainsi l'une d'entre deux choses peut faire référence à l'autre par l'intermédiaire de prédicats exemplifiés ; ou bien l'un d'entre deux prédicats faire référence à l'autre par l'intermédiaire des choses dénotées. Ces chaînes ou les relations sous-jacentes peuvent servir à distinguer certains types familiers de symbolisation, mais une relation non référentielle et une chaîne ne sauraient suffire à établir la référence entre son premier et son dernier élément, quand bien même elle ne serait composée que d'éléments dont chacun ferait référence à son successeur, puisque la référence n'est pas transitive. Il se pourrait que chacun fasse référence à l'autre, ou bien l'un seulement, ou aucun des deux, et, bien sûr, un élément peut en symboliser un autre de plus d'une manière.

Dans la majeure partie de cette section, j'ai traité l'exemplification par contraste avec d'autres relations, notamment la possession (qui n'a rien à voir avec la référence) et la dénotation (qui fonctionne dans la direction opposée). Mais on ne doit pas trop accentuer ces contrastes. En général il saute aux yeux qu'un spécimen de tissu exemplifie la texture mais non la forme ou qu'une image donnée exemplifie la verdeur de l'été mais non sa nouveauté ; toutefois il est souvent difficile de dire laquelle de toutes ses propriétés une chose exemplifie. D'autre part nous avons déjà vu que dans certains cas on ne peut décider si la référence est une dénotation ou une exemplification, qu'en d'autres cas l'identification est arbitraire, qu'en d'autres cas encore un symbole et un prédicat qu'il exemplifie peuvent être coextensifs. De plus, étiquette et échantillon sont plus étroitement apparentés lorsque l'étiquette ne dénote rien ; car la description fictive* et la représentation fictive se réduisent à une espèce particulière d'exemplification. « Centaure » ou l'image d'un centaure exemplifie le fait d'être une description-de-centaure ou une image-de-centaure, ou plus généralement le fait d'être une étiquette-de-centaure. L'image d'un lutin vert n'a évidemment pas plus besoin d'être verte que d'être un lutin ; elle peut être en noir et blanc mais elle est et exemplifie le fait d'être une image-de-lutin-vert. La description-en et la représentation-en, bien que concernant les étiquettes, sont elles aussi affaire d'exemplification plutôt que de dénotation.

Faire mention de la dénotation fictive soulève la question de savoir si nous devons faire face à un problème parallèle d'exemplification fictive. Dire qu'une expression donnée décrit ou qu'une image donnée représente Pickwick mais non Don Quichotte, c'est dire, comme nous l'avons vu plus haut [18], qu'elle est — et même qu'elle exemplifie — effectivement une étiquette-de-Pickwick mais non une étiquette-de-Don-Quichotte. Dire que Pickwick mais non Don Quichotte exemplifie la pitrerie, c'est dire que « Pickwick » mais non « Don Quichotte » exemplifie (c'est-à-dire est dénoté par et fait référence à) quelque étiquette coextensive à « étiquette-de-pitre ». Mais les deux cas ne sont pas tout à fait parallèles ; car dans le premier, cas typique de dénotation fictive, est fictif ce *à* quoi il est censément *fait référence,* tandis que dans le second est fictif ce qui est censé *faire référence*. Bien que nous appliquions souvent et ostensiblement des étiquettes réelles à des choses fictives, nous ne pouvons certainement pas appliquer des étiquettes fictives ; car une éti-

(*) ou « fictionnelle » dans une terminologie plus orientée vers la théorie littéraire. (N.d.T.)

quette qu'on utilise existe. De fait une chose peut exemplifier une étiquette-de-couleur qui ne figure pas parmi les noms-de-couleur habituels ou même ne soit pas du tout verbale ; mais dire qu'une chose *h* exemplifie sa couleur absolument sans nom, c'est dire que la couleur de *h*, qui est à l'évidence nommée par « la couleur de *h* », n'a pas de nom. Et dire que *k* exemplifie celle d'entre plusieurs couleurs qui est sans nom, ou qu'il exemplifie « a la couleur sans nom exemplifiée par *k* », c'est nommer ce qu'on décrit comme étant sans nom.

Si un prédicat « fictif » est plutôt un prédicat effectif d'extension nulle, et ainsi non effectivement exemplifié par quoi que ce soit, il peut quand même être fictivement exemplifié ; « cheval ailé » est exemplifié par Pégase au sens où « Pégase » exemplifie « étiquette-de-cheval-ailé ». De plus un prédicat vide, autant qu'un prédicat non vide, peut être métaphoriquement exemplifié ; un aviateur peut ainsi exemplifier « ange » aussi bien que « aigle ». Mais nous avons encore à considérer la nature de la possession et de l'exemplification métaphoriques.

5. FAITS ET FIGURES.

L'image est littéralement grise mais seulement métaphoriquement triste. Mais sa couleur, est-elle littéralement ou métaphoriquement froide ? Est-ce par métaphore que je dis qu'elle (ou sa couleur) est froide au toucher ? Ou bien est-ce que j'utilise « froid » comme j'utilise « gris », pour assigner l'image à une certaine classe d'objets colorés ? Est-ce que « froid » n'est pas une manière de spécifier une gamme de couleur presque aussi directe que « gris », « brunâtre », « pur », ou « lumineux » ? Si « froid » ici est métaphorique, est-ce que parler de tonalités pour les couleurs relève aussi d'une métaphore ? Et lorsque je parle d'une note haute, est-ce que j'emploie une métaphore ou bien est-ce que j'indique seulement une position relative sur l'échelle des fréquences ?

La réponse habituelle (et métaphorique) est que des termes comme « couleur froide » ou « note haute », sont des métaphores figées — encore que la différence avec une métaphore toute fraîche soit affaire d'âge plus que de mouvement*. Une métaphore figée a perdu la vigueur de la jeunesse mais demeure une métaphore. Il est cependant surprenant qu'une métaphore, à mesure qu'elle perd de sa virilité en tant que figure de discours, ne s'éloigne pas mais se rapproche au contraire de la vérité littérale. Ce n'est pas sa véracité qui s'évanouit mais sa vivacité. Les métaphores, tout comme les nouveaux styles de représentation, gagnent en littéralité à mesure que leur nouveauté s'estompe.

Une métaphore est-elle donc simplement un fait juvénile, et un fait simplement une métaphore sénile ? Ceci exige quelque modification mais fournit un argument pour refuser d'exclure le métaphorique du domaine du réel. Sans doute la possession métaphorique n'est-elle pas la possession *littérale* ; mais la possession est réelle, qu'elle soit métaphorique ou littérale. Le métaphorique et le littéral doivent être distingués à l'intérieur du réel. Dire qu'une image est triste et dire qu'elle est grise sont simplement des manières différentes de la classer. Je veux dire par là que bien qu'un prédicat qui s'applique à un objet métaphoriquement ne s'y applique pas littéralement, il s'y applique néanmoins. C'est un trait du genre de la nouveauté qui permet de savoir si l'application est métaphorique ou littérale.

(*) Je transpose l'expression anglaise de « frozen metaphor » qui marque littéralement l'idée de gel ; l'image de l'immobilisation sur laquelle joue la métaphore passe ainsi du registre de la température à celui du mouvement. (N.d.T.)

La simple nouveauté ne suffit pourtant pas à faire toute la différence. Chaque application d'un prédicat à un événement nouveau ou à un objet nouvellement trouvé est nouvelle, mais une telle projection de routine [19] ne constitue pas une métaphore. Les toutes premières applications d'un terme inventé n'ont pas besoin d'être le moins du monde métaphoriques. La métaphore, semble-t-il, consiste à apprendre à un vieux mot à faire de nouvelles grimaces, à appliquer une ancienne étiquette d'une manière nouvelle. Mais quelle différence y a-t-il entre appliquer simplement une étiquette familière à de nouvelles choses, et l'appliquer de manière originale ? Pour résumer, une métaphore est une idylle entre un prédicat qui a un passé et un objet qui cède tout en protestant. Dans la projection de routine, l'habitude applique une étiquette à un cas non déjà décidé. Pareillement, l'application arbitraire d'un terme nouveau n'est pas entravée par une décision antérieure. Mais l'application métaphorique d'une étiquette à un objet brave un refus antérieur, explicite ou tacite, de lier cette étiquette à cet objet. Là où il y a métaphore, il y a conflit : l'image est triste plutôt que gaie même si, étant privée de sensibilité, elle n'est par là même ni triste ni gaie. L'application d'un terme est métaphorique seulement si elle est dans une certaine mesure contre-indiquée.

Cependant ceci ne distingue pas encore la vérité métaphorique de la simple fausseté. La métaphore requiert attraction autant que résistance — de fait, une attraction qui surmonte une résistance. Dire que notre image est jaune n'est pas métaphorique mais tout simplement faux. Dire qu'elle est gaie est faux, à la fois littéralement et métaphoriquement. Mais dire qu'elle est triste est métaphoriquement vrai même si c'est littéralement faux. De même que l'image relève nettement de l'étiquette « gris » plutôt que de l'étiquette « jaune », elle relève nettement aussi de « triste » plutôt que de « gai ». Un conflit naît du fait que l'insensibilité de l'image implique qu'elle n'est ni triste ni gaie. Rien ne peut être à la fois triste et non triste à moins que « triste » n'ait deux domaines d'application différents. Si l'image est (littéralement) non triste et cependant (métaphoriquement) triste [20], c'est que « triste » est d'abord une étiquette pour certaines choses ou événements doués de sensibilité, et ensuite pour d'autres qui en sont dépourvus. Attribuer le prédicat à une chose qui appartient à l'un des deux domaines, c'est énoncer quelque chose de vrai, soit littéralement soit métaphoriquement. Attribuer le prédicat à une chose qui n'appartient à aucun des deux domaines (je ne prends pas en compte pour le moment d'autres domaines d'application métaphorique), c'est énoncer quelque chose de faux à la fois littéralement et métaphoriquement. Si la fausseté dépend d'un étiquetage défectueux, la vérité métaphorique dépend d'un changement d'étiquetage.

La métaphore n'est pas pour autant pure ambiguïté. Appliquer le terme anglais « *cape* »* à un morceau de terrain en une occasion et à un article d'habillement en une autre occasion, c'est s'en servir sur des domaines différents et mutuellement exclusifs ; mais aucun des deux emplois n'est métaphorique. En quoi la métaphore diffère-t-elle alors de l'ambiguïté ? Principalement, je pense, en ce que les emplois multiples d'un terme simplement ambigu sont contemporains et indépendants ; aucun d'entre eux ne guide ou n'est guidé par un autre. Dans la métaphore, en revanche, un terme dont l'extension est établie par l'habitude est appliqué ailleurs sous l'influence de cette habitude ; il y a à la fois manquement et déférence envers ce qui précède. Lorsqu'un

(*) Le même mot anglais dénote ce que le français dissocie en deux genres : un cap (promontoire) et une cape (pèlerine). (N.d.T.)

emploi défini d'un terme en précède et en commande un autre, c'est le second qui est métaphorique. À mesure que le temps passe, les origines peuvent s'estomper et les deux emplois tendent vers l'égalité et vers l'indépendance ; la métaphore se fige ou plutôt s'évapore, et il ne reste qu'une paire d'emplois littéraux — la simple ambiguïté au lieu de la métaphore [21].

6. LES SCHÈMES.

Comprendre la métaphore exige en outre de reconnaître qu'une étiquette ne fonctionne pas isolément mais dans son appartenance à une famille. Nous catégorisons au moyen d'ensembles d'alternatives. Même la constance de l'application littérale est d'ordinaire relative à un ensemble d'étiquettes : ce qu'on tient pour rouge, par exemple, variera quelque peu selon qu'on aura classé des objets en rouges et non-rouges, ou bien en rouges, orange, jaunes, verts, bleus ou violets. C'est bien sûr moins souvent par une déclaration expresse que par la coutume et le contexte que sont déterminées les alternatives admises. Parler de schèmes, de catégories et de systèmes de concepts revient finalement, je pense, à parler d'ensembles d'étiquettes de ce genre.

On peut nommer *règne* l'agrégat des domaines d'extension des étiquettes dans un schème. Il se compose des objets que le schème explore, à savoir les objets dénotés par l'une au moins des étiquettes alternatives. Ainsi le domaine de « rouge » comprend toutes les choses rouges tandis que le règne en question peut comprendre toutes les choses colorées. Mais puisque le règne dépend du schème dans lequel fonctionne une étiquette, et puisqu'une étiquette peut appartenir à un nombre arbitraire de tels schèmes, même une étiquette à domaine unique opère rarement sur un règne unique.

Or la métaphore nécessite de façon caractéristique un changement qui n'est pas simplement de domaine mais aussi de règne. Une étiquette, qui est l'un des éléments constitutifs d'un schème, se trouve en effet détachée du règne d'origine de ce schème et appliquée à trier et organiser un règne étranger. C'est en partie en transportant ainsi avec elle une réorientation de tout le réseau des étiquettes qu'une métaphore fournit des indications sur son propre développement et son élaboration. Il se peut que les règnes natif et étranger soient des règnes sensoriels ; qu'ils soient plus larges, comme lorsqu'on dit d'un poème qu'il est émouvant, ou d'un instrument qu'il est sensible ; ou plus étroits comme lorsqu'on dit de différents arrangements de noir et blanc qu'ils sont de nuances différentes ; ou bien qu'ils n'aient aucun rapport avec des règnes sensoriels.

Les changements de domaines qui interviennent dans la métaphore équivalent donc habituellement, non pas à une simple répartition de possessions familiales, mais à une expédition hors des frontières. La totalité d'un ensemble d'étiquettes alternatives [22], avec tout leur dispositif d'organisation, prennent possession d'un nouveau territoire. Intervient un transfert de schème, une migration de concepts, une aliénation de catégories. De fait on pourrait considérer une métaphore comme une erreur catégorielle calculée [23] — ou plutôt comme un remariage heureux et revitalisant, même s'il y a bigamie.

Il n'est pas nécessaire que les alternatives d'un schème soient incompatibles ; par exemple on se servira d'un ensemble de noms-de-couleur dont certains domaines se chevauchent et d'autres s'incluent. Encore une fois, un schème est normalement un arrangement linéaire ou plus complexe d'étiquettes ; et il est possible de transférer cette ordination — qu'elle soit traditionnelle comme dans l'alphabet, syntaxique comme dans un dictionnaire ou sémantique comme pour les noms de couleurs — ainsi que d'autres rapports. De plus, les étiquettes peuvent être elles-mêmes des prédicats à deux places ou davantage ; et de tels termes relatifs ne sont pas moins justiciables d'emploi métaphorique que les termes-catégories. De même exactement que « lourd » peut s'appliquer métaphoriquement à un son, « plus lourd que » peut s'appliquer métaphoriquement pour comparer un son et un autre. On applique ici un schème qui sert à trier et ordonner des paires d'objets matériels pour trier et ordonner des paires de sons.

Cette analyse révèle une fois de plus et avec force la justesse d'une orientation nominaliste, mais pas nécessairement verbaliste, qui met l'accent sur les étiquettes. Quelque respect qu'on puisse éprouver pour les classes ou les attributs, ce ne sont certainement pas les classes qu'on déplace de règne en règne, ni les attributs qu'on extrait pour ainsi dire de certains objets et qu'on injecte dans d'autres. On dira plutôt qu'il y a transport d'un ensemble de termes, d'étiquettes alternatives ; et l'organisation qu'ils produisent dans le règne étranger est guidée par leur emploi habituel dans le règne d'origine.

7. LE TRANSFERT.

Un schème est transportable presque n'importe où. Le choix du territoire à envahir est arbitraire ; mais l'opération à l'intérieur de ce territoire ne l'est presque jamais complètement. Nous pouvons à volonté appliquer des prédicats-de-température à des sons, à des teintes, à des personnalités ou aux degrés de proximité relativement à une réponse correcte ; mais à la question de savoir *quels* éléments dans le règne choisi sont chauds, ou plus chauds que d'autres, on peut fournir une réponse déterminée. Même là où l'on impose un schème sur un règne très peu probable et défavorable, c'est la pratique antécédente qui prépare le terrain pour l'application des étiquettes. Lorsqu'une étiquette ne possède pas seulement des usages littéraux mais aussi des usages métaphoriques préalables, on peut se servir de ces derniers également en tant que partie de l'application qui précède, en vue d'une application postérieure métaphorique ; peut-être, par exemple, la manière dont nous appliquons « haut » à des sons fut-elle guidée par l'application métaphorique plus ancienne à des nombres (par l'intermédiaire du nombre de vibrations par seconde) plutôt que directement par l'application littérale relative à l'altitude [24].

Toutefois le précédent opératoire ne consiste pas toujours uniquement dans la manière dont on a appliqué une étiquette. Ce qu'*exemplifie* l'étiquette peut être aussi un facteur puissant. Cela est particulièrement frappant dans le cas, très discuté, de la dichotomisation d'éléments disparates au moyen d'une paire de syllabes dépourvues de sens, telles « ping » et « pong » [25]. L'application de ces mots renvoie, non pas à la manière dont on s'en est servi pour classer quelque chose, mais à la manière dont on les a eux-mêmes classés — non à ce qu'ils dénotent antérieurement mais à ce qu'ils exemplifient antérieurement. Nous appliquons « ping » à des choses rapides, légères, nettes, et « pong » à des choses lentes, lourdes, ternes, parce que « ping » et « pong » exemplifient ces propriétés. Lorsque nous avons discuté des termes autodénotants, nous avions déjà remarqué ce phénomène d'échantillons prenant en charge la dénotation de termes qu'ils exemplifient. Souvent un simple échantillon remplace un amalgame complexe de prédicats, certains exemplifiés littéralement, certains métaphoriquement. Là où les nouvelles étiquettes n'avaient pas de dénotation préalable [26], leur remplacement ne constitue pas une métaphore au sens où nous l'avons définie ; il s'agit moins ici d'une étiquette changeant d'extension que d'une extension changeant d'étiquette et, relativement à cette extension, la nouvelle étiquette sera seulement aussi métaphorique que l'était l'ancienne. Mais lorsqu'une étiquette a déjà sa propre dénotation, et qu'en remplaçant ce qu'elle exemplifie elle en usurpe une autre, la nouvelle application est métaphorique.

Le mécanisme du transfert est souvent beaucoup moins transparent. Pourquoi « triste » s'applique-t-il à certaines images et « gai » à d'autres ? Que veut-on dire en notant qu'une application métaphorique est « guidée par » l'application littérale ou « faite d'après son modèle » ? Quelquefois nous pouvons imaginer une histoire plausible : les couleurs chaudes sont celles du feu, les couleurs froides celles de la glace. Dans d'autres cas nous disposons seulement de légendes de rechange fantaisistes. Est-ce que les nombres se mirent à croître et à diminuer parce que des empilements gagnent en hauteur à proportion qu'on y ajoute de pierres (en dépit du fait que les trous se creusent d'autant de pelletées qu'on en retire) ? Ou bien les nombres étaient-ils inscrits sur les troncs d'arbres en montant à partir du sol ? Quelle que soit la réponse, il ne s'agit ici que de questions isolées d'étymologie. Et il est à penser qu'on nous demande plutôt d'expliquer dans ses grands traits comment un emploi métaphorique d'une étiquette reflète son emploi littéral. Sur ce sujet des suggestions intéressantes ont été faites : l'usage littéral courant de bien des termes s'est spécialisé à partir d'une application initiale beaucoup plus large. Le bébé applique d'abord « maman » presque à tout le monde, n'apprenant que graduellement à faire d'importantes distinctions et à restreindre le domaine du terme. Ce qui semble un nouvel emploi d'un terme peut alors consister à le réappliquer sur une région précocement évacuée ; et la manière dont un terme ou un schème s'applique en ce cas peut dépendre d'une remémoration semi-consciente de son incarnation plus ancienne [27]. Il se peut ainsi que la personnification fasse écho à l'animisme indigène. La réapplication est néanmoins métaphorique ; car ce qui est littéral est établi par la pratique présente plutôt que par l'histoire ancienne. Le règne d'attache d'un schème est le pays de naturalisation plutôt que celui de naissance ; et l'expatrié qui y retourne est un étranger en dépit des souvenirs qui reprennent vie. Cassirer et d'autres ont développé de façon stimulante une explication des métaphores qui suit cette approche [28]. Mais quelque éclairante qu'elle puisse être, et bien que vraie dans certains cas, elle n'explique évidemment pas les applications métaphoriques de tous les termes, ou même de la plupart d'entre eux. Ce n'est que rarement qu'on peut faire ainsi remonter les aventures adultes d'une étiquette aux dépossessions de l'enfance.

La question générale demeure : que dit une métaphore et qu'est-ce qui la rend vraie ? Dire qu'une image est triste, est-ce dire par ellipse qu'elle ressemble à une personne triste ? On a souvent interprété la métaphore comme une comparaison elliptique, et la vérité métaphorique simplement comme la vérité littérale de l'énoncé élargi. Mais la comparaison ne peut se ramener purement et simplement à dire que l'image ressemble à la personne à un point de vue ou à un autre ; n'importe quoi ressemble à n'importe quoi d'autre si on raisonne ainsi. Ce que la comparaison dit en réalité, c'est que la personne et l'image sont semblables en ce qu'elles sont tristes, l'une littéralement et l'autre métaphoriquement. Au lieu que la métaphore se réduise à la comparaison, c'est la comparaison qui se réduit à la métaphore ; ou plutôt, la différence entre comparaison et métaphore est négligeable [29]. Qu'on se serve de la locution « ressemble » ou « est », la figure *fait ressembler* l'image à la personne en repérant un certain trait commun : à savoir que le prédicat « triste » s'applique aux deux, mais initialement à la personne et par dérivation à l'image.

Si l'on nous presse d'indiquer quelle sorte de similarité doit avoir cours entre ce à quoi le prédicat s'applique littéralement et ce à quoi il s'applique métaphoriquement, nous pourrions demander en retour quelle sorte de similarité doit avoir cours entre les choses auxquelles un prédicat s'applique littéralement. Comment des choses passées et futures doivent-elles se ressembler eu égard à un prédicat donné, disons « vert », pour qu'il s'applique à elles toutes littéralement ? Posséder en commun telle propriété ou telle autre ne suffit pas ; elles doivent avoir en commun une propriété *déterminée*. Mais quelle propriété ? À l'évidence, la propriété nommée par le prédicat en question ; c'est-à-dire que le prédicat doit s'appliquer à toutes les choses auxquelles il doit s'appliquer. La question « Pourquoi des prédicats ont-ils une application métaphorique ? » est tout à fait comparable à la question « Pourquoi ont-ils une application littérale ? » Si nous n'avons de réponse satisfaisante ni dans un cas ni dans l'autre, peut-être est-ce parce que ce n'est pas une bonne question. En tout cas, expliquer de manière générale pourquoi les choses ont les propriétés littérales et métaphoriques qu'elles ont en effet — pourquoi les choses sont comme elles sont — est une tâche que j'abandonne de gaieté de cœur au cosmologiste.

Les normes de vérité sont à peu près les mêmes, que le schème utilisé soit ou non transféré. Dans l'un et l'autre cas, l'application d'un terme est faillible, et donc sujette à correction. On peut faire des erreurs en appliquant soit « rouge », soit « triste », à des objets colorés ; et on peut soumettre à des tests de toute sorte ses jugements initiaux : regarder à nouveau, comparer, examiner les circonstances concomitantes, rechercher des jugements qui corroborent ou infirment. Ne diffèrent dans les deux cas ni le statut de la crédibilité initiale, ni le processus de vérification qui maximise la crédibilité totale sur l'ensemble de nos jugements [30]. Bien sûr, une exploration métaphorique à l'aide d'un schème donné, puisque plus originale, est souvent moins affinée et moins stable que l'exploration littérale correspondante ; mais ce n'est qu'une différence de degré. Le littéral aussi bien que le métaphorique peuvent souffrir d'imprécision et de flottements de toute sorte ; les applications littérales de certains schèmes, en raison de la subtilité ou du manque de clarté des distinctions exigées, sont beaucoup moins nettes et constantes que certaines applications métaphoriques d'autres schèmes. Les difficultés à déterminer la vérité ne sont en aucune façon l'apanage de la métaphore.

La vérité d'une métaphore ne garantit pas, cela va sans dire, son efficacité. Tout comme il existe des vérités littérales triviales, tièdes ou manquant de bien-fondé, il y a des métaphores moribondes, faibles ou tirées par les cheveux. La vigueur métaphorique requiert de combiner la nouveauté et l'à-propos, le singulier et l'évident. La bonne métaphore donne satisfaction tout en déroutant. La métaphore a le résultat le plus convaincant lorsque le schème transféré crée une organisation nouvelle et remarquable plutôt qu'un simple réétiquetage d'une ancienne. Là où l'organisation par un schème immigrant coïncide avec une organisation qui est déjà autrement réalisée dans le nouveau règne, l'unique intérêt de la métaphore réside dans la manière dont cette organisation se trouve ainsi mise en rapport avec l'application du schème dans son règne d'origine, et parfois avec ce qu'exemplifient les étiquettes du schème. Mais là où il en résulte une organisation inaccoutumée, de nouvelles associations et distinctions se constituent aussi à l'intérieur du règne de transfert ; et la métaphore porte d'autant plus que celles-ci intriguent davantage et ont plus d'importance. Puisque la métaphore dépend de facteurs aussi fugaces que la nouveauté et l'intérêt, on comprend qu'elle soit mortelle. Par répétition, une application transférée d'un schème devient routine et cesse de dépendre de son application de base ou d'y faire allusion. Ce qui était originalité devient lieu commun, son passé est oublié, et la métaphore se défraîchit en simple vérité.

La métaphore imprègne tout discours, ordinaire et spécialisé, et nous aurions bien de la peine à dénicher quelque part un paragraphe qui soit purement littéral. Dans cette dernière phrase, assez prosaïque, je compte cinq métaphores certaines ou possibles — même si elles sont exténuées. Cet emploi incessant de la métaphore ne naît pas simplement d'un amour de la couleur littéraire mais aussi d'un besoin pressant d'économie. Si nous ne pouvions aisément transférer des schèmes pour réaliser de nouveaux tris et ordinations, nous aurions à nous charger d'une quantité non maniable de schèmes différents, soit en adoptant un immense lexique de termes élémentaires, soit en élaborant un nombre colossal de termes composés.

8. MODES DE LA MÉTAPHORE.

La métaphore se présente sous de multiples variétés, la plupart consignées dans le catalogue de référence, énorme mais chaotique, des figures de rhétorique. Certaines de ces figures, évidemment, ne passent pas pour des métaphores. L'allitération et l'apostrophe sont purement syntactiques, ne comportant aucun transfert ; et l'onomatopée consiste simplement à utiliser une étiquette autodénotante d'une certaine sorte. Quant à l'euphémisme, il est ou non une métaphore selon qu'il applique à des choses impropres des étiquettes destinées à des choses appropriées ou qu'il se contente de substituer des étiquettes appropriées à des étiquettes impropres.

Parmi les métaphores, certaines comportent le transfert d'un schème entre des règnes disjoints. Dans la personnification, il y a transfert d'étiquettes de personnes à des choses ; dans la synecdoque, entre un règne de totalités ou de classes et un règne de leurs propres parties ou sous-classes [31] ; dans l'antonomase entre des choses et leurs propriétés ou étiquettes.

Mais ce n'est pas pour toutes les métaphores que les deux règnes sont disjoints ; parfois l'un des règnes recoupe l'autre, ou bien en est une dilatation ou une contraction (voir figure 2). Dans l'hyperbole, par exemple, un schème ordonné est de fait déplacé vers le bas. La grosse olive devient plus qu'énorme et la petite une grosse ; on ne fait pas usage des étiquettes de l'extrémité inférieure du schème (par exemple, « petit ») et les choses à l'extrémité supérieure du règne (l'olive exceptionnellement grosse) restent non étiquetées dans cette application du schème, à moins qu'on étende le schème, disons par itération du préfixe « super ». Dans les litotes, ou sous-évaluations, il se produit exactement le contraire. Une action superbe devient honnête et une bonne passable ; on laisse de côté les étiquettes supérieures et le bas du règne reste non décrit. L'hyperbole ou la sous-évaluation peuvent, pour ainsi dire, se cumuler sur les deux extrémités, le schème entier se trouvant resserré dans une partie centrale du règne (ne laissant aucune étiquette pour les extrêmes) ou bien une partie centrale du schème étant étirée jusqu'à recouvrir la totalité du règne originel (ne laissant rien à dénoter aux étiquettes extrêmes).

Bien que la métaphore nécessite toujours un transfert en ce sens que l'on donne de nouvelles extensions à certaines étiquettes du schème, le règne lui-même peut demeurer inchangé dans ce transfert. Dans l'ironie, par exemple, on fait simplement opérer au schème un demi-tour sur lui-même et on l'applique sur son propre règne dans la direction

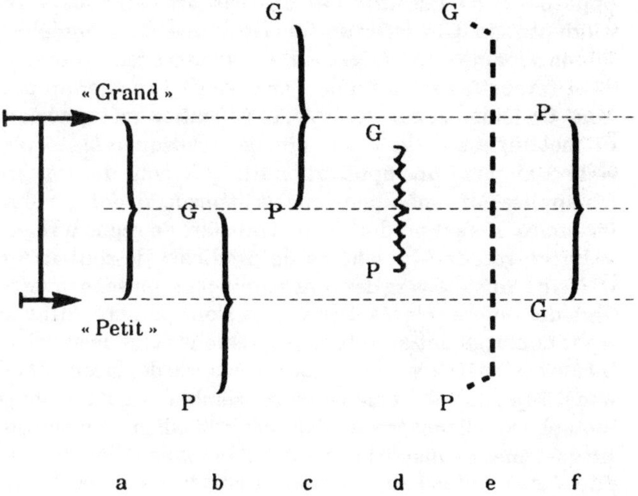

a. Application littérale.

b. Hyperbole.

c. Sous-évaluation.

d. Sur-accentuation (sur/sous-évaluation).

e. Sous-accentuation (sous/sur-évaluation).

f. Ironie.

figure 2

opposée. Il n'en résulte pas un réassortiment mais une réorientation. Une infortune devient « une chose agréable » et une aubaine « une guigne ». Dans d'autres cas, un schème peut retourner à son règne d'origine par un chemin plus long. Considérez, par exemple, l'application métaphorique du mot anglais « *blue* »* à des images. Puisque « *blue* » possède également une application littérale pour des images, les applications métaphorique et littérale visent le même territoire. Il s'est produit ici un transfert de règne à règne, suivi de retour. Un schème de prédicats-de-couleur est d'abord translaté vers des sentiments puis, en sens inverse, vers des objets colorés. Ses voyages ont pour résultat un léger déplacement au retour (autrement nous ne saurions même pas qu'il y a eu mouvement) ; mais le déplacement est loin d'être total : il est bien plus vraisemblable qu'une image métaphoriquement triste (*blue*) soit littéralement bleue que littéralement rouge. Il se peut quelquefois qu'un schème parcoure un plus long trajet en circuit fermé, avec davantage d'escales, et qu'il soit plus drastiquement déplacé à son retour.

Deux types de transfert ou plus sont parfois combinés, comme lorsqu'on traite une machine peu fiable de loyale amie. D'autres métaphores sont infléchies ou modifiées. Dire qu'une image a un coloris brutal n'est pas dire que cette image est brutale ; la voie reste ouverte pour qu'on traite l'image de tendre à d'autres égards, disons dans son dessin, ou même dans sa totalité. Puisque « coloris brutal » n'a pas

(*) Au sens littéral, « *blue* » dénote la couleur bleue. Mais s'ajoutent plusieurs parcours métaphoriques, qui connotent (principalement) la tristesse : « to look blue » (cf. dans le registre musical : le blues), et l'audace : « to talk blue » (cf. « a blue movie »). (N.d.T.)

de dénotation préalable différente, il s'applique à l'image littéralement plutôt que métaphoriquement. C'est une description-de-coloris en ce que, bien qu'il puisse dénoter des objets qui diffèrent en coloris spécifique, il ne fait pas de distinction entre objets de même coloris spécifique. Cependant il est clair qu'une métaphore est impliquée. De fait, le terme « brutal » est métaphoriquement appliqué à l'image, eu égard à son coloris seulement. Dans une telle métaphore modifiée, on transfère un schème pour ainsi dire sous restriction, explicite ou tacite ; en explorant un règne, on ne doit pas bouleverser certains groupements qu'on y a déjà effectués. Lorsqu'on lui donne libre cours, le schème « brutal » - « tendre » assortit les objets d'une certaine manière ; transféré sous surveillance pour qu'il les assortisse sur la base du coloris ou bien des données formelles, le même schème assortit les objets d'autres manières. En voyageant avec des instructions diverses ou le long de routes diverses, un schème donné peut posséder plusieurs applications métaphoriques différentes dans un seul règne.

Des étiquettes non verbales, tout comme des étiquettes verbales, peuvent bien sûr s'appliquer métaphoriquement, ainsi dans le dessin satirique d'un homme politique en perroquet, ou d'un despote en dragon. Et une peinture bleue de joueur de trombone comporte un transfert complexe encore que dénué de mystère.

En voilà assez pour la dénotation métaphorique. La possession et l'exemplification métaphoriques sont également parallèles à leurs analogues littéraux, et ce que j'ai dit précédemment (section 3) des prédicats et des propriétés s'applique tout aussi bien ici. Un tableau est métaphoriquement triste si une étiquette, verbale ou non, et coextensive à (c'est-à-dire de même dénotation littérale que) « triste » dénote métaphoriquement l'image. L'image exemplifie métaphoriquement « triste » si, par l'image, il est fait référence à « triste », qui la dénote métaphoriquement. Et l'image exemplifie métaphoriquement la tristesse si, par l'image, il est fait référence à une étiquette coextensive à « triste » et qui dénote métaphoriquement l'image. Puisque, nous l'avons vu, les traits qui différencient le métaphorique du littéral sont fugaces, je me servirai souvent des termes « possession » et « exemplification » pour englober les deux cas, littéral et métaphorique.

9. L'EXPRESSION.

Ce qui est exprimé est métaphoriquement exemplifié. Ce qui exprime la tristesse est métaphoriquement triste. Et ce qui est métaphoriquement triste est véritablement mais non littéralement triste, c'est-à-dire relève d'une application transférée d'une étiquette coextensive à « triste ».

Ainsi, ce qui est exprimé est possédé et il n'est pas nécessaire (mais pas non plus interdit) qu'un visage ou une image exprime des émotions ou des idées qu'éprouve l'acteur ou l'artiste, ou celles qu'il veut transmettre, ou bien des pensées ou des sentiments du spectateur ou d'une personne dépeinte, ou des propriétés d'autre chose ayant un rapport quelconque avec le symbole. Bien sûr on dit souvent qu'un symbole exprime une propriété qui est reliée à lui de l'une de ces manières, mais je réserve le terme « expression » pour distinguer le cas central où la propriété appartient au symbole lui-même, sans considération de la cause ou de l'effet, de l'intention ou du contenu. Que l'acteur ait été déprimé, l'artiste sublime, le spectateur sombre, nostalgique ou euphorique, le sujet inanimé, cela ne détermine pas que le visage ou l'image soit triste ou non. Le visage avenant de l'hypocrite exprime la sollicitude ; et des rochers peints par un artiste flegmatique peuvent exprimer l'agitation. Les propriétés qu'exprime un symbole sont sa propriété personnelle.

Mais il s'agit d'une propriété acquise. Ce ne sont pas les traits familiers par lesquels les objets et les événements qui servent de symboles sont classés littéralement, mais des connotations métaphoriques. Les images expriment des sons ou des sentiments de préférence à des couleurs. Et le transfert métaphorique que comporte l'expression a généralement pour origine un règne extérieur ou y transite plutôt qu'il n'est le transfert intérieur que réalisent l'hyperbole, les litotes ou l'ironie. Une image prétentieuse n'exprime pas la modestie qu'on peut lui attribuer dans un sens sarcastique.

Qui plus est, les propriétés exprimées ne sont pas seulement métaphoriquement possédées mais on y fait également référence, on les exhibe, on leur donne une valeur typique, on les met en avant. Un carré de tissu n'exemplifie pas habituellement le fait d'être carré, et une image dont la valeur marchande augmente rapidement n'exprime pas la propriété d'être une mine d'or. Normalement, un échantillon de tissu n'exemplifie que des propriétés qui sont significatives pour un tailleur, tandis qu'une image n'exemplifie littéralement que des propriétés d'image et n'exemplifie métaphoriquement que des propriétés constantes par rapport aux propriétés d'image [32]. Les propriétés exprimées par une image sont celles que l'image exemplifie à titre de symbole imagé, ce qui exclut par exemple le fait d'être une mine d'or. Ainsi la *Blanchisseuse* de Daumier exemplifie et exprime le poids mais non pas une quelconque des propriétés métaphoriques qui dépendent du poids physique de l'image. De manière générale, un symbole d'une espèce donnée — pictural, musical, verbal, etc. — exprime seulement les propriétés qu'il exemplifie métaphoriquement à titre de symbole de cette espèce.

Il suit de là qu'il y a des énoncés métaphoriques sur un symbole qui ne nous disent pas ce qui est exprimé. Parfois le terme métaphorique est incorporé à un prédicat qui s'applique *littéralement* au symbole, comme dans les métaphores modifiées considérées plus haut ou dans l'affirmation qu'une image est l'œuvre d'un peintre pris de boisson. D'autres fois la propriété métaphorique concernée est possédée mais non exemplifiée par le symbole, ou bien manque de constance par rapport aux propriétés requises. Enfin c'est parfois la nature du transfert métaphorique qui est en cause. Seules sont exprimées les propriétés de l'espèce appropriée, métaphoriquement exemplifiées de la manière appropriée.

Bien que l'exactitude eût souvent réclamé de parler de l'expression de prédicats, je me soumets à un préjugé pointilleux en parlant tout au long de cette section de l'expression de propriétés [33]. Cependant expliquer l'expression en termes d'exemplification métaphorique d'étiquettes expose à l'objection de faire dépendre ce qu'un symbole exprime de ce qu'on dit à son propos — c'est-à-dire par exemple d'abandonner ce qu'une image exprime à la contingence des termes dont on s'est servi pour décrire l'image, et en conséquence de faire crédit au commentateur et non à l'artiste de l'expression obtenue. Il s'agit bien sûr d'un malentendu. Un symbole doit posséder toutes les propriétés qu'il exprime ; ce qui compte n'est pas de savoir si tout un chacun qualifie l'image de triste, mais si l'image est triste, si l'étiquette « triste » s'applique réellement. « Triste » peut s'appliquer à une image même s'il ne s'est jamais trouvé personne pour employer le terme en décrivant l'image ; et qualifier une image de triste ne la rend nullement triste. Je ne veux pas dire par là que le fait de savoir si l'image est triste est indépendant de l'emploi de « triste », mais qu'une fois donné, par la pratique ou par prescription, l'emploi de « triste », l'applicabilité à l'image n'est pas arbitraire. Puisque la pratique et les préceptes varient, la possession et l'exemplification ne sont pas non plus absolues, mais ce qu'on dit effectivement d'une image n'est pas toujours totalement étranger à ce que l'image exprime. Des innombrables propriétés qu'elle possède, et dont on ignore habituellement la plupart, une image n'exprime que les propriétés métaphoriques auxquelles elle fait référence. Établir une relation référentielle consiste à concentrer son attention sur certaines propriétés, à sélectionner des associations avec certains autres objets. Le discours verbal n'est pas le moindre des nombreux facteurs qui aident à fonder et à entretenir de telles associations. S'il n'intervient ici rien de plus qu'une sélection, opérer une sélection au sein d'une telle multitude d'éligibles équivaut pratiquement, nous l'avons observé plus haut, à une constitution. Les images ne sont pas plus à l'abri que le reste du monde de la force formative du langage, même si en tant que symboles, elles exercent elles aussi une telle force sur le monde, y compris sur le langage. Parler ne fabrique pas le monde ni même des images, mais paroles et images participent à la constitution les unes des autres et du monde, tels que nous les connaissons.

Des étiquettes non verbales aussi bien que des étiquettes verbales peuvent être métaphoriquement exemplifiées, et les propriétés correspondantes exprimées, par des symboles de toute sorte. Une image de Churchill en bouledogue est métaphorique ; mais lui-même peut servir de symbole qui exemplifie l'image et exprime la bouledogue-ité qu'on lui attribue ainsi par voie d'image. Nous devons noter soigneusement qu'ici la métaphore imageante ne concerne pas ce que l'image peut exemplifier ou exprimer mais ce qui peut exemplifier l'image et exprimer la propriété correspondante[34].

Puisque l'expression se limite à ce qui est possédé, et même à ce qui a été acquis de seconde main, elle subit une double contrainte si on la compare à la dénotation. Tandis que tout ou presque tout peut dénoter ou même représenter à peu près n'importe quoi d'autre, une chose ne peut exprimer que ce qui lui appartient mais ne lui appartenait pas originellement. La différence entre l'expression et l'exemplification littérale, de même que la différence entre les degrés de littéralité dans la représentation, est affaire d'habitude — c'est une question de fait plutôt qu'un fiat.

Cependant les habitudes diffèrent largement selon l'époque et l'endroit, la personne et la culture ; l'expression picturale et musicale n'est pas moins relative et variable que l'expression faciale et gestuelle. Après avoir entendu une musique prétendument solennelle en Inde, Aldous Huxley écrit :

> (...) J'avoue que, malgré mes efforts d'écoute, j'étais incapable de rien entendre de particulièrement sérieux ou funèbre, rien dans le morceau qui suggérât spécialement le sacrifice de soi. À mes oreilles d'Occidental, il semblait beaucoup plus enjoué que la danse qui l'a suivi.
>
> Les émotions sont partout les mêmes ; mais leur expression artistique varie d'âge en âge et d'un pays à l'autre. L'éducation nous fait accepter les conventions qui ont cours dans la société où nous sommes nés. Cette sorte d'art, nous l'apprenons dès l'enfance, vise à faire rire, cette autre à tirer des larmes. De telles conventions varient très rapidement, même dans le cadre d'un seul pays. Il y a des danses élisabéthaines qui semblent à nos oreilles aussi mélancoliques que de petites marches funèbres. Inversement, nous sommes contraints de rire des « attitudes anglo-saxonnes » des plus saints personnages sur les dessins et miniatures des siècles passés [35].

Puisqu'elles dépendent de la différence entre exemplification et possession et aussi de ce qui différencie le métaphorique du littéral, il est inévitable que les frontières de l'expression soient assez fragiles et transitoires. Une peinture d'Albers peut *exemplifier* de manière assez claire certaines formes et couleurs, ainsi que leurs interrelations, alors qu'elle possède simplement la propriété de mesurer exactement 62 centimètres et demi de hauteur ; mais la distinction n'est pas toujours si facile à établir. Encore une fois, le statut métaphorique ou littéral d'une propriété est souvent vague et rarement stable ; car il y a relativement peu de propriétés qui soient purement littérales ou définitivement métaphoriques. Même dans des cas patents, le discours ordinaire ne remarque qu'exceptionnellement la différence entre expression et exemplification. Les architectes, par exemple, aiment à dire de certains bâtiments qu'ils expriment leurs fonctions. Mais si efficacement qu'une usine de colle puisse symboliser la fabrication de colle, elle exemplifie le fait d'être une usine de colle littéralement plutôt que métaphoriquement. Un immeuble peut exprimer la fluidité, la frivolité ou la ferveur [36] ; mais pour exprimer le fait d'être une usine de colle, il faudrait qu'il soit quelque chose d'autre, disons une fabrique de cure-dents. Toutefois puisque faire référence à une propriété possédée est le noyau commun des exemplifications métaphorique et littérale, et que la distinction entre elles est éphémère, l'usage populaire du terme « expression » pour des cas relevant des deux espèces n'est ni très surprenant, ni non plus pernicieux.

La musique ainsi que la danse peuvent exemplifier des schémas rythmiques, par exemple, et exprimer la paix, la pompe ou la passion ; et la musique peut exprimer des propriétés de mouvement tandis que la danse peut exprimer des propriétés sonores. Eu égard aux symboles verbaux, l'usage ordinaire manque tellement de discrimination qu'on peut dire d'un mot ou d'une page qu'il exprime, non seulement ce que l'auteur a pensé, ressenti ou projeté, ou bien l'effet sur le lecteur, ou bien des propriétés que possède un sujet ou qu'on lui attribue, mais même ce qui est décrit ou énoncé. Pourtant, dans l'acception particulière que j'ai discutée, un symbole verbal ne peut exprimer que les propriétés qu'il exemplifie métaphoriquement ; nommer une propriété et l'exprimer sont des questions différentes ; ainsi un poème (ou une histoire) n'a pas besoin d'exprimer ce qu'il dit ni de dire ce qu'il exprime. Un conte à l'action rapide peut être lent, la biographie d'un bienfaiteur amère, une description de musique chatoyante terne, et une pièce sur l'ennui électrique. Décrire, ou dépeindre, une personne comme triste, ou comme exprimant la tristesse, ce n'est pas nécessairement exprimer la tristesse et il s'en faut que toute description — (ou image) — de-personne-triste ou toute description — (ou image) — de-personne-exprimant-la-tristesse soit elle-même triste. Une page, ou une image, peut même exemplifier ou exprimer sans décrire ni représenter, et même sans être du tout une description ou une représentation — comme cela se rencontre dans certaines pages de James Joyce et dans certains dessins de Kandinsky [37].

Bien que l'exemplification et l'expression soient distinctes de la représentation et de la description, et qu'elles fonctionnent dans la direction opposée, toutes ces relations sont néanmoins des modes de symbolisation intimement connexes. Ce sont là les moyens variés par lesquels un symbole peut opérer des sélections à l'intérieur de son univers, l'organiser, et être lui-même à son tour informé ou transformé. La représentation et la description rapportent un symbole aux choses auxquelles il s'applique. L'exemplification rapporte le symbole à une étiquette qui le dénote, et par là indirectement aux choses (y compris le symbole lui-même) qui font partie du domaine de cette étiquette. L'expression rapporte le symbole à une étiquette qui le dénote métaphoriquement, et par là indirectement, non seulement au domaine métaphorique concerné mais encore au domaine littéral de cette étiquette. À chaque symbole peuvent s'attacher des chaînes plus longues et diverses de rapports référentiels élémentaires : d'étiquettes vers des choses et vers d'autres étiquettes, et des choses vers des étiquettes.

Exemplifier ou exprimer, c'est exhiber plutôt que dépeindre ou décrire ; mais, de même que la représentation peut être stéréotypée ou pénétrante, et l'exemplification triviale ou parlante, de même l'expression peut être banale ou provocante. Bien qu'une propriété exprimée doive être constante par rapport à certaines propriétés littérales, il n'est pas nécessaire qu'elle coïncide en extension avec une description littérale aisée et familière. Trouver une disjonction de conjonctions de propriétés littérales ordinaires d'images qui soit, même approximativement, équivalente à la tristesse métaphorique nous donnerait bien du souci. Le symbole expressif, riche de sa portée métaphorique, ne participe pas seulement de la verdeur des pâtures avoisinantes et de l'atmosphère exotique des rivages plus lointains, il révèle souvent en conséquence des affinités et des antipathies insoupçonnées entre les symboles de sa propre espèce. De la nature de la métaphore dérive une partie du pouvoir caractéristique de l'expression de faire allusion de façon suggestive, de suggérer évasivement, et de transcender sans crainte les frontières de base.

L'accent mis sur le dénotatif (représentatif ou descriptif), l'exemplificatoire (« formel » ou « décoratif ») et l'expressif dans les arts varie selon l'art, l'artiste et l'œuvre. Parfois l'un des aspects domine au point d'exclure pratiquement les deux autres ; comparez *La Mer* de Debussy, les *Variations Goldberg* de Bach et la *Quatrième Symphonie* de Charles Ives, par exemple ; ou bien une aquarelle de Dürer, une peinture de Jackson Pollock et une lithographie de Soulages. Dans d'autres cas, deux aspects, voire les trois, fondus ou en contrepoint, sont presque également saillants ; dans le film *L'année dernière à Marienbad,* le fil narratif, quoique jamais abandonné, est disloqué pour laisser passer des cadences obsédantes et des qualités émotionnelles et sensorielles quasiment indescriptibles. À l'artiste de choisir, et au critique de juger. Rien dans la présente analyse des fonctions symboliques ne fournit le moindre argument à des manifestes qui proclameraient que la représentation est un réquisit indispensable à l'art ou qu'elle lui est une barrière insurmontable, ou bien que l'expression sans la représentation est la réalisation la plus haute de l'esprit humain, ou bien que la représentation, et pareillement l'expression, corrompent l'exemplification, et ainsi de suite. Blâmer ou révérer la représentation, exalter ou exécrer l'expression, voir dans l'exemplification l'essence de la pauvreté ou de la pureté, cela doit se faire sur d'autres bases.

Il y a des auteurs qui, selon leur tempérament, ont considéré l'expression soit comme pieusement occulte, soit comme irrémédiablement obscure. Peut-être les pages qui précèdent ont-elles mis à jour les principaux facteurs qui suscitent tant d'admiration ou d'exaspération : en premier lieu, les ambiguïtés et les inconstances extrêmes de l'usage ordinaire ; deuxièmement, la multiplicité immense des étiquettes qui s'appliquent à tout objet ; troisièmement, la variation dans l'application d'une étiquette relativement à l'ensemble des alternatives en question ; quatrièmement, les différents référents attribués au même schème dans des systèmes symboliques différents ; cinquièmement, la variété des applications métaphoriques qu'un schème qui n'aurait qu'une seule application littérale peut avoir sur un seul règne, selon différents types et itinéraires de transfert ; et enfin la nouveauté et l'instabilité qui distinguent la métaphore. Les quatre premières de ces difficultés intéressent l'usage littéral des termes aussi bien que leur usage métaphorique ; et les deux dernières ne sont symptomatiques ni du caprice incontrôlé, ni du mystère impénétrable, mais de l'exploration et de la découverte. J'espère que ce chaos a été réduit, sinon à la clarté, du moins à une moindre confusion.

En résumé, si *a* exprime *b*, alors : (1) *a* possède (ou est dénoté par) *b* ; (2) cette possession ou dénotation est métaphorique ; et (3) *a* fait référence à *b*.

Nous n'avons nullement recherché ici de test pour déceler ce qu'une œuvre exprime ; après tout, une définition de l'hydrogène ne nous donne aucun moyen immédiat de dire quelle quantité de ce gaz renferme cette pièce. Et nous n'avons pas non plus proposé de définition précise de la relation élémentaire d'expression que nous avons examinée. Nous l'avons plutôt subsumée sous l'exemplification métaphorique, et circonscrite un peu plus étroitement au moyen de quelques réquisits additionnels, sans que je les revendique comme suffisants [38]. Notre préoccupation a été de comparer et de mettre en contraste cette relation avec d'autres espèces majeures de référence, telles l'exemplification, la représentation et la description. Jusqu'ici nous avons obtenu un meilleur résultat avec l'expression qu'avec la représentation et la description que nous ne sommes pas encore en mesure de distinguer l'une de l'autre.

Dans le prochain chapitre, je veux prendre un nouveau départ, avec un problème éloigné de ceux que nous avons discutés. Ce n'est que beaucoup plus tard que le cours de nos recherches se raccordera avec ce que nous avons fait jusqu'ici.

NOTES
CHAPITRE II

1. Le platonisme en apparence éhonté dont il est fait montre ici sera bientôt corrigé (section 3 ci-dessous).

2. Doris Humphrey, *The Art of Making Dances,* New York, Rinehart and Co., 1959, pp.114-118.

3. Extrait d'une conférence « The Artist, the Scientist, and a Smile » donnée par Ray L. Birdwhistell au Maryland Institute of Art, le 4 décembre 1964.

4. L'extensionalité est préservée dans cette formule ; la valeur de vérité n'est pas modifiée lorsqu'on remplace « gris » par n'importe quel prédicat coextensif.

5. L'ostention, de même que l'exemplification, concerne des échantillons ; mais tandis que l'ostension est l'acte de montrer un échantillon, l'exemplification est la relation entre un échantillon et ce à quoi il fait référence.

6. De même, dire qu'une voiture, sur le plateau d'un hall d'exposition, exemplifie une Rolls-Royce, c'est dire par ellipse que la voiture exemplifie la propriété d'être une Rolls-Royce. Mais une telle ellipse peut être dangereuse dans un discours technique, là où dire que x exemplifie un B signifie que x fait référence à, et est dénoté par, un B. Voir plus loin.

7. Dans *How to Write Short Stories (with Samples),* New York, Charles Scribner's Sons, 1924, p.247.

8. Si (comme dans *SA,* 3e partie) on reconnaît des entités abstraites telles que des qualia, celles-ci, bien que n'étant pas des étiquettes, peuvent en fait être exemplifiées par leurs exemples, qui sont des totalités concrètes contenant ces qualia. Mais on devrait encore expliquer comme ci-dessus l'exemplification d'autres propriétés en termes d'exemplliflication de prédicats ; et il semble qu'on réponde mieux à la simplicité d'exposition pour nos desseins présents en traitant toute exemplification de cette unique manière.

9. L'autoréférence est une question plutôt torturante. Je note ici les théorèmes suivants à titre d'indication :

(a) Si x exemplifie y, alors y dénote x.

(b) x et y se dénotent l'un l'autre si, et seulement si, ils s'exemplifient l'un l'autre.

(c) *x* exemplifie *x* si et seulement si *x* dénote *x*.

(d) Si *x* exemplifie et est coextensif à *y*, alors *x* dénote et exemplifie *x*.

10. Plusieurs psychologues ont fait des recherches expérimentales sur l'interférence qui résulte du double mode de fonctionnement de tels symboles. Voir J.R. Stroop, « Studies of Interference in Serial Verbal Reactions », *Journal of Experimental Psychology*, 1935, vol.18, pp.643-661, et A.R. Jensen et W.D. Rohwer, Jr., « The Stroop Color-Word Test : A Review », *Acta Psychologica*, 1966, vol.25, pp.36-93. Je suis redevable à Paul Kolers d'avoir attiré mon attention sur ce matériel.

11. De même qu'il est possible, dans l'onomatopée, d'utiliser un son pour dénoter des sons qui ont des propriétés qu'il exemplifie. La variabilité de l'exemplification est attestée ici de manière amusante par certaines curiosités linguistiques : il semble que les chiens français aboient « gnaf-gnaf » plutôt que « bow-wow » ; que les chats allemands ronronnent « schnurr-schnurr », les chats français « ron-ron » ; qu'en Allemagne une cloche fasse « bim-bam » plutôt que « ding-dong », et qu'en France un drip-drip soit un plouf-plouf.

12. Qu'une étiquette soit autoexemplifiante n'implique aucune ressemblance envers d'autres denotata, en dehors du fait de partager ce prédicat. « Objet matériel » se dénote lui-même mais est très dissemblable du château de Windsor. Et le fait qu'un prédicat soit semblable à ses denotata n'implique pas non plus qu'il y ait autoexemplification ; car à l'évidence nous pouvons utiliser un élément pour dénoter ceux, autres que lui-même, qui lui ressemblent à un degré quelconque. Entre parenthèses, en jugeant de la similarité de deux choses, nous avons cependant tendance à considérer qu'un prédicat qu'elles exemplifient pèse plus lourd qu'un prédicat qui les dénote simplement ; car il est fait référence à un prédicat exemplifié, et il prend ainsi de l'importance.

13. Voir, par exemple, Theodor Lipps, *Raumaesthetik und Geometrisch-Optische Täuschungen*, Leipzig, J.A. Barth, 1897, traduit par H.S. Langfeld dans *The Aesthetic Attitude*, New York, Harcourt, Brace and Co., Inc., 1920, pp.6-7 : « La colonne semble s'arc-bouter et se dresser elle-même c'est-à-dire procéder de la manière dont moi-même je me comporte lorsque je me raidis et me dresse, ou demeure ainsi tendu et droit, en opposition à l'inertie naturelle de mon corps. Il m'est impossible d'avoir conscience de la colonne sans

cette activité qui semble exister directement dans la colonne dont je suis conscient. »

14. Voir, par exemple, Burton L. White et Richard Held, « Plasticity of Sensorimotor Development in the Human Infant », dans *The Causes of Behaviour,* ed. J.F. Rosenblith et W. Allinsmith, 2e ed., Boston, Allyn and Bacon, Inc., 1966, pp.60-70, et les articles antérieurs qu'ils citent ; Ray L. Birdwhistell, « Communication without Words », préparé en 1964 pour être publié dans « L'Aventure humaine », et les articles qui y sont cités ; Jean Piaget, *The Origins of Intelligence in Children,* New York, International University Press, Inc., 1952, par ex. pp.185 sq. et 385 (*La naissance de l'intelligence chez l'enfant,* Delachaux et Niestlé, 1936) ; et Jerome S. Bruner, *Studies in cognitive Growth,* New York, John Wiley and Sons, Inc., 1966, pp.12-21. Je ne peux accepter la trichotomie des symboles selon Bruner en énactifs, iconiques et symboliques, puisque les deux dernières catégories me semblent mal définies et non motivées. Il est possible qu'un classement des symboles en énactifs, visuels, auditifs, etc., soit utile dans des recherches de psychologie du développement ; mais relativement à nos desseins présents, ces distinctions vont à l'encontre de ce qui me semble des différences plus essentielles entre modes de référence.

15. Il comprend très clairement et profite à plein des emplois de mouvements musculaires en tant qu'éléments de systèmes symboliques enseignables qui aident à comprendre et à retenir la musique. Voir particulièrement *The Eurhythmics of Jaques-Dalcroze,* Boston, Small, Maynard and Co., 1918 ; les articles de P.B. Ingham (pp.43-53) et E. Ingham (pp.54-60).

16. L'acte de bénédiction du danseur, de même que ses répliques sur la scène et dans l'église, dénote ce qui est béni. Que le destinataire du geste du danseur ne figure pas par là même parmi les gens bénis signifie seulement que le danseur, à l'image du romancier, fait un usage fictif d'un symbole dénotant. Mais il va de soi qu'un geste peut, tout comme le mot « centaure », avoir un caractère dénotatif même s'il ne dénote rien. Voir plus loin les deux derniers paragraphes de cette section.

17. Voir plus loin VI,2.

18. Voir I,5 et les notes, ci-dessus.

19. Sur la projection et la projectibilité, voir *FFF,* not. pp.57-58, 81-83, 84-99.

20. Bien sûr, là où « triste » s'applique métaphoriquement, « métaphoriquement triste » s'applique littéralement ; mais ceci n'apprend pas grand-chose sur ce qui constitue le fait d'être métaphoriquement triste.

21. Le traitement de la métaphore dans les pages qui suivent s'accorde à de nombreux égards avec l'excellent article de Max Black, « Metaphor », *Proceedings of the Aristotelian Society,* 1954, vol.55, pp.273-294, réimprimé dans son livre *Models and Metaphors,* Ithaca, N.Y., Cornell University Press, 1962, pp.25-47. Voir aussi les traitements bien connus de I.A. Richards, *The Philosophy of Rhetoric,* London, Oxford University Press, 1936, pp.89-183, et de C.M. Turbayne, *The Myth of Metaphor,* New Haven, Yale University Press, 1962, pp.11-27.

22. L'ensemble implicite des alternatives — le schème — peut se composer de deux étiquettes ou de beaucoup, et varie considérablement avec le contexte. Dire qu'une idée est « verte », c'est la mettre en contraste non pas avec des idées qui ont d'autres couleurs mais avec des idées qui ont une plus grande maturité ; et dire qu'un employé est un bleu *, c'est uniquement l'opposer à d'autres qui ne sont pas des bleus.

23. Sur la notion d'erreur catégorielle, voir Gilbert Ryle, *The Concept of Mind,* London, Hutchison's University Library, et New York, Barnes and Noble, Inc., 1949, p.16 sq. (trad. fr. S. Stern-Gillet, *La notion d'esprit,* Payot, 1978).

24. Ou peut-être l'application métaphorique à des sons a-t-elle précédé et guidé l'application métaphorique plus récente à des nombres. Mon argumentation ne dépend pas de la justesse de mes étymologies.

25. Voir Gombrich, *Art and Illusion* (cité ch. I, note 5), p.370.

26. Avoir une dénotation nulle établie est quelque chose de tout à fait différent de ne pas avoir de dénotation établie. L'extension de termes tels que « centaure » et « Don Quichotte » est nulle ; et ces termes, de même que les termes d'extension non vide, peuvent devenir métaphoriques par transfert.

(*) Idiomatique : l'anglais dit : « un vert ». On a ici une illustration supplémentaire de la note 11, sur un domaine voisin. (N.d.T.)

27. L'idée mérite d'être creusée : l'application métaphorique pourrait, par usage prolongé, devenir littérale elle aussi, avec l'ambiguïté qui en résulte ; et les deux parcours littéraux pourraient en fin de compte se réunifier dans l'original.

28. Voir Ernst Cassirer, *The Philosophy of Symbolic Forms* (édition allemande originale, 1925), trad. Ralph Manheim, New Haven, Yale University Press, 1955, vol.II, pp.36-43 (trad. fr. Jean Lacoste, *La philosophie des formes symboliques*, t.II, Éd. de Minuit, 1972) ; *Language and Myth* de Cassirer, trad. S.K. Langer, New York and London, Harper Brothers, 1946, pp.12, 23-39 (trad. fr. Ole Hansen-Love, *Langage et mythe*, Éd. de Minuit, 1973) ; et Owen Barfield, *Poetic Diction*, London, Faber and Faber, 1928, pp.80-81.

29. Max Black insiste clairement et vigoureusement sur ce point dans son article sur la métaphore ; voir *Models and Metaphors*, p.37 : « Il serait plus éclairant dans certains de ces cas de dire que la métaphore crée la similarité plutôt que de dire qu'elle formule une similarité qui existait antérieurement. »

30. Concernant cette question générale, voir mon article « Sense and Certainty », *Philosophical Review*, 1952, vol.61, pp.160-167.

31. Un règne de totalités est évidemment disjoint d'un règne de leurs propres parties, et un règne de classes d'un règne de leurs propres sous-classes.

32. Une propriété est donc constante seulement si elle ne varie jamais là où les propriétés d'image demeurent constantes, bien qu'elle puisse ou non rester constante là où les propriétés d'image varient. En d'autres mots, si elle se rencontre quelque part, elle se rencontre aussi toutes les fois que les propriétés d'image sont les mêmes. La constance dont il est ici question joue entre l'extension métaphorique de la propriété exprimée et l'extension littérale des propriétés d'image de base ; mais une propriété constante en ce sens-là prend également rang de propriété d'image. Pour une discussion des propriétés d'image, voir ci-dessus I,9.

33. Faire ainsi patte de velours ne fait disparaître aucune difficulté ni obscurité et la route plus audacieuse qui brave le préjugé et parle carrément d'exprimer des étiquettes plutôt que des propriétés est assurément à recommander.

34. Ou exprimer l'image elle-même, si nous cessons de flatter le préjugé.

35. Dans « Music in India and Japan », 1926, réimprimé dans *On Arts and Artists,* New York, Meridian Books, Inc., 1960, pp.305-306.

36. Un bâtiment peut « exprimer une humeur — la gaieté et le mouvement dans le tourbillonnant Petit Théâtre Comique de Berlin — ou même des idées sur l'astronomie et la relativité telle la tour Einstein de Mendlesohn, ou le nationalisme comme dans l'architecture hitlérienne », selon Richard Sheppard dans « Monument to the Architect ? », *The Listener,* 8 juin 1967, p.746.

37. La légende de Kandinsky pour un de ceux-ci est citée au début du présent chapitre. Peu importe évidemment que Kandinsky et le lecteur soient unanimes sur ce dessin ; l'un peut voir « ping » quand l'autre voir « pong ».

38. Mais certains cas qui satisfont aux réquisits énoncés, quoique curieux superficiellement, semblent avoir le droit d'être admis ; on peut, je pense, dire de manière tout à fait appropriée que plus d'une œuvre exprime avec éloquence sa maladresse involontaire ou sa stupidité.

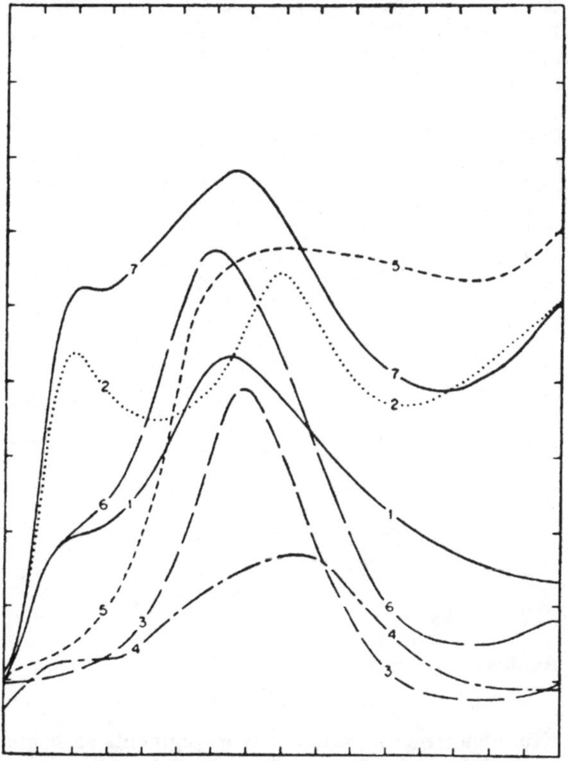

De gauche à droite : longueur d'onde de 380 à 700 millimicrons.
De bas en haut : pourcentage de réflectivité.
Courbes :
I. Vert de chrome.
2. Vert d'oxyde de chrome.
3. Ton vert de tungstate.
4. Pigment vert B.
5. Or vert.
6. Vert phtalo.
7. Oxyde de chrome hydraté.

Au dos :

Étude spectrographique de divers pigments verts mélangés à du Ti02 rutile. D'après Ruth M. Johnston, « Spectrophotography for the Analysis and Description of Color », *Journal of Paint Technology*, 1967, vol.39, p.349, figure 9. Reproduit avec l'autorisation de l'auteur, de l'éditeur, et de la Pittsburgh Plate Glass Co. ; et avec la coopération du Dr. R.L. Feller.

III
ART ET AUTHENTICITÉ

> *... la plus torturante de toutes les questions : si un faux est tellement réussi que, même après l'examen le plus approfondi et le plus digne de confiance, son authenticité demeure ouverte au doute, est-ce ou non une œuvre d'art aussi satisfaisante que si elle était sans équivoque originale ?**
>
> Aline B. Saarinen.

I. LE FAUX PARFAIT.

Les contrefaçons d'œuvres d'art représentent un problème pratique déplaisant pour le collectionneur, le conservateur et l'historien d'art, qui doivent souvent dépenser des trésors de temps et d'énergie pour déterminer si des objets particuliers sont ou non authentiques. Mais le problème théorique soulevé est encore plus aigu. La question tenace de savoir s'il existe une différence esthétique quelle qu'elle soit entre une contrefaçon mensongère et une œuvre originale, défie une prémisse de base dont sont tributaires les

(*)*New York Times Book Review,* 30 juillet 1961, p.14.

fonctions même du musée, celles de collectionneur et d'historien d'art. Un philosophe de l'art qu'on surprend sans réponse à cette question se trouve dans une posture au moins aussi périlleuse qu'un conservateur de tableaux qu'on surprend à confondre un Van Meegeren et un Vermeer.

La question est illustrée de la façon la plus frappante dans le cas d'une œuvre donnée et d'une contrefaçon, d'une copie ou d'une reproduction de celle-ci. Supposez que nous ayons devant nous, à gauche, le tableau original de Rembrandt, *Lucrèce,* et, à droite, une excellente imitation. Nous savons grâce à un historique amplement documenté que la peinture de gauche est l'original ; et nous savons par des photographies aux rayons X, par l'examen microscopique et l'analyse chimique, que le tableau de droite est un faux récent. Bien qu'il y ait entre les deux œuvres de nombreuses différences — par exemple de paternité, d'âge, de caractéristiques physiques et chimiques, et de valeur de marché — nous ne pouvons voir de différence entre elles ; si on les déplaçait pendant notre sommeil, un simple regard ne suffirait pas à les distinguer. L'on nous demande alors instamment s'il peut se trouver une différence esthétique entre les deux images ; et le ton du questionneur donne souvent à entendre que la réponse est franchement *non,* que les seules différences ici sont esthétiquement non pertinentes.

Nous devons commencer par rechercher si la distinction entre ce qu'un simple regard peut voir et ne pas voir dans l'image est tout à fait claire. Nous regardons les images, mais on peut présumer que nous ne jetons pas un simple regard, lorsque nous les examinons au microscope ou au fluoroscope. Est-ce qu'alors « un simple regard » signifie regarder sans se servir d'aucun instrument ? Ceci semble assez peu équitable pour l'homme qui a besoin de lunettes pour distinguer une peinture d'un hippopotame. Mais si on autorise les lunettes, jusqu'à quelle force ? Est-il alors conséquent d'exclure la loupe et le microscope ? En outre si l'on autorise la lumière à incandescence, peut-on écarter la lumière à rayons violets ? Et même en lumière à incandescence, faut-il s'en tenir à une intensité moyenne et sous un angle normal, ou autoriser une forte lumière rasante ? On pourrait couvrir tous ces cas en disant que se contenter de regarder, c'est regarder les images sans employer d'autres instruments que ceux dont on se sert à l'accoutumée pour regarder les choses en général. Ceci nous gênera lorsque nous nous tournerons, par exemple, vers certaines enluminures miniature ou vers des sceaux cylindriques assyriens que nous pouvons à peine distinguer des copies les plus grossières sans une forte loupe. De plus, même dans le cas de nos deux images, il se peut que de subtiles différences de dessin ou de peinture qu'on ne découvre qu'à la loupe soient néanmoins, de manière tout à fait évidente, des différences esthétiques entre les images. En la remplaçant par un puissant microscope, ce n'est plus le cas ; mais quel grossissement au juste autoriser ? Préciser ce qu'on veut dire par simplement regarder les images est donc loin d'être facile ; mais dans l'intérêt de la discussion [1], supposons que toutes ces difficultés aient été résolues et la notion de « simple regard » suffisamment clarifiée.

Nous devons demander ensuite qui est chargé du soin de regarder. Notre questionneur n'entend pas suggérer, je pense, qu'il n'existe aucune différence esthétique entre deux images si une personne au moins, disons un lutteur atteint de strabisme, ne peut voir aucune différence. C'est une question plus pertinente de savoir s'il peut exister une différence esthétique lorsque personne, pas même l'expert le plus averti, ne peut distinguer les images l'une de l'autre en se contentant d'un simple regard. *Mais remarquez immédiatement que personne ne peut jamais s'assurer, par un simple regard sur les images, que personne n'a jamais été ou ne sera jamais capable de les distinguer l'une de l'autre par un simple regard.* En d'autres mots, la question, sous sa forme présente, concède que personne ne peut s'assurer par un simple regard sur les images qu'il n'existe aucune différence esthétique entre elles. Ceci semble contraire à la motivation globale de notre questionneur. Car si un simple regard ne peut jamais établir que deux images sont esthétiquement équivalentes, on reconnaît que c'est quelque chose qui est hors d'atteinte de tout regard donné qui constitue une différence esthétique. Et dans ce cas, la raison de ne pas admettre les documents et les résultats de tests scientifiques devient très obscure.

Le résultat effectif peut se formuler avec plus de précision : la question est de savoir s'il existe une différence esthétique entre les deux images *pour moi* (ou pour x) si moi (ou x) ne puis les distinguer l'une de l'autre d'un simple regard. Mais ceci n'est pas non plus tout à fait juste. Car je ne peux jamais m'assurer par un simple regard sur les images que je ne serai, moi non plus, jamais capable de voir une différence entre elles. Et concéder que quelque chose qui se place au-delà de tout regard donné sur les images, peut constituer une différence esthétique entre elles *pour moi* est, de nouveau, tout à fait en désaccord avec la conviction ou la suspicion tacite qui anime le questionneur.

La question critique se ramène donc finalement à ceci : y a-t-il une différence esthétique entre les deux images pour x à t (t désignant une période appropriée), si x ne peut pas les distinguer l'une de l'autre simplement en les regardant à t ? Ou en d'autres termes, est-il possible que quelque chose que x ne discerne pas par un simple regard sur les images à t constitue une différence esthétique entre elles pour x à t ?

2. LA RÉPONSE.

En nous mettant en quête d'une réponse à cette question, nous devons garder clairement à l'esprit que ce qu'on peut distinguer à un moment donné par un simple regard dépend non seulement de l'acuité visuelle naturelle mais de la pratique et de l'entraînement [2]. Des Américains sont tous plus ou moins semblables aux yeux d'un Chinois qui n'en a jamais regardé beaucoup. Des jumeaux peuvent être indiscernables pour tout le monde, sauf pour leurs plus proches parents et connaissances. De plus, ce n'est qu'en les regardant lorsque quelqu'un les a nommés à notre intention que nous pouvons apprendre à distinguer Joe de Jim par un simple regard. Regarder les gens ou les choses avec attention, en sachant qu'il existe certains aspects actuellement invisibles par quoi ils diffèrent, augmente notre capacité à les différencier — et à différencier d'autres choses ou d'autres gens — par un simple regard. Ainsi des images qui paraissent tout à fait semblables au petit crieur de journaux en viennent à ne pas se ressembler du tout pour lui, lorsqu'il est devenu directeur de musée.

Bien que maintenant je ne voie aucune différence entre les deux images en question, je puis apprendre à voir une différence entre elles. Je ne peux déterminer maintenant ni par un simple regard ni autrement que je *serai* capable d'apprendre. Mais l'information qu'elles sont très différentes, que l'une est l'original et l'autre la contrefaçon, interdit tout inférence qui ferait conclure que je *ne serai pas* capable d'apprendre. Et le fait que je puisse plus tard être capable de faire dans ma perception des deux images une distinction que je ne peux faire maintenant constitue une différence esthétique entre elles qui est importante pour moi dès maintenant.

En outre, regarder les images maintenant en sachant que celle de gauche est l'original et l'autre la contrefaçon peut aider à développer la capacité à les distinguer plus tard l'une de l'autre par un simple regard. Ainsi, avec une information qu'on ne tire ni du regard présent sur les images ni d'un regard passé, le regard présent peut avoir sur les regards futurs une portée tout à fait différente de celle qu'il aurait eue autrement. La manière dont les images diffèrent en fait constitue pour moi dès maintenant une différence esthétique entre elles parce que ce savoir que j'ai de la manière dont elles diffèrent sert de support à mon regard présent pour entraîner mes perceptions à différencier ces images ainsi que d'autres.

Mais ce n'est pas tout. Le fait que je connaisse la différence entre les deux images, précisément parce qu'il affecte le rapport des regards présents aux regards futurs, informe le caractère même de mon regard présent. Ce savoir m'apprend à porter sur chacune des images un regard différent dès maintenant, même si ce que je vois est la même chose. Il n'atteste pas seulement que je peux apprendre à voir une différence, il indique également dans une certaine mesure le genre d'investigation à appliquer dès maintenant, les comparaisons et contrastes à effectuer en imagination, et les associations significatives sur lesquelles faire porter l'attention. De ce fait il guide, à partir de mon expérience passée, la sélection d'éléments et d'aspects à utiliser dans mon regard présent. Ainsi non seulement plus tard mais déjà maintenant, prendre en considération la différence inaperçue entre les deux images est pertinent pour l'expérience visuelle que j'en ai.

En bref, bien que je ne puisse pas distinguer maintenant les images l'une de l'autre par un simple regard, le fait que celle de gauche est l'original et celle de droite une contrefaçon constitue pour moi maintenant une différence esthétique entre elles parce que la connaissance de ce fait : 1) atteste qu'il peut exister entre elles une différence que je peux apprendre à percevoir, 2) assigne au regard présent un rôle pour m'entraîner à une telle discrimination dans ma perception, et 3) implique des exigences qui modifient et différencient mon expérience présente en regardant les deux images [3].

Rien ne dépend ici du fait que je perçois réellement ni de ma capacité réelle à percevoir une différence entre les deux images. Ce qui informe la nature et l'usage de mon expérience visuelle présente, ce n'est pas le fait ou l'assurance qu'une telle discrimination dans ma perception est à ma portée, mais des raisons de penser qu'elle peut l'être, ces raisons étant fournies par les différences factuelles connues entre les images. Donc les images diffèrent esthétiquement pour moi dès maintenant même si personne ne pourra jamais les distinguer l'une de l'autre par un simple regard.

Mais supposez qu'on arrive à *prouver* que personne jamais ne pourra voir de différence. C'est à peu près aussi raisonnable que de demander : si l'on peut prouver que le cours et le rendement d'une obligation américaine donnée et ceux d'une obligation de telle société proche de la banqueroute seront toujours les mêmes, existe-t-il une différence financière entre les deux obligations ? Car quelle sorte de preuve pourrait-on donner ? On pourrait supposer que si personne — pas même l'expert le plus qualifié — n'a jamais pu voir de différence entre les images, alors la conclusion que je ne serai jamais capable d'en voir est tout à fait assurée ; mais, et c'est le cas des contrefaçons de Van Meegeren [4] (sur lesquelles nous reviendrons), des distinctions demeurées invisibles pour l'expert jusqu'à un moment donné peuvent plus tard devenir manifestes même pour le profane, pourvu qu'il soit attentif. Ou bien on pourrait penser à je ne sais quel délicat dispositif à balayage ou scanner qui compare la couleur des deux images en chaque point et enregistre le moindre désaccord. Que veut-on dire ici, cependant, par « en chaque point » ? Un point mathématique, il va de soi, n'a pas de couleur du tout ; même certaines particules physiques sont trop petites pour avoir une couleur. Le scanner doit donc couvrir à chaque instant une région suffisamment grande pour qu'elle ait une couleur mais au moins aussi petite que n'importe quelle région perceptible. Savoir exactement comment s'y prendre est déconcertant puisque « perceptible » dans le contexte présent signifie « discernable par simple regard », si bien que la séparation entre régions perceptible et non perceptible semble dépendre de ce qui sépare arbitrairement une loupe d'un microscope. Si l'on établit une telle démarcation, rien ne peut jamais nous assurer que la sensibilité de nos instruments soit supérieure à l'acuité maximale que peut atteindre la perception non assistée. De fait, certains psychologues expérimentalistes sont enclins à conclure que toute différence mesurable de lumière peut parfois se détecter à l'œil nu [5]. Mais il y a une difficulté supplémentaire. Notre scanner examinera la couleur, c'est-à-dire de la lumière réfléchie. Puisque la lumière réfléchie dépend en partie de la lumière incidente, il est nécessaire d'essayer des éclairages selon chaque qualité, chaque intensité et dans chaque direction. Et dans chaque cas, du fait surtout que les tableaux n'ont pas une surface plane, un examen complet devrait se faire selon chaque angle. Mais nous ne pouvons à l'évidence embrasser toutes les variations, ni même déterminer une unique correspondance qui soit absolue, pas même à un seul point de vue. Chercher à prouver que je ne verrai jamais de différence entre les deux images est donc vain, pour des raisons qui vont au-delà de la technologie.

Supposez encore qu'on insiste néanmoins : si on fournissait *vraiment* une preuve, y aurait-il alors pour moi une différence esthétique entre les images ? Et supposez que nous répondions par la négative à cette question tirée par les cheveux. Notre questionneur ne se trouvera en aucune façon conforté dans ses convictions. Car le résultat ultime serait que, si l'on ne peut en fait percevoir aucune différence entre les images, alors l'existence d'une différence esthétique entre elles reposera entièrement sur ce qui est prouvé ou non par des moyens autres que le simple regard. Ceci ne corrobore sûrement pas l'affirmation qu'il ne peut y avoir de différence esthétique sans une différence dans la perception.

De retour du royaume de l'ultra-hypothétique, on peut nous rétorquer qu'il est impossible de rendre compte de la différence esthétique considérable qu'on s'attend à trouver entre le Rembrandt et la contrefaçon en termes de recherche, ou même de découverte, de différences perceptives tellement ténues qu'on ne peut les relever (si même elles existent) qu'après une longue pratique et beaucoup d'expérience. Cette objection peut être immédiatement écartée ; car des différences minimes dans la perception peuvent avoir un poids énorme. Les indices qui me révèlent si j'ai saisi le regard de quelqu'un à travers une pièce sont presque imperceptibles. Seule une oreille bien entraînée peut repérer les différences réelles de son qui distinguent une bonne exécution d'une médiocre. Des modifications extrêmement subtiles peuvent altérer la physionomie graphique, émotive ou expressive d'une peinture. De fait ce sont parfois les plus ténues des différences d'ordre perceptif qui importent le plus esthétiquement ; un dommage physique grossier subi par une fresque peut avoir moins de conséquences qu'une petite retouche pleine de suffisance.

Tout ce que j'ai essayé de montrer, il va de soi, c'est que les deux images peuvent différer esthétiquement, non pas que l'original est supérieur à la contrefaçon. Sur notre exemple, il est probable que l'original est de loin la meilleure image, puisque les peintures de Rembrandt sont en général bien supérieures aux copies qu'en font des peintres inconnus. Mais une copie d'un Lastman par Rembrandt peut très bien valoir mieux que l'original. On ne nous demande pas ici de porter de tels jugements comparatifs particuliers ni de formuler des canons d'évaluation esthétique. Nous avons pleinement satisfait aux exigences de notre problème en montrant que le fait de ne pas pouvoir distinguer l'une de l'autre nos deux images par un simple regard n'implique pas qu'elles soient esthétiquement équivalentes, et donc ne nous oblige pas à conclure que la contrefaçon vaut l'original.

L'exemple dont nous nous sommes servis tout au long illustre un cas spécial d'une question plus générale concernant l'importance esthétique de l'authenticité. Indépendamment de ce qui arrive avec une reproduction contrefaite, est-ce qu'il importe qu'une œuvre originale soit le produit d'un artiste particulier, d'une école, ou d'une période ? Supposez que je puisse facilement distinguer l'une de l'autre deux images mais que je sois incapable de dire qui les a peintes respectivement, sauf en employant un dispositif tel que la photographie par rayons X. Est-ce que le fait que l'image soit ou non de Rembrandt constitue une différence esthétique ? Ce qui est en cause ici, c'est la capacité de discerner non pas une image d'une autre image mais la classe des peintures de Rembrandt de la classe des autres peintures. Les chances que j'ai d'apprendre à faire correctement cette séparation — à découvrir des caractéristiques projectibles qui différencient les Rembrandt en général des non-Rembrandt — dépendent fortement de l'ensemble des exemples de base disponibles. Ainsi il est important que je sache que l'image donnée appartient à l'une ou à l'autre des deux classes pour apprendre à distinguer les tableaux de Rembrandt des autres tableaux. En d'autres termes, mon incapacité présente (ou future) à déterminer la paternité du tableau donné, sans faire usage d'un appareillage scientifique, n'implique pas que la paternité ne crée aucune différence esthétique pour moi ; car la connaissance de cette paternité, de quelque manière qu'on l'obtienne, peut contribuer matériellement au développement de mon aptitude à déterminer sans un tel appareillage si un tableau quelconque, y compris celui-ci dans d'autres circonstances, est ou n'est pas de Rembrandt.

Entre parenthèses, une énigme plutôt saisissante se trouve facilement résolue en ces termes. Lorsque Van Meegeren vendit ses peintures pour des Vermeer, il trompa la plupart des experts les mieux qualifiés ; et seule sa confession révéla la fraude [6]. De nos jours, même un profane assez averti s'étonne qu'un juge compétent ait pu prendre un Van Meegeren pour un Vermeer, tant les différences sont évidentes. Que s'est-il passé ? Le niveau général de la sensibilité esthétique ne s'est sûrement pas élevé si vite que le profane d'aujourd'hui voit avec plus d'acuité que l'expert d'il y a vingt ans. C'est plutôt qu'une meilleure information à présent disponible facilite la discrimination. En présence d'un unique tableau alors peu familier, l'expert avait à décider s'il ressemblait suffisamment aux Vermeer connus pour être du même artiste. Et toutes les fois qu'un Van Meegeren était ajouté au corpus des tableaux acceptés comme des Vermeer, les critères d'acceptation se trouvaient modifiés d'autant ; prendre faussement les Van Meegeren suivants pour des Vermeer devenait alors inévitable. Actuellement on n'a pas seulement soustrait les Van Meegeren de la classe-de-précédents de Vermeer, mais aussi établi une classe-de-précédents pour Van Meegeren. Avec ces deux classes-de-précédents les différences caractéristiques deviennent si manifestes que distinguer d'autres Van Meegeren de Vermeer offre peu de difficultés. Il serait bien possible que l'expert d'hier eût évité ses erreurs s'il avais disposé de quelques

Van Meegeren connus pour comparer. Et on pourrait bien surprendre le profane d'aujourd'hui qui repère si habilement un Van Meegeren à prendre une pièce d'école tout à fait mineure pour un Vermeer.

En répondant aux questions soulevées ci-dessus, je n'ai pas tenté, redoutable besogne, de définir le terme « esthétique » en général [7], mais j'ai simplement avancé que, puisque l'exercice, l'entraînement et le développement de nos pouvoirs de discriminer entre des œuvres d'art sont des activités manifestement esthétiques, les propriétés esthétiques d'une image n'englobent pas seulement celles qu'on trouve en la regardant mais également celles qui déterminent comment on doit la regarder. Nous aurions à peine eu besoin de souligner ce fait plutôt évident sans la prédominance de la vénérable théorie de l'Immersion-Titillante [8] qui nous enseigne que le comportement approprié, lorsqu'on aborde une œuvre d'art, consiste à nous défaire de tous vêtements de savoir et d'expérience (puisqu'ils pourraient émousser l'immédiateté de notre jouissance), puis à nous y engloutir totalement et à jauger la puissance esthétique de l'œuvre par l'intensité et la durée de la titillation qui en résulte. La théorie est manifestement absurde et n'est d'aucune utilité pour traiter aucun des problèmes importants de l'esthétique ; mais elle s'est incorporée à l'édifice de notre non-sens commun.

3. CE QU'ON NE PEUT CONTREFAIRE.

Un second problème concernant l'authenticité est soulevé par le fait assez curieux qu'en musique, à la différence de la peinture, on ne rencontre rien de tel qu'une contrefaçon d'une œuvre connue. Il existe, de fait, des compositions qu'on présente à tort comme étant de Haydn, de même qu'il existe des peintures qu'on présente à tort comme étant de Rembrandt ; mais de la *Symphonie londonienne,* à la différence de la *Lucrèce,* il ne peut exister de contrefaçons. Le manuscrit de Haydn n'est pas un exemple plus authentique de la partition qu'une copie qu'on vient d'imprimer ce matin, et l'exécution d'hier soir n'est pas moins authentique que la première. Des copies de la partition peuvent varier en exactitude, mais toutes les copies exactes, même si elles sont des contrefaçons du manuscrit de Haydn, sont au même titre d'authentiques exemples de la partition. Des exécutions peuvent varier en correction et en qualité, voire en « authenticité » d'une sorte plus ésotérique ; mais toutes les exécutions correctes sont au même titre d'authentiques exemples de l'œuvre [9]. Par contraste, même les copies les plus exactes du tableau de Rembrandt sont de simples imitations ou contrefaçons de l'œuvre, non pas de nouveaux exemples. Pourquoi cette différence entre les deux arts ?

Désignons une œuvre comme *autographique* si et seulement si la distinction entre l'original et une contrefaçon a un sens ; ou mieux, si et seulement si même sa plus exacte reproduction n'a pas, de ce fait, statut d'authenticité [10]. Si une œuvre d'art est autographique, nous pouvons aussi qualifier cet art d'autographique. Ainsi la peinture est autographique, la musique est non-autographique ou *allographique.* J'introduis ces termes pour de simples raisons de commodité ; ils n'impliquent rien quant à l'individualité relative de l'expression qu'exigent ces arts ou celle à laquelle ils peuvent atteindre. Le problème que nous rencontrons maintenant, c'est de rendre raison du fait que certains arts sont autographiques alors que d'autres ne le sont pas.

Une différence notable entre la peinture et la musique est que le compositeur a fini son travail lorsqu'il a écrit la partition, même si ce sont les exécutions qui sont les produits terminaux, tandis que le peintre doit achever le tableau. Peu importe le nombre des études ou des révisions faites dans l'un ou l'autre cas, la peinture est à ce point de vue un art à une phase et la musique un art à deux phases. Un art est-il donc autographique si et seulement s'il n'a qu'une phase ? Des contre-exemples viennent promptement à l'esprit. En premier lieu, la littérature n'est pas autographique bien qu'elle n'ait qu'une phase. Il n'existe rien de tel qu'une contrefaçon de l'*Élégie* de Gray. N'importe quelle copie fidèle du texte d'un poème ou d'un roman est tout autant l'œuvre originale que n'importe quelle autre. Cependant ce que produit l'écrivain est ultime ; le texte n'est pas un simple moyen en vue de lectures orales à la manière dont une partition est un moyen en vue d'exécutions de musique. Un poème non récité n'est pas aussi délaissé qu'une chanson non chantée ; et on ne lit aucunement à voix haute la plupart des œuvres littéraires. Nous pourrions essayer de faire entrer la littérature dans un art à deux phases en considérant que les lectures silencieuses sont les produits terminaux ou les exemples d'une œuvre ; mais alors on qualifierait tout aussi bien de produits terminaux ou d'exemples l'acte de regarder une image ou d'écouter une exécution, de sorte que la peinture, non moins que la littérature, aurait deux phases et la musique trois. En second lieu, l'estampe qui a deux phases est cependant autographique. Le graveur, par exemple, réalise une planche dont on obtient par tirage des épreuves sur papier. Ces épreuves sont les produits terminaux ; et bien qu'elles puissent différer de manière appréciable l'une de l'autre, toutes sont des exemples de l'œuvre originale. Mais même la plus exacte copie produite autrement que par impression à partir de cette planche n'a pas valeur d'original, mais est une imitation ou une contrefaçon.

Jusqu'ici, nos résultats sont négatifs : il s'en faut que tous les arts à une phase soient autographiques et que tous les arts autographiques aient une seule phase. De plus, l'exemple de l'estampe réfute l'affirmation irréfléchie que, dans tout art autographique, une œuvre particulière existe seulement en tant qu'objet unique. La ligne de partage entre art autographique et art allographique ne coïncide pas avec celle qui sépare un art singulier d'un art multiple. La seule conclusion positive ou presque que nous puissions tirer ici est que les arts autographiques sont ceux qui sont singuliers à leur phase antérieure ; la gravure est singulière dans sa première phase — la planche est unique — et la peinture dans son unique phase. Mais ceci n'aide guère ; car expliquer pourquoi certains arts sont singuliers revient précisément à expliquer pourquoi ils sont autographiques.

4. LA RAISON.

Pourquoi alors m'est-il tout aussi impossible de faire une contrefaçon de la symphonie de Haydn ou du poème de Gray qu'un original de la peinture de Rembrandt ou de sa gravure *Tobie aveugle* ? Supposons qu'on dispose d'une variété de copies manuscrites et de nombreuses éditions d'une œuvre littéraire donnée. Certaines différences entre elles sont sans importance : style et grosseur de l'écriture ou de la typographie, couleur de l'encre, nature du papier, nombre et agencement des pages, état, etc. Seule importe ce qu'on peut appeler son *identité orthographique,* c'est-à-dire une correspondance exacte quant aux séquences de lettres, aux espacements et aux signes de ponctuation. Toute séquence — même si c'est une contrefaçon du manuscrit de l'auteur ou d'une édition donnée — qui correspond de cette manière à une copie correcte est elle-même correcte et rien n'est davantage l'œuvre originale qu'une telle copie correcte. Et puisque tout ce qui n'est pas un original de l'œuvre doit être en défaut relativement à une telle norme explicite de correction, il ne peut y avoir ni imitation trompeuse, ni contrefaçon de cette œuvre. Vérifier l'orthographe ou épeler correctement, voilà tout ce qui est requis pour identifier un exemple de l'œuvre ou en produire un nouvel exemple. Le fait qu'une œuvre littéraire existe dans une notation définie, consistant en certains signes ou caractères qui sont à combiner par concaténation, fournit en effet le moyen de distinguer les propriétés constitutives de l'œuvre de toutes les propriétés contingentes, c'est-à-dire de fixer les traits requis et les limites de la variation tolérable pour chacun. Simplement en déterminant que la copie devant nous est correctement orthographiée nous pouvons déterminer qu'elle satisfait à tous les réquisits pour l'œuvre en question. En peinture, au contraire, où il n'existe pas un tel alphabet de caractères, aucune des propriétés d'image — aucune des propriétés que l'image possède en tant que telle — n'est distinguée comme constitutive ; aucun trait de ce type ne peut être écarté comme contingent, et aucune déviation comme non significative. La seule manière de nous assurer que la *Lucrèce* qui se trouve devant nous est authentique est donc d'établir le fait historique qu'elle est le véritable objet qu'a produit Rembrandt. En conséquence, l'identification physique du produit de la main de l'artiste, et par suite la conception de la contrefaçon d'une œuvre particulière, prennent en peinture une importance qu'elles n'ont pas en littérature [11].

Ce que j'ai dit des textes littéraires s'applique évidemment aussi aux partitions musicales. L'alphabet est différent ; et les caractères sur une partition, au lieu d'être alignés les uns à la suite des autres comme dans un texte, se présentent dans une disposition plus complexe. Néanmoins, l'ensemble des caractères et des positions qu'ils peuvent prendre est limité ; et une orthographe correcte, en un sens seulement un peu élargi, reste l'unique réquisit pour un exemple authentique d'une œuvre. Toute fausse copie est mal orthographiée, elle porte quelque part, à la place du bon caractère, soit un autre caractère, soit une marque illisible qui n'est pas du tout un caractère dans la notation en question.

Mais qu'en est-il des exécutions de musique ? La musique n'est pas non plus autographique en cette seconde phase, et cependant une exécution ne consiste nullement en caractères tirés d'un alphabet. Mais les propriétés constitutives qu'une exécution de la symphonie exige sont celles *prescrites* par la partition ; et il se peut que des exécutions qui concordent avec la partition diffèrent de manière appréciable par des caractéristiques musicales telles que le tempo, le timbre, le phrasé et l'expressivité. Déterminer la concordance requiert en vérité quelque chose de plus que la simple connaissance de l'alphabet ; cela requiert la capacité de mettre en corrélation des sons appropriés avec les signes visibles sur la partition — de reconnaître, pour ainsi dire, une prononciation correcte bien qu'il n'y ait pas nécessairement compréhension de ce qui est prononcé. La compétence requise pour identifier ou produire les sons demandés par une partition augmente avec la complexité de la composition, mais il existe néanmoins un test théoriquement décisif pour la concordance ; une exécution, quelle que soit sa fidélité interprétative et sa valeur en soi, a ou n'a pas les propriétés constitutives d'une œuvre donnée, et elle est ou n'est pas au sens strict une exécution de cette œuvre selon qu'elle a ou n'a pas subi ce test avec succès. Aucune information historique concernant la production de l'exécution ne peut affecter le résultat. Ainsi une tromperie relative aux faits de production n'a pas de sens, et la notion d'une exécution qui serait une contrefaçon de l'œuvre est absolument vide.

Il existe cependant des contrefaçons d'exécutions, de même qu'il y a des contrefaçons de manuscrits et d'éditions. Ce qui fait d'une exécution un exemple d'une œuvre donnée n'est pas la même chose que ce qui fait d'une exécution une première, ou bien le récital d'un musicien particulier qui joue, par exemple, sur un stradivarius. Qu'une exécution possède ces dernières propriétés est affaire de fait historique ; et une exécution qu'on présente à tort comme possédant l'une quelconque de ces propriétés compte pour une contrefaçon, non pas de la composition musicale, mais d'une exécution ou d'une classe d'exécutions données.

La comparaison entre l'estampe et la musique est particulièrement instructive. Nous avons déjà noté que la gravure, par exemple, ressemble à la musique à la fois en ce qu'elle a deux phases et qu'elle est multiple à sa seconde phase ; mais, alors que la musique n'est autographique dans aucune des deux phases, l'estampe est autographique en ses deux phases. Or la planche gravée est manifestement dans la même situation qu'une peinture : l'assurance de l'authenticité ne peut venir que de l'identification de l'objet véritablement produit par l'artiste. Mais puisque les nombreuses épreuves tirées de cette planche sont toutes d'authentiques exemples de l'œuvre, si fortement qu'elles diffèrent par la couleur et l'abondance de l'encre, la qualité de l'impression, la nature du papier, etc., on pourrait s'attendre ici à trouver un parallèle complet entre les épreuves et les exécutions musicales. Cependant il peut exister des épreuves qui sont des contrefaçons de *Tobie aveugle* mais il n'existe pas d'exécutions qui sont des contrefaçons de la *Symphonie londonienne*. La différence est que, en l'absence d'une notation, non seulement il n'y a pas de test de correction orthographique pour une planche, mais il n'y a pas non plus de test de concordance avec une planche pour une épreuve. La confrontation d'une épreuve avec une planche, de même que la confrontation de deux planches, n'est pas plus probante que la confrontation de deux images. D'infimes différences peuvent toujours passer inaperçues, et il n'existe aucune raison pour en exclure aucune comme inessentielle. La seule manière de s'assurer qu'une épreuve est authentique, c'est de découvrir si elle a été réalisée à partir d'une planche déterminée [12]. Une épreuve qu'on présente à tort comme ayant été ainsi produite est au sens fort une contrefaçon de l'œuvre.

Ici, comme précédemment, nous devons être attentifs à ne pas confondre authenticité et mérite esthétique. Que la distinction entre l'original et une contrefaçon soit esthétiquement importante n'implique pas, nous l'avons vu, que l'original soit supérieur à la contrefaçon. Une peinture originale peut être moins gratifiante qu'une copie inspirée ; un original endommagé peut avoir perdu l'essentiel de ce qui en faisait le mérite ; une épreuve imprimée à partir d'une planche très usée peut être esthétiquement bien plus éloignée d'une épreuve antérieure qu'une bonne reproduction photographique. Semblablement, bien qu'une exécution incorrecte ne soit, au sens strict, même pas un exemple d'un quatuor donné, elle peut néanmoins — soit parce que les changements améliorent ce que le compositeur a écrit, soit en raison d'une interprétation subtile — être meilleure qu'une exécution correcte [13]. En outre, plusieurs exécutions correctes de mérite à peu près égal peuvent manifester des qualités esthétiques spécifiques très différentes : d'énergie, de délicatesse, de raideur, de lourdeur, d'incohérence, etc. Donc même lorsque les propriétés constitutives d'une œuvre sont clairement distinguées au moyen d'une notation, on ne peut les identifier avec les propriétés esthétiques.

Parmi les autres arts, la sculpture est autographique ; la sculpture de fonte est comparable à l'estampe tandis que la sculpture de taille est comparable à la peinture. L'architecture et l'art dramatique, d'autre part, sont plus directement comparables à la musique. Tout bâtiment qui se conforme aux plans et aux spécifications, toute représentation du texte d'une pièce qui est en accord avec les indications scéniques, sont des exemples aussi originaux de l'œuvre que n'importe quels autres. Mais l'architecture semble différer de la musique en ce que les tests de concordance d'un bâtiment aux spécifications ne requièrent pas qu'on les prononce, ou qu'on les transcrive en sons, mais qu'on comprenne leur application. Ceci est également vrai des indications scéniques d'une pièce, par contraste avec le dialogue. Est-ce que ceci rend l'architecture et l'art dramatique moins purement allographiques ? De plus, les plans d'un architecte semblent présenter une grande ressemblance avec les esquisses d'un peintre, et la peinture est un art autographique. Sur quelles bases pouvons-nous dire que l'un de ces cas mais non l'autre comporte une véritable notation ? Il est impossible de répondre à de telles questions avant d'avoir mené à bien une analyse assez poussée.

Puisqu'un art paraît être allographique dans l'exacte mesure où il est justiciable d'une notation, le cas de la danse est particulièrement intéressant. Voici un art qui n'a pas de notation traditionnelle, un art pour lequel les modalités, voire la possibilité, de développer une notation adéquate sont encore sujettes à controverse. La recherche d'une notation est-elle raisonnable dans le cas de la danse, mais non dans le cas de la peinture ? Ou, plus généralement, pourquoi l'usage de la notation est-il approprié à certains arts et non à d'autres ? Très brièvement et approximativement, on peut répondre à peu près comme suit. Au commencement, tous les arts sont peut-être autographiques. Lorsque les œuvres ne durent pas, comme dans le chant et la récitation, ou qu'elles requièrent la collaboration de nombreuses personnes, comme en architecture et dans la musique symphonique, une notation permet de transcender les limitations du temps et de l'individu. Ceci suppose que soit établie une distinction entre les propriétés constitutives d'une œuvre et celles qui ne le sont pas (dans le cas de la littérature, les textes sont devenus les objets esthétiques primordiaux au point de supplanter les exécutions orales). Bien sûr, la notation ne dicte pas arbitrairement cette distinction, qui doit suivre en général — mais parfois pouvoir amender — des voies déjà tracées, et par la classification informelle des exécutions en œuvres, et par des décisions pratiques quant à ce qui est prescrit et à ce qui est facultatif. Se prête à la notation un art dont la pratique antérieure ne se développe que lorsque les œuvres produites sont habituellement éphémères, ou dépassent les possibilités d'une seule personne. La danse, tout comme l'art dramatique et la musique symphonique et chorale, se qualifie sur les deux tableaux tandis que la peinture ne se qualifie sur aucun des deux.

La réponse générale à notre second et insaisissable problème de l'authenticité peut se résumer en quelques mots. Une contrefaçon d'œuvre d'art est un objet qu'on présente faussement comme ayant l'histoire de production indispensable pour le (ou un) original de l'œuvre. Là où il existe un test théoriquement décisif pour déterminer qu'un objet possède toutes les propriétés constitutives de l'œuvre en question sans qu'il faille déterminer comment ou par qui l'objet fut produit, il n'y a nul besoin de recourir au procès de production, par suite, aucune contrefaçon de quelque œuvre que ce soit. Un tel test est fourni par un système notationnel approprié, avec un ensemble articulé de caractères et de positions relatives pour ces caractères. Pour les textes, les partitions, et peut-être les plans, le test est la correction orthographique dans cette notation ; pour les bâtiments et les exécutions, le test est la concordance avec ce qui est correctement orthographié. Ce qui sanctionne une notation est à trouver dans une classification antérieure d'objets ou d'événements en œuvres, laquelle va à l'encontre (ou autorise une projection légitime qui va à l'encontre) de la classification par le procès de production ; mais l'identification définitive des œuvres, totalement libérée du procès de production, n'est acquise qu'avec l'établissement d'une notation. L'art allographique a conquis son émancipation non pas par proclamation, mais par la notation.

Les termes « autographique » et « allographique » sont mutuellement exclusifs, et ils recouvrent la totalité des cas où une identité-d'œuvre est effectivement établie, mais seulement de tels cas. Là où, par exemple, un compositeur fournit des prescriptions dans un système non-notationnel plutôt que par des partitions, les classes d'exécution exigées constituent des œuvres qui ne sont ni autographiques ni allographiques. Elles ne sont pas autographiques car leur identification ne dépend pas de leur procès de production. Elles ne sont pas allographiques car leur identification n'est pas indépendante de leur procès de production. Elles sont non-autographiques et non-allographiques, car l'identité de l'œuvre (il est vrai, son identité transitive) n'est pas établie dans de tels cas. Pour un exemple spécifique et une discussion plus poussée, voir ci-dessous en V,2*.

5. UNE TÂCHE.

Les deux problèmes d'authenticité que j'ai discutés sont des questions d'esthétique plutôt particulières et périphériques. Y répondre n'équivaut pas à élaborer une théorie esthétique, ni même à en esquisser une. Mais ne pas savoir répondre pourrait bien en marquer le glas ; les explorer ouvre donc la voie à des problèmes et à des principes plus fondamentaux pour la théorie générale des symboles.

(*) Ce paragraphe est ajouté par l'auteur pour l'édition française.

Beaucoup de questions abordées ici nécessitent une étude bien plus fouillée. Jusqu'ici je me suis borné à décrire de manière vague, sans les définir, les relations de concordance et d'identité orthographique. Je n'ai pas examiné les traits qui distinguent les notations ou les langages notationnels des autres langages et des non-langages. Et je n'ai pas discuté les différences subtiles entre une partition, un texte et une esquisse. Nous avons besoin maintenant d'une recherche de fond consciencieuse sur la nature et la fonction de la notation dans les arts. Nous l'entreprendrons dans les deux prochains chapitres.

NOTES
CHAPITRE III

1. Mais seulement dans l'intérêt du débat, seulement afin de pas obscurcir la question centrale. Toutes les fois que je parle de « simple regard » dans ce qui suit, il faut comprendre que ceci intervient dans les limites de cette concession temporaire, et n'indique nullement que je consens à accepter cette notion.

2. Souvent les Allemands qui apprennent l'anglais ne peuvent, sans un effort répété et une attention soutenue, saisir de différence aucune entre les sons des voyelles dans « cup » et « cop ». Dans sa langue maternelle, un locuteur a parfois besoin de faire un effort similaire lorsqu'il a à discerner des différences de couleur, etc., qui ne sont pas marquées dans son vocabulaire élémentaire. Depuis longtemps, psychologues, anthropologues et linguistes ont débattu pour savoir si le langage affecte la discrimination sensorielle effective ; voir l'exposé sommaire de l'expérimentation et de la polémique dans Segall, Campbell et Herskovits, *The Influence of Culture on Visual Perception,* Indianapolis et New York, the Bobbs-Merrill Co., Inc., 1966, pp.34-48. Il est peu probable qu'on résoudra la question sans une plus grande clarté dans l'emploi de « sensoriel », « perceptuel », et « cognitif » et sans apporter plus de soin à distinguer ce qu'une personne peut faire à un moment donné de ce qu'elle peut apprendre à faire.

3. En disant qu'une différence *entre les images* qui est significative pour mon expérience présente lorsque je les regarde constitue une différence esthétique entre elles, je ne dis évidemment pas que tout ce qui peut être cause que mon expérience des images diffère (par exemple l'ivresse, la cécité de neige, le crépuscule) constitue une telle différence esthétique. Il est exclu de prendre en compte n'importe quelle différence intervenant dans la manière dont il arrive que les images sont regardées ou qui en dérive, mais seulement les différences intervenant dans la manière dont on doit les regarder ou qui en dérive. Concernant l'esthétique, j'en dirai davantage plus loin dans cette section et en VI, 3-6.

4. Pour un compte rendu détaillé et richement illustré, voir P.B. Coremans, *Van Meegeren's Faked Vermeers and De Hooghs,* trad. A. Hardy et C. Hutt, Amsterdam, J.M. Meulenhoff, 1949. L'histoire est exposée à grands traits par Sepp Schüller, *Forgers,*

Dealers, Experts, trad. J. Cleugh, New York, G.P. Putnam's Sons, 1960, pp.95-105.

5. Ce qui n'est pas surprenant, puisqu'un unique quantum de lumière peut exciter un récepteur rétinien. Voir M.H. Pirenne et F.H.C. Marriott, « The Quantum Theory of Light and the Psychophysiology of Vision », dans *Psychology,* ed. S. Koch, New York et Londres, Mc Graw-Hill Co., Inc. 1959, vol.I, p.290 ; également Théodore C. Ruch, « Vision » dans *Medical Psychology and Biophysics,* Philadelphia, W.B. Saunders Co., 1960, p.426.

6. Que les contrefaçons aient été présentées comme peintes pendant une période dont on ne connaissait pas de Vermeer a rendu la découverte plus difficile mais ne modifie pas fondamentalement les choses. Quelques historiens d'art, pour défendre leur profession, soutiennent que les critiques les plus perspicaces ont suspecté très tôt les contrefaçons ; mais il est de fait que certaines des autorités de tout premier plan se laissèrent totalement abuser et pour quelque temps refusèrent même de croire la confession de Van Meegeren. Le lecteur dispose maintenant d'un exemple plus récent dans la révélation que le fameux cheval de bronze, longtemps exposé au Metropolitan Museum et proclamé comme un chef-d'œuvre de la sculpture grecque classique, est une contrefaçon moderne. Un officiel du musée a remarqué un raccord qu'apparemment ni lui ni personne d'autre n'avait jamais vu auparavant, et une série de tests scientifiques a suivi. Aucun expert ne s'est présenté pour revendiquer des doutes précoces sur des bases esthétiques.

7. J'en viendrai à cette question beaucoup plus tard, au chapitre VI.

8. Attribuée à Immanuel Tingle et Joseph Immersion (env. 1800)*.

9. Il peut, à vrai dire, exister des contrefaçons d'exécutions. De telles contrefaçons sont des exécutions qu'on présente comme étant d'un certain musicien, etc. ; mais celles-ci, à condition d'être en accord avec la partition, sont néanmoins d'authentiques exemples de l'œuvre. Ce qui m'intéresse ici, c'est de savoir distinguer, parmi

(*) Il s'agit d'un énorme calembour ; N. Goodman tourne en dérision la théorie de l'empathie émotionnelle en l'attribuant à deux auteurs imaginaires au nom emblématique. (N.d.T.)

les arts, ceux où il peut y avoir des contrefaçons d'œuvres et non ceux où il peut y avoir des contrefaçons d'exemples d'œuvres. Voir aussi ce qui est dit dans la section 4 ci-dessous concernant les contrefaçons d'éditions d'œuvres littéraires et d'exécutions musicales.

10. Il faut prendre ceci comme une version préliminaire d'une différence que nous devons chercher à formuler avec plus de précision. Une bonne partie de ce qui suit dans ce chapitre a également le caractère d'une introduction explorant des sujets qui réclament une enquête plus large et plus détaillée dans les chapitres ultérieurs.

11. Une telle identification ne garantit pas que l'objet possède les propriétés d'image qu'il avait à l'origine. Plutôt, la confiance en l'identification physique ou historique n'est transcendée que là où nous avons les moyens de nous assurer que les propriétés requises s'y trouvent.

12. Pour qu'une épreuve soit originale, il faut qu'elle vienne d'une planche déterminée mais il n'est pas nécessaire que l'artiste l'ait imprimée lui-même. Du reste, dans le cas de la gravure sur bois, l'artiste se contente parfois de dessiner sur le bloc, abandonnant la taille à quelqu'un d'autre ; les blocs de Holbein, par exemple, étaient habituellement taillés par Lützelberger. L'authenticité dans un art autographique dépend toujours de ce que l'objet possède l'histoire de production requise, histoire parfois assez compliquée ; mais cette histoire n'inclut pas toujours l'exécution ultime par l'artiste original.

13. Évidemment, je ne dis pas qu'une exécution correcte (ment orthographiée) est correcte dans n'importe lequel de nombre d'autres sens usuels. Néanmoins le compositeur ou le musicien va probablement protester avec indignation devant le refus d'accepter une exécution qui contient quelques fausses notes comme un exemple d'une œuvre et l'usage ordinaire est sans aucun doute de son côté. Mais l'usage ordinaire indique ici le chemin qui mène la théorie au désastre (voir V, 2).

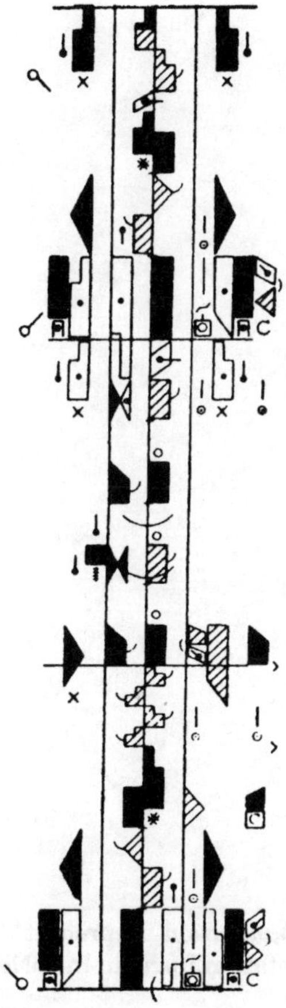

Au dos :

Échantillon de *Labanotation*. Reproduit avec l'autorisation du Dance Notation Bureau, Inc., New York.

IV
LA THÉORIE DE LA NOTATION

> *... il ne suffit pas de disposer de la totalité du monde — l'infinité même des possibilités annule les possibilités, pour ainsi dire, jusqu'à ce qu'on découvre des limitations*.*
>
> Roger Sessions.

1. LA FONCTION PRIMORDIALE.

Au sujet de la notation dans les arts, on rencontre certaines questions qu'on écarte souvent comme de simples tracasseries mais qui font pénétrer au cœur de la théorie du langage et de la connaissance. Une chose est de se demander en passant s'il est légitime d'envisager une notation pour la danse, ou pourquoi la peinture ne s'y prête pas ; autre chose est de comprendre ce qui constitue la fonction essentielle d'une partition, ou ce qui distingue exactement une partition d'un dessin, d'une étude ou d'une esquisse d'une part, et d'une description verbale, d'un scénario ou d'un script d'autre part. On considère généralement qu'une partition est un simple outil, qu'elle ne fait pas plus intrinsèquement

(*) « Problems and Issues Facing the Composer Today », in *Problems of Modern Music,* ed. P.H. Lang, New York, W.W. Norton and Co., Inc., 1962, p.31.

partie de l'œuvre achevée que le marteau du sculpteur ou le chevalet du peintre. On peut en effet se passer de la partition après l'exécution ; la musique peut même être composée, apprise et interprétée « d'oreille », sans partition, y compris par des gens qui ne savent ni lire ni écrire la moindre notation. Mais se servir de cet argument pour conclure que la notation n'est qu'un auxiliaire pratique pour la production, c'est méconnaître son rôle théorique fondamental.

Une partition, qu'on l'utilise ou qu'on s'en passe pour conduire une exécution, a pour fonction primordiale d'être l'autorité qui identifie une œuvre, d'exécution à exécution. Souvent partitions et notations — et pseudo-partitions, pseudo-notations — possèdent d'autres fonctions plus stimulantes, telles que faciliter la transposition, la compréhension et même la composition ; mais toute partition, en tant que telle, a pour fonction logiquement antérieure d'identifier une œuvre [1]. Toutes les propriétés théoriques indispensables à des partitions et aux systèmes notationnels dans lesquels on les écrit dérivent de là. Le premier pas consiste donc à regarder de plus près cette fonction primordiale.

Tout d'abord, une partition doit définir une œuvre, séparant les exécutions qui appartiennent à l'œuvre de celles qui ne lui appartiennent pas. Ce n'est pas dire que la partition doive fournir un test facilement utilisable pour décider si une exécution donnée appartient ou non à l'œuvre ; après tout, la définition de l'or comme élément de poids atomique 197,2 ne me donne aucun test directement utilisable pour différencier une pièce d'or d'une pièce de laiton. Il faut seulement que la ligne de partage soit théoriquement claire. Ce qui est requis est que toutes les exécutions qui concordent avec la partition, et seulement celles-là, soient des exécutions de l'œuvre.

Mais ce n'est pas tout. La plupart des définitions que nous rencontrons dans le discours ordinaire et dans les systèmes formels ne parviennent pas à satisfaire une exigence plus stricte qu'impose la tâche primordiale d'une partition. Alors qu'une bonne définition détermine toujours sans équivoque quels objets s'y conforment, il est rare en revanche qu'une définition soit déterminée de manière unique par chacun de ses exemples. Si je montre un objet du doigt et que je vous demande de quelle sorte d'objet il s'agit, vous disposez d'un large éventail de réponses et vous pouvez choisir n'importe laquelle des classes auxquelles appartient l'objet. En conséquence, en passant tour à tour (et correctement) d'un objet à une définition — ou à un prédicat, ou une autre étiquette — avec laquelle l'objet concorde (exemple : à « table » ou un terme coextensif) puis à un autre objet (exemple : une table d'acier) et à une autre étiquette (exemple : « chose en acier ») s'appliquant au second objet, et enfin à un troisième objet (exemple : une automobile) concordant avec la seconde étiquette, il se peut que nous passions d'un objet à un autre qui est tel qu'aucune étiquette dans la série ne s'applique aux deux ; et que deux étiquettes dans la série diffèrent totalement en extension, aucun objet ne concordant avec les deux.

Dans le cas des partitions, une telle latitude ne peut être tolérée. Les partitions et les exécutions doivent être dans un rapport tel que, dans toute chaîne où chaque pas mène, soit de la partition à une exécution concordante, soit de l'exécution à la partition qui la couvre, soit d'une copie de partition à une autre copie correcte de celle-ci, toutes les exécutions appartiennent à la même œuvre et toutes les copies de partitions définissent la même classe d'exécutions. Autrement, l'identification requise d'une œuvre d'une exécution à l'autre ne serait pas garantie ; nous pourrions passer d'une exécution à une autre qui n'est pas de la même œuvre, ou d'une partition à une autre qui détermine une classe différente, voire totalement disjointe, d'exécutions.

Non seulement une partition doit déterminer de manière unique la classe d'exécutions qui appartiennent à l'œuvre, mais la partition (en tant que classe de copies ou d'inscriptions qui définissent l'œuvre) doit être déterminée de manière unique, étant donnés une exécution et le système notationnel.

Cette double exigence est assurément très forte. Il est nécessaire de considérer attentivement ce qui la motive et ce qui en découle, ainsi que les résultats lorsqu'on l'affaiblit de diverses manières. Nous pouvons commencer en demandant quelles sont les propriétés que doivent avoir les partitions, et les systèmes notationnels dans lesquels sont écrites les partitions, afin de satisfaire ce réquisit fondamental. L'étude de cette question réclamera une recherche sur la nature des langages, sur les différences entre les langages et les systèmes symboliques non linguistiques mais également sur les traits qui distinguent les systèmes notationnels des autres langages ; et elle se proposera d'entrer dans quelques détails techniques plutôt fastidieux mais qui peuvent à l'occasion mettre à jour des aspects nouveaux de certains problèmes familiers [2].

2. RÉQUISITS SYNTAXIQUES.

Le schéma symbolique de tout système notationnel est notationnel mais il s'en faut que tout système symbolique à schéma notationnel soit un système notationnel. Ce qui distingue les systèmes notationnels des autres, ce sont certains traits du rapport qui lie le schéma notationnel et l'application. En général, « notation » sert d'abréviation indifférement à « schéma notationnel » et à « système notationnel », et par souci de brièveté je profiterai souvent de ce flottement commode, là où le contexte prévient la confusion.

Qu'est-ce qui constitue, en premier lieu, un schéma notationnel ? Tout schéma symbolique se compose de caractères, avec habituellement des modes de combinaison pour en former d'autres. Les caractères sont certaines classes d'émissions ou d'inscriptions ou de marques (j'utiliserai « inscription » pour inclure les émissions, et « marque » pour inclure les inscriptions ; une inscription est toute marque — visuelle, auditive, etc. — qui appartient à un caractère). Or un caractère dans une notation a pour trait essentiel qu'on peut échanger librement ses membres l'un pour l'autre sans conséquence syntaxique ; ou plus littéralement, puisqu'il est rare qu'on déplace ou échange les marques réelles, que toutes les inscriptions d'un caractère donné sont syntaxiquement équivalentes. En d'autres mots, être des exemples d'un caractère dans une notation doit constituer une condition suffisante pour que des marques soient des « copies vraies » ou des « répliques » [3] l'une de l'autre, ou soient orthographiées de la même manière. Et une copie vraie d'une copie vraie d'(...) une copie vraie d'une inscription x doit toujours être une copie vraie de x. Car si la relation : être une copie vraie n'est pas transitive, on met en échec le but fondamental d'une notation. On perd la séparation requise entre caractères — et donc entre partitions — dans tous les cas où on ne préserve pas l'identité dans toute chaîne de copies vraies.

Une condition nécessaire pour une notation est donc l'*indifférence-de-caractère** entre les exemples de chaque caractère. Deux marques sont indifférentes-de-caractère si chacune est une inscription (c'est-à-dire appartient à un

(*) « *character-indifference* ». En langage plus formalisé, l'indifférence-de-caractère pourrait être symbolisée (par exemple) par la « C-indifférence ». (N.d.T.)

caractère déterminé) et qu'aucune des deux n'appartient à un caractère auquel l'autre n'appartient pas. L'indifférence-de-caractère est une relation d'équivalence typique : réflexive, symétrique et transitive. Un caractère dans une notation est une classe qui comprend au plus des inscriptions indifférentes-de-caractère ; c'est-à-dire une classe de marques qui sont telles que tout couple de marques soit indifférent-de-caractère et telles qu'aucune marque à l'extérieur de la classe ne soit indifférente-de-caractère avec tout membre de celle-ci. En résumé, un caractère dans une notation est une classe d'abstraction [4] de l'indifférence-de-caractère entre inscriptions. Il en résulte qu'aucune marque ne peut appartenir à plus d'un caractère.

Que les caractères doivent donc être *disjoints* peut ne pas sembler très important ou frappant ; mais c'est un trait absolument essentiel et, je pense, assez remarquable, des notations. Il est essentiel pour des raisons déjà expliquées. Supposez, par exemple, qu'une certaine marque (figure 3)

figure 3

appartienne à la fois à la première et à la quatrième lettre de l'alphabet. Alors ou bien tous les « a » et tous les « d » seront syntaxiquement équivalents eu égard à cette marque, et en conséquence les uns avec les autres, de telle sorte que les deux classes-de-lettres fusionneront en un unique caractère, ou bien autrement le fait d'être co-membres (*joint membership*) d'une classe-de-lettres ne garantira pas l'équivalence syntaxique, de telle sorte que des exemples de la même lettre pourront ne pas être des copies vraies l'une de l'autre. Dans aucun des deux cas, les lettres n'auront qualité de caractères dans une notation.

La disjointure des caractères pourrait aussi surprendre puisque, dans le monde, nous ne disposons pas d'un règne d'inscriptions qu'un tri soigneux a séparées en classes nettes mais, plutôt, d'une collection déroutante de marques qui diffèrent les unes des autres de toutes les manières possibles et à tous les degrés. Imposer un cloisonnement en ensembles disjoints semble une violence délibérée encore qu'indispensable. Et de quelque manière qu'on spécifie les caractères, il y aura presque inévitablement de nombreuses marques pour lesquelles il sera difficile, voire pratiquement impossible, de décider si elles appartiennent ou non à un caractère donné. Plus fine et plus précise sera la différenciation stipulée entre caractères (qu'on suppose par exemple que les caractères sont des classes de tirets différant en longueur d'un millionième de centimètre), plus difficile sera la tâche de déterminer si certaines marques appartiennent à un caractère ou à un autre. Si, d'autre part, il existe de larges zones neutres entre caractères (qu'on suppose, par exemple qu'on ait ces caractères : la classe des tirets entre un et deux centimètres de long, la classe des tirets entre cinq et six centimètres de long, etc.) alors, parmi les marques qui n'appartiennent à aucun caractère, il y en aura certaines qu'il sera excessivement difficile de distinguer de certains exemples d'un caractère quelconque. Il n'existe aucune manière de prévenir cette infiltration aux frontières, aucune manière de garantir qu'une vigilance attentive protégera contre toutes les erreurs lorsqu'on identifiera une marque comme appartenant ou n'appartenant pas à un caractère donné. Mais cette difficulté n'est pas particulière aux notations ; c'est un fait d'expérience qui s'infiltre partout, inéluctablement. Et en aucune façon il n'empêche d'établir un système de classes disjointes de marques ; il rend seulement difficile de déterminer que certaines marques sont membres de telles classes.

À l'évidence quiconque invente une notation s'efforcera de minimiser la probabilité des erreurs. Mais il s'agit d'une préoccupation technologique qui diffère radicalement du réquisit théorique de disjointure. Ce qui distingue une authentique notation n'est pas la facilité avec laquelle on peut faire des jugements corrects mais les conséquences qui en découlent. Le point crucial ici est que, dans une authentique notation, par contraste avec une classification non-disjointe, des marques dont on juge correctement qu'elles sont co-membres d'un caractère seront toujours des copies vraies les unes des autres. La distinction tient même là où des jugements corrects, pour tel schéma non-disjoint, sont relativement aisés à faire, tandis que ceux relevant de telle notation authentique sont si démesurément difficiles qu'ils la rendent inutile.

Cependant on ne peut évacuer plus longtemps la difficulté en la considérant comme purement technologique, lorsqu'elle dépasse l'insurmontabilité dans la pratique et devient une impossibilité de principe. Aussi longtemps que la différenciation entre caractères est finie et aussi minutieuse soit-elle, le fait qu'une marque soit membre d'un caractère dépendra de l'acuité de nos perceptions et de la sensibilité des instruments que nous pouvons concevoir. Mais si la différenciation n'est pas finie, s'il existe deux caractères tels que, pour une certaine marque, aucun test, même théoriquement décisif, ne puisse déterminer si la marque n'appartient pas aux deux caractères à la fois, alors maintenir les caractères séparés est impossible non seulement pratiquement mais théoriquement. Supposez, par exemple, que seuls des tirets soient en cause, et qu'on stipule que des marques qui diffèrent en longueur même de la plus petite fraction de centimètre appartiennent à des caractères différents ; alors quelle que soit la précision avec laquelle on mesure toute marque, il y aura toujours deux caractères (en réalité une infinité), correspondant à des nombres rationnels différents, et tels que la mesure échouera à déterminer si la marque ne leur appartient pas. Pour avoir un schéma notationnel, non seulement il faut préserver l'identité orthographique là où l'erreur est évitée, mais il faut que l'erreur soit au moins théoriquement évitable.

Le second réquisit portant sur un schéma notationnel est donc que les caractères soient *différenciés de manière finie* c'est-à-dire *articulés*. Il se formule ainsi : *Pour tout couple de caractères* K *et* K' *et pour toute marque* m *qui n'appartient pas effectivement aux deux, il est théoriquement possible de déterminer soit que* m *n'appartient pas à* K *soit que* m *n'appartient pas à* K'. « Théoriquement possible » peut s'interpréter de n'importe quelle manière raisonnable ; quelque choix qu'on fasse, toute impossibilité logiquement et mathématiquement fondée (comme dans les exemples donnés ci-dessous) sera bien entendu exclue.

La différenciation finie n'implique pas un nombre fini de caractères pas plus qu'elle n'est impliquée par lui. D'une part, un schéma peut comporter un nombre infini de caractères différenciés de manière finie, comme dans la notation fractionnaire arabe [5]. D'autre part, un schéma peut consister en deux caractères seulement qui ne sont pas différenciés de manière finie — ainsi, par exemple, lorsque toutes les marques de longueur inférieure à un centimètre appartiennent à l'un des caractères, et que toutes les marques plus longues appartiennent à l'autre.

Un schéma est syntaxiquement dense s'il comporte une multitude infinie de caractères ordonnés de telle sorte qu'entre deux quelconques il en existe un troisième. Dans un tel schéma, notre second réquisit est partout violé : on ne peut déterminer qu'une marque appartient à l'un plutôt qu'à une multitude d'autres caractères. Mais comme nous venons de le voir, l'absence de densité ne garantit pas une différenciation finie ; même un schéma totalement discontinu [6] peut être indifférencié d'un bout à l'autre. Et bien sûr un schéma totalement ou partiellement discontinu peut être localement indifférencié ; notre second réquisit se trouve violé partout où il existe ne serait-ce qu'une unique marque qui n'appartient pas à deux caractères et qui est cependant telle qu'il est théoriquement impossible de déterminer qu'elle n'est pas membre de l'un au moins d'entre eux.

Les réquisits syntaxiques de disjointure et de différenciation finie sont clairement indépendants l'un de l'autre. Le premier mais non le second est satisfait par le schéma de classification de tirets qui compte toute différence de longueur, aussi petite soit-elle, comme une différence de caractère. Le second mais non le premier est satisfait par un schéma où toutes les inscriptions sont visiblement différentes mais où un couple de caractères quelqu'il soit a au moins une inscription en commun.

Il ne faudrait pas comprendre que tout ceci suggère que l'indifférence-de-caractère — ou équivalence syntaxique, ou encore le fait d'être une copie vraie, une réplique — entre marques est une quelconque fonction simple de la forme, de la taille, etc. Les classes-de-lettres de notre alphabet, par exemple, sont établies par la tradition et par l'habitude ; les définir serait aussi difficile que de définir des termes aussi ordinaires que « bureau » et « table ». Manifestement, posséder la même forme (ou taille, etc.), n'est ni nécessaire ni suffisant pour que deux marques appartiennent à la même lettre. Tel « a » (figure 4, à gauche) peut ressembler beaucoup moins à un autre « a » (figure 4, au centre) qu'à un « d » (figure 4, à droite) ou à un « o ». De plus, deux marques de forme et

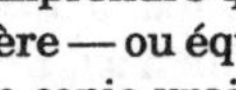

figure 4

de taille identiques peuvent, en raison du contexte, appartenir à des caractères différents (figure 5). Et de fait, il peut

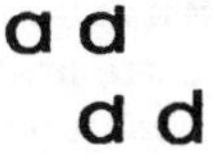

figure 5

même arriver qu'entre deux marques, celle qui, prise isolément, a davantage l'air d'un « a » puisse valoir pour un « d » alors que celle qui a davantage l'air d'un « d » vaut pour un « a » (figure 6).

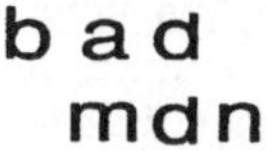

figure 6

Ces cas ne font pas vraiment difficulté ; car aucune de nos deux conditions ne réclame une différence spécifique quelconque entre inscriptions de caractères différents, ni non plus n'interdit de recourir au contexte pour déterminer qu'une marque est membre d'un caractère. Mais qu'en est-il d'une marque qui, de manière équivoque, est interprétable par différentes lettres lorsqu'elle se trouve placée dans des contextes différents à des moments différents ? La disjointure est violée si une marque quelconque appartient à deux caractères différents, que ce soit en même temps ou en des moments différents. Aussi, pour que l'alphabet mérite le statut de notation, on doit choisir comme membres des caractères — c'est-à-dire comme inscriptions de lettres — non pas de telles marques durables mais plutôt des tranches temporelles non équivoques de ces marques [7].

Lorsqu'un schéma symbolique s'impose par l'usage plutôt que par une définition spécifique, c'est l'observation de la pratique qui permet de juger si les réquisits pour une notation sont satisfaits. S'il existe des formulations rivales et également bonnes de cette pratique, il se peut que certaines de ces formulations, mais non pas toutes, satisfassent aux conditions. Mais comment interpréter la seconde condition lorsqu'on l'applique à un schéma traditionnel comme l'alphabet ? Que nous n'ayons pas de procédé explicite pour déterminer si une marque donnée appartient ou non à une lettre donnée ne signifie sûrement pas que la différenciation finie fait défaut. Notre ligne de conduite consiste plutôt à n'admettre aucune marque comme inscription d'une lettre à moins que, ou jusqu'à ce que, nous puissions décider que la marque n'appartient à aucune autre lettre. En réalité, nous imposons la différenciation finie en excluant les cas indécidables ; et la ligne de conduite doit être incorporée à toute spécification appropriée du schéma. Ceci ne marche pas pour tous les schémas ; avec un schéma dense, on aboutirait à éliminer toutes les inscriptions. Mais là où, dans chaque caractère, ce ne sont que certaines marques, et non toutes, pour lesquelles on ne sache décider si elles en sont membres, cette règle de conduite est normale, et on doit la présupposer pour tous les schémas qui ne sont pas fixés par une spécification qui l'écarte ou qui l'exige de manière manifeste.

Nos notations familières — alphabétique, numérique, binaire, télégraphique, et musicale de base — obéissent aux réquisits syntaxiques de disjointure et de différenciation finie, ainsi qu'une large variété d'autres notations descriptibles, dont quelques-unes ont un intérêt purement académique. D'autre part, nous verrons que certains schémas récemment imaginés et dénommés notations ne possèdent pas ce statut notationnel tout simplement parce qu'ils ne satisfont pas à ces exigences minimales. Les deux réquisits ne visent pas à décrire la classe de ce qu'on appelle communément des notations ; ce sont plutôt des conditions qu'il faut remplir si on doit répondre au dessein théorique fondamental d'une partition. Ils nous permettront en conséquence d'établir certaines distinctions critiques entre plusieurs types de schémas symboliques ; mais je reviendrai là-dessus plus tard.

3. LA COMPOSITION DE CARACTÈRES.

Dans la plupart des schémas symboliques, les inscriptions peuvent se combiner de certaines manières pour engendrer d'autres inscriptions. Une inscription est *atomique* si elle ne contient pas d'autre inscription ; autrement elle est *composée*. Lorsqu'un schéma n'est pas nouvellement prescrit et qu'il existe déjà, prêt à être décrit, nous disposons d'une certaine latitude dans ce que nous prenons comme atomes et dans la manière de formuler la règle de combinaison. Quelquefois, l'analyse la plus heureuse s'offre d'elle-même avec une facile évidence ; dans la notation alphabétique usuelle, par exemple, il y a avantage à prendre comme atomiques les inscriptions-lettres (incluant les blancs ou espaces séparant les suites de lettres), et les séquence formées à partir de celles-ci — qui vont des inscriptions de deux lettres jusqu'aux discours entiers — comme composées. D'autre part, pour la notation musicale ordinaire, l'analyse en inscriptions atomiques et modes de combinaison est plus complexe, et se montre moins immédiatement. Le traitement le plus pratique ici réclame qu'on classe des atomes en catégories (signes-de-note, signes-de-clef, signes-de-durée, etc.) et que les règles ne fassent pas seulement référence à ces catégories mais rendent possible une combinaison selon deux dimensions. Un cas intermédiaire pourrait être un schéma dans lequel le seul mode de combinaison est la concaténation linéaire d'inscriptions atomiques d'une catégorie mais où certaines séquences ne sont pas admises comme inscriptions dans le schéma — disons pour des raisons de longueur ou parce qu'on rejette tel type de juxtaposition. En français, par exemple, il s'en faut que toutes les suites de lettres soient des mots. Mais il ne faut pas confondre une telle exclusion de certaines combinaisons avec le fait de les admettre sans leur donner d'application — question sémantique que j'aborderai bientôt.

Il est pratiquement exclu que dans un schéma réalisable toute somme d'inscriptions soit une inscription. Les inscriptions composantes doivent avoir les unes envers les autres le rapport prescrit par les règles de combinaison qui les gouvernent. Ainsi même là où une concaténation sans restriction est autorisée, une somme d'inscriptions dispersées ne constitue pas en général une inscription.

Un *caractère* est atomique ou composé selon que ses exemples sont atomiques ou composés. Les réquisits pour une notation s'appliquent aux caractères composés aussi bien qu'aux caractères atomiques. Le caractère « jup » et le caractère « j » doivent être disjoints même si l'un contient l'autre. Le paradoxe n'est ici que superficiel. Aucune inscription d'un des caractères ne peut être une inscription de l'autre (et, de fait, aucun « jup » n'est un « j », et aucun « j » n'est un « jup ») ; mais les inscriptions d'un caractère peuvent faire partie des inscriptions d'un autre (ainsi tout « jup » possède un « j » en tant que partie), ou bien les chevaucher

Æ

figure 7

de manière autre. Même des inscriptions de caractères *atomiques* différents peuvent avoir des parties communes tant qu'aucune partie de cette nature n'est une inscription dans le schéma ; c'est-à-dire que les inscriptions atomiques n'ont besoin d'être discrètes que relativement à la notation en question : ainsi le « a » et le « e » dans la figure 7 sont atomiques et discrets dans un schéma qui ne reconnaît aucune partie propre de l'un ou de l'autre en tant qu'inscription [8].

Dire qu'un caractère se compose d'autres caractères est une manière abrégée de dire que chaque membre du caractère se compose d'inscriptions de certains autres caractères. À l'occasion, toutefois, un énoncé complet et explicite peut se révéler payant. Le caractère « add » est maladroitement décrit comme consistant dans le caractère « a » suivi du caractère « d » « pris deux fois » — ou du caractère « d » suivi par lui-même. Il se trouve mieux décrit comme la classe des inscriptions dont chacune consiste en un(e inscription-de) « a » suivi par un « d » suivi par un autre « d ».

4. LA CONCORDANCE.

Un système symbolique consiste en un schéma symbolique mis en corrélation avec un domaine de référence. Bien que nous ayons vu (chapitre II) qu'un symbole peut ou non dénoter ce à quoi il fait référence, je m'occupe dans ce chapitre de dénotation plutôt que d'exemplification. Mais « dénotation » est à prendre de manière sensiblement plus large qu'on ne fait d'ordinaire, pour couvrir un système où des partitions sont en corrélation avec des exécutions qui concordent avec elles, ou des mots avec leurs prononciations, aussi bien qu'un système où des mots sont en corrélation avec ce à quoi ils s'appliquent ou qu'ils nomment. En partie afin de ne pas perdre cela de vue, j'utiliserai « concorde avec » comme interchangeable avec « est dénoté par », « a comme concordant » comme interchangeable avec « dénote » et « classe-de-concordance » comme interchangeable avec « extension » [9]. La concordance ne requiert aucune conformité spéciale ; tout ce qui est dénoté par un symbole concorde avec lui. La concordance, fondamentalement, concerne une inscription. Dans un système donné, de nombreuses choses peuvent concorder avec une seule inscription, et la classe de ces choses constitue la classe-de-concordance de l'inscription dans ce système. Normalement la classe-de-concordance ne concorde évidemment pas elle-même avec l'inscription ; ce sont ses membres qui sont des concordants. Une inscription qui a des classes comme concordants, a pour classe-de-concordance une classe de classes.

On peut donner des illustrations commodes de certains termes et distinctions techniques empruntéesà ce que j'appellerai pour faire court le *français-son,* où la notation alphabétique française ordinaire est en corrélation avec des événements-sons conformément à la pratique usuelle de la prononciation, et à ce que j'appellerai le *français-objet,* où la corrélation se fait plutôt avec des objets (incluant des événements, etc.) conformément à la pratique usuelle de l'application. Les illustrations dépendront, bien sûr, de certaines décisions arbitraires, tacites mais obvies, concernant la pratique usuelle, avec de temps à autre quelques simplifications [10].

Certaines inscriptions, même atomiques, peuvent n'avoir pas de concordants ; en français-objet, ni un « ktn » ni un « k » n'ont de concordant. Non seulement il peut arriver que des inscriptions composées soient les unités minimales à avoir des concordants, mais une inscription composée d'inscriptions qui ont des concordants peut avoir ou peut ne pas avoir de concordants ; en français-objet, bien que « cheval » et « vert » aient des concordants, « cheval vert » n'en a pas. On peut appeler *vacantes* des inscriptions sans concordants. La vacance peut résulter soit de ce qu'on n'a pas assigné de concordant à un caractère, soit de ce qu'il n'existe pas de concordants tels que ceux demandés, soit d'une stipulation explicite que le caractère n'a aucun concordant. Une inscription vacante appartient au schéma symbolique de façon aussi réelle que n'importe quelle autre, et peut tenir une aussi grande place ; son déficit est sémantique, non syntaxique. Un objet qui ne concorde avec aucune inscription n'est pas étiqueté dans le système.

Normalement la corrélation d'un schéma avec un domaine de référence ne concerne pas simplement la corrélation particulière des inscriptions avec des objets mais également la corrélation des modes de combinaison-inscription avec les rapports des objets entre eux. Par exemple, la succession gauche-droite des inscriptions-lettres en français-son est en corrélation avec la succession temporelle des sons. Même là où à la fois une inscription composée et des composants d'elle-même ont des concordants, les concordants du composé peuvent ou non être constitués convenablement (voire constitués tout court) de concordants des composants ; en français-son, par exemple, un concordant d'un « ch » n'est pas une séquence d'un concordant d'un « c » et d'un concordant d'un « h ». Là où chaque concordant d'une inscription composée est un tout formé de concordants d'inscriptions composantes, et que ces concordants de composants se trouvent dans la relation exigée par la corrélation en question entre modes de combinaison-inscription et certains rapports entre objets, l'inscription totale est *composite*. Toute autre inscription non-vacante est *première*.

Toutes les inscriptions composites sont composées, mais il n'est pas vrai que toutes les inscriptions composées (même non-vacantes) soient composites. Inversement, toutes les inscriptions atomiques non-vacantes sont premières, mais il n'est pas vrai que toutes les inscriptions premières soient atomiques. « Composite » est le pendant sémantique du terme syntaxique « composé », mais le terme sémantique « premier » n'est que partiellement parallèle au terme syntaxique « atomique » ; en effet aucune partie propre d'une inscription atomique n'est une inscription, alors que des parties d'une inscription première peuvent avoir des concordants. Ce qui rend l'inscription première est que des concordants de ses parties, combinés de la manière spécifiée, ne forment pas un concordant du tout.

La présentation tabulaire de la figure 8 rendra peut-être un peu plus maniable cette profusion de terminologie et de technicité.

<table>
<tr><td colspan="2"></td><td colspan="3">CLASSIFICATION SYNTAXIQUE</td></tr>
<tr><td colspan="2"></td><td colspan="2">Inscriptions</td><td rowspan="2">Autres marques</td></tr>
<tr><td colspan="2"></td><td>Atomiques</td><td>Composées</td></tr>
<tr><td rowspan="3">CLASSIFICATION SÉMANTIQUE</td><td>Vacantes</td><td>exemple :
un "k" en
français-objet</td><td>exemple : un
"ktn" (aussi
un "cercle
carré") en
français-objet</td><td rowspan="3">Cela inclut les séquences mal formées, les fragments d'inscriptions, et toutes les autres marques n'appartenant pas à quelque caractère que ce soit.</td></tr>
<tr><td>Premières</td><td>exemple :
un "o" en
français-son</td><td>exemple :
un "ch" en
français-son</td></tr>
<tr><td>Composites</td><td></td><td>exemple :
un "fi" en
français-son*</td></tr>
</table>

figure 8

(*) Je transpose, afin de donner un correspondant de l'interjection anglaise « bo » (qui serait première en français-son). (N.d.T.)

Une marque qui est sans équivoque une inscription d'un caractère unique est néanmoins *ambiguë* si elle a des concordants différents à des moments différents ou dans des contextes différents, que cette pluralité de domaines résulte d'emplois littéraux différents ou bien d'emplois littéraux et métaphoriques. Il serait évidemment plus strict de dire, là où il y a variation dans le temps, que différentes tranches temporelles de la marque ont des classes-de-concordance différentes ; et là où il y a variation selon des contextes simultanés, que la marque est sémantiquement rapportée de manières différentes à deux inscriptions, ou davantage, qui la contiennent [11].

Un caractère est ambigu si est ambiguë l'une de ses inscriptions ; mais même si toute inscription d'un caractère est dénuée d'ambiguïté, le caractère reste ambigu à moins que toutes ses inscriptions n'aient la même classe-de-concordance. Un caractère non-ambigu est vacant, premier ou composite selon que ses inscriptions le sont elles-mêmes ; et on peut considérer la classe-de-concordance commune de ses inscriptions comme classe-de-concordance du caractère. De fait, puisque les inscriptions d'un caractère non-ambigu sont alors équivalentes sémantiquement aussi bien que syntaxiquement, on peut parler communément du caractère et de sa classe-de-concordance sans s'embarrasser de distinctions entre ses divers exemples.

Mais puisque deux inscriptions d'un caractère ambigu peuvent avoir des classes-de-concordance différentes, l'équivalence syntaxique n'implique l'équivalence sémantique que dans des systèmes non-ambigus. Ni dans des systèmes ambigus, ni dans des systèmes non-ambigus, l'équivalence sémantique n'implique d'équivalence syntaxique. Il se peut que des inscriptions ayant la même classe-de-concordance appartiennent à des caractères différents, et que des caractères non-ambigus différents aient la même classe-de-concordance. Le fait d'être syntaxiquement distinct n'est pas dissous par l'équivalence sémantique.

5. RÉQUISITS SÉMANTIQUES.

Le premier réquisit sémantique pour des systèmes notationnels est qu'ils soient *non-ambigus* ; car il est évident qu'on ne peut garantir le dessein fondamental d'un système notationnel que si le rapport de concordance est invariant [12]. Toute *inscription* ambiguë est à exclure puisqu'elle entraînera des décisions conflictuelles lorsqu'il s'agira de savoir si quelque objet concorde avec elle. Tout *caractère* ambigu est à exclure, même si ses inscriptions sont toutes non-ambiguës ; car, puisque différentes inscriptions de ce caractère auront des concordants différents, certaines inscriptions qui comptent comme des copies vraies l'une de l'autre auront des classes-de-concordance différentes. Dans l'un et l'autre cas, on ne préservera pas l'identité de l'œuvre dans toute la chaîne de pas qui vont de l'exécution à la partition qui la couvre et de la partition à l'exécution concordante.

Deux réquisits sémantiques supplémentaires pour les systèmes notationnels viennent en parallèle des réquisits syntaxiques mais n'en découlent pas.

Même lorsque tous les caractères d'un système symbolique sont des classes disjointes d'inscriptions non-ambiguës, et que toutes les inscriptions d'un des caractères quels qu'ils soient ont la même classe-de-concordance, des classes-de-concordance différentes peuvent avoir une intersection non vide. *Mais dans un système notationnel, les classes-de-concordance doivent être disjointes*. Car s'il existe une intersection de deux classes-de-concordance différentes, il se trouvera une inscription qui aura deux concordants dont l'un appartiendra à une classe-de-concordance à laquelle l'autre n'appartiendra pas ; et une chaîne de pas allant d'un concordant à une inscription et à un concordant conduira donc d'un membre d'une des classes-de-concordance à quelque chose d'extérieur à cette classe. Par exemple, dans

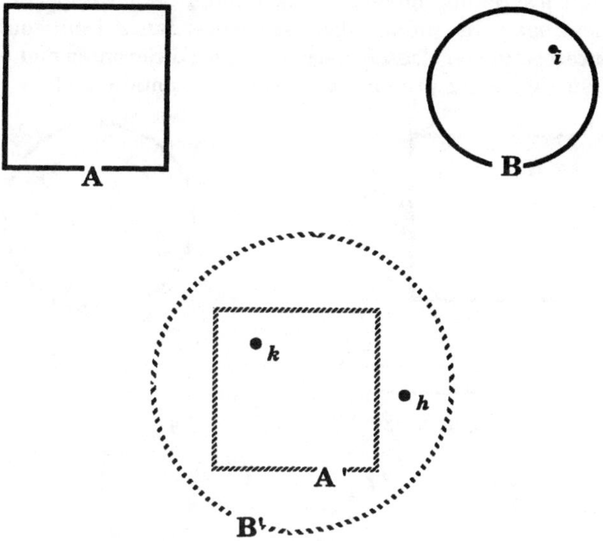

figure 9

la figure 9, si *A* et *B* désignent des caractères, *A'* et *B'* leurs classes-de-concordance, et que *A'* soit inclus dans *B'*, alors *k* dans *A'* est aussi dans *B'* et concorde avec l'inscription *i*, laquelle à son tour a pour concordant *h* qui n'est pas dans *A'*. Lorsqu'aucune de deux classes-de-concordance qui s'intersectent n'est contenue dans l'autre, une chaîne de pas allant d'un concordant à une inscription et à un concordant et à une inscription et à un concordant peut relier deux objets qui n'appartiennent même pas à une unique classe-de-concordance. Par exemple, dans la figure 10, *h* concorde avec *i* qui, à son tour, a pour concordant *k* ; *k* concorde avec *j*, qui a *m* comme autre concordant. Mais *h* et *m* n'appartiennent pas à une unique classe-de-concordance. Donc toute intersection de classes-de-concordance différentes met en échec le dessein primordial d'un système notationnel.

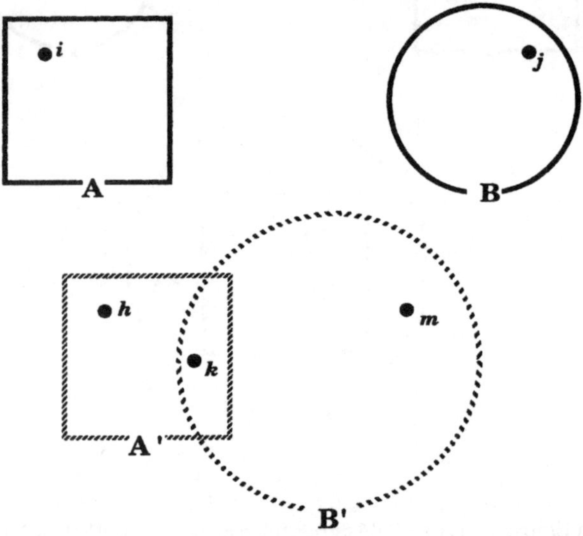

figure 10

Faut-il, en outre, que des caractères différents aient des classes-de-concordance différentes ? Autrement dit, un système doit-il être exempt de redondance ? Dans un système redondant, il se trouvera une inscription qui aura un concordant qui concorde également avec une seconde inscription qui n'est pas une copie vraie de la première [13]. En conséquence, s'il est vrai que, dans toute chaîne de pas permis, tout concordant appartient à la même classe-de-concordance, il s'en faudra que dans toute chaîne de ce type toute inscription appartienne au même caractère. En toute rigueur, la redondance est donc à proscrire. Cependant tant que la préservation de l'identité de caractère (par exemple d'une copie de la partition à une autre copie) est inséparable de la préservation de l'identité de classe-de-concordance (par exemple d'une exécution de l'œuvre musicale à une autre exécution), la redondance est inoffensive. On peut d'ailleurs facilement supprimer la redondance dans un système en écartant tous les termes de tout ensemble de termes coextensifs à l'exception d'un seul. En tout cas il n'est pas besoin de faire de l'absence de redondance un réquisit distinct. Nous pouvons considérer que le *réquisit de disjointure* stipule qu'*aucun couple de caractère n'a quelque concordant que ce soit en commun* ; de sorte que, non seulement deux classes-de-concordance différentes, quelles qu'elles soient, doivent, dans un système notationnel, être disjointes, mais deux caractères, quels qu'ils soient, doivent avoir des classes-de-concordance différentes. Néanmoins, c'est souvent une moindre transgression pour deux caractères que d'avoir tous leurs concordants communs au lieu de quelques-uns seulement.

Bien que dans un système purement notationnel chaque caractère doive être sémantiquement tout à fait distinct d'un autre caractère, des concordants de l'un des caractères peuvent être des parties ou chevaucher en propre des concordants d'un autre caractère. La disjointure sémantique des caractères n'implique pas plus la structure discrète des concordants que la disjointure syntaxique des caractères n'implique la structure discrète des inscriptions. « État aux USA » et « comté aux USA », qui s'appliquent à certaines régions géographiques, sont sémantiquement disjoints bien que tout concordant de l'un contienne plusieurs concordants de l'autre.

Le réquisit de disjointure sémantique élimine la plupart des langages ordinaires, même si nous les supposons affranchis d'ambiguïté. Car mesurez l'importance de ce qu'il interdit. Un système notationnel ne peut contenir aucune paire de termes qui s'intersectent sémantiquement, comme « docteur » et « Anglais » ; et si le système contient le terme « homme », par exemple, il ne peut contenir le terme plus spécifique « Anglais » ou le terme plus général « animal ». Les caractères d'un système notationnel sont sémantiquement soumis à une ségrégation.

Le dernier réquisit pour un système notationnel est la *différenciation sémantique finie* ; c'est-à-dire que, *pour tout couple de caractères* K *et* K' *tels que leurs classes-de-concordance ne sont pas identiques, et pour tout objet* h *qui ne concorde pas avec les deux, il doit être théoriquement possible de déterminer ou bien que* h *ne concorde pas avec* K, *ou bien que* h *ne concorde pas avec* K'. Cette condition rétrécit encore de manière appréciable la classe des systèmes qu'on peut qualifier de notationnels. Considérez, par exemple, un système de nombres fractionnaires arabes entièrement réduits qui prennent pour concordants des objets physiques en proportion de leurs poids en fractions d'un kilo. Les réquisits syntaxiques de disjointure et de différenciation finie et les réquisits sémantiques de non-ambiguïté et de disjointure sont ici satisfaits ; mais puisqu'aucune limite n'est fixée pour une différence de poids significative, de nombreux caractères seront tels que pas même la mesure la plus fine puisse attester qu'un objet ne concorde pas avec chacun d'entre eux. Donc le système n'est pas notationnel.

Le système particulier qu'on vient de décrire est sémantiquement dense (puisqu'il comporte un nombre infini de caractères avec des classes-de-concordance ordonnées de telle sorte qu'entre deux quelconques il y en a une troisième) et viole donc partout la cinquième condition. Mais la condition peut également être partout violée dans certains systèmes sémantiquement discontinus d'un bout à l'autre — à savoir des systèmes qui ne sont nulle part sémantiquement denses. Dans d'autres systèmes qui sont sémantiquement discontinus, complètement ou partiellement, la violation peut être locale plutôt que diffuse. Un système dans lequel chaque fraction arabe réduite prend pour concordants tous les objets et seulement les objets dont le poids indiqué est identique au diamant Cullinan (si bien que le domaine de référence ne consiste qu'en un seul et unique objet) n'est pas encore sémantiquement différencié [14]. Si un système contient deux caractères « a » et « b », et si tous les objets pesant un kilo ou moins concordent avec « a » alors que tous les objets pesant davantage concordent avec « b », ce système — quels que soient les autres caractères et classes-de-référence qu'il puisse embrasser — manque de différenciation sémantique et la notationalité lui fait défaut.

6. LES NOTATIONS.

Les cinq réquisits énoncés pour un système notationnel sont tous négatifs et généraux, et ils peuvent être satisfaits par des systèmes à caractères vides ou même sans caractères. Ces réquisits sont conçus pour écarter des difficultés autrement inévitables, non pas pour assurer un vocabulaire ou une grammaire adéquats à une matière donnée. Ils ressemblent quelque peu au code du bâtiment qui légifère contre les vices de construction sans prescrire les réajustements dont ont besoin les familles particulières.

Bon nombre d'autres traits dont on pourrait penser qu'ils sont essentiels ne sont pas non plus couverts. Il n'a été imposé aucun réquisit fixant un ensemble maniablement petit, voire fini, de caractères atomiques, ni aucun réquisit de clarté, de lisibilité, de longévité, de manœuvrabilité, de simplicité d'écriture ou de lecture, de suggestibilité graphique, d'efficace mnémonique, ou de facilité de reproduction ou d'exécution. Il se peut que ces propriétés soient hautement désirables, et même à quelque degré nécessaires à toute notation praticable, et que l'étude de telles modalités techniques se révèle fascinante et profitable. Mais tout cela n'a pas grand-chose à voir avec la fonction théorétique fondamentale des systèmes notationnels.

J'ai constamment mis l'accent sur l'aspect nominatif ou prédicatif des symboles, non pas sur leur force affirmative, impérative ou interrogative, et j'ai considéré les caractères davantage comme des prédicats ou des étiquettes que comme des phrases. Ceci est naturel dans le présent contexte ; car dans les systèmes notationnels, il est rare que le mode grammatical d'un caractère ait de l'importance. En français-son, par exemple, une suite de lettres peut signifier une séquence déterminée de sons ; mais il serait superflu d'ajouter que la suite déclare que telle séquence contient une occurrence de tels sons, ou commande qu'elle devrait la contenir. Nul ne cherche à savoir si la suite de lettres est vraie ou fausse, et nul ne lui répond « Oui, monsieur ! » ou « Non, je n'en ferai rien ». À première vue, on pourrait conjecturer que l'absence de mode grammatical est un trait distinctif des systèmes notationnels ; mais en réalité ce n'est pas le cas. Supposez, par exemple, qu'on ait ajouté des opérateurs à un système notationnel de sorte que, par exemple : si « vo » représente un son-v suivi par un son-o, « †vo » affirme qu'un son-v est suivi par un son-o, « !vo » ordonne qu'un son-v soit suivi par un son-o, et « ?vo » demande si un son-v est suivi par un son-o. Le système ne cesse pas pour autant d'être notationnel. Inversement, le français-objet privé des phrases et restreint aux membres de phrases, ne devient pas par là notationnel. Le point décisif est que tout comme le temps reste étranger aux langages pour autant qu'ils sont logiques, le mode leur reste étranger pour autant qu'ils sont notationnels. La simple absence ou présence du temps ne rend pas un système logique ou illogique ; et la simple absence ou présence du mode ne rend pas un système notationnel ou non-notationnel.

J'ai encore simplifié davantage en faisant habituellement comme si les seuls prédicats concernés étaient des prédicats d'individus, à une place. Pour couvrir les cas où on doit prendre en compte soit des prédicats à plusieurs places, soit des prédicats de classes, sans altérer l'énoncé d'aucun de nos cinq réquisits, il n'y a rien de plus à faire qu'à ajouter les séquences et les classes aux individus parmi les « objets » qui peuvent être des concordants de caractère [15].

En résumé, les propriétés qu'on exige d'un système notationnel sont la non-ambiguïté, la disjointure et la différenciation syntaxiques et sémantiques. Il ne s'agit en aucune façon de simples recommandations pour rendre une notation bonne et utile mais ce sont les traits qui distinguent les systèmes notationnels — bons ou mauvais — des systèmes non-notationnels. Elles dérivent toutes du dessein primordial qu'une partition doit viser ; et toutes sont catégoriquement requises pour un système notationnel, aussi théorique soit-il. Un système est donc notationnel si et seulement si tous les objets qui concordent avec des inscriptions d'un caractère donné appartiennent à la même classe-de-concordance et si nous pouvons théoriquement déterminer que chaque marque appartient à, et que chaque objet concorde avec, les inscriptions d'au plus un caractère particulier.

Les cinq conditions sont mutuellement indépendantes au sens logique habituel où la satisfaction ou la violation de l'une ou de plusieurs d'entre elles n'implique pas la satisfaction ou la violation d'une autre. Bien que les conditions aient été établies en vue de définir les systèmes notationnels, d'autres types importants de systèmes symboliques se distinguent par le fait qu'ils violent certaines combinaisons de ces conditions.

Compliquée, abstraite, et éprouvante par sa technicité, l'étude menée dans les pages précédentes de ce chapitre nous a donc fourni un moyen d'analyser, de comparer et de mettre en contraste significatif les systèmes variés de symbolisation utilisés dans les arts, la science, et dans la vie en général. Avant de retourner aux questions spécifiques concernant le symbolisme dans les arts, je veux considérer quelques systèmes empruntés à d'autres domaines.

7. HORLOGES ET COMPTEURS.

Supposez que nous ayons une jauge de pression toute simple, avec une face circulaire et une unique aiguille qui se déplace sans à-coups dans le sens des aiguilles d'une montre à mesure que la pression augmente. S'il n'y a pas de chiffres ou d'autres marques sur la face, et si toute différence dans la position de l'aiguille constitue une différence de caractère, l'instrument n'utilise pas de notation en nous rapportant la pression. Le réquisit de différenciation syntaxique n'est pas satisfait ; car nous ne pouvons jamais déterminer la position de l'aiguille avec une précision absolue. Et puisque l'ordination sémantique — des pressions — est également dense, la différenciation sémantique fait tout autant défaut que la syntaxique.

Si le cadran est gradué avec des points, disons en cinquante divisions, est-ce que le schéma symbolique devient notationnel ? Cela dépend de la manière dont la jauge doit être lue. Si c'est la position absolue de l'aiguille sur la face qui compte, les points n'étant utilisés que pour aider à déterminer approximativement cette position, le schéma demeure indifférencié à la fois syntaxiquement et sémantiquement. Un schéma notationnel est bien présent, mais les caractères (les points de graduation) de cette notation ne sont pas les caractères (les positions absolues de l'aiguille) du schéma symbolique de la jauge. Les points appartiennent plutôt à un schéma auxiliaire utile pour situer approximativement où se trouve l'aiguille.

Supposez en revanche que le même cadran soit à lire différemment, chaque point étant pris comme marquant le centre d'une région telle que toute entrée de l'aiguille à l'intérieur de cette région compte pour une inscription du même caractère. Ce schéma sera notationnel pourvu que les cinquante régions choisies soient distinctes et séparées par des intervalles, aussi petits soient-ils. Et le système sera notationnel pourvu que les écarts de pression en corrélation avec les cinquante caractères soient également disjoints et séparés par des intervalles, aussi petits soient-ils.

Ce ne sont pas là des alternatives artificielles. Nous en avons de nombreux exemples concrets devant nous tous les jours. Considérez une montre ordinaire sans trotteuse. L'aiguille des heures ne sert normalement qu'à repérer une des douze divisions de la demi-journée. Elle informe de manière notationnelle. Il en est de même de l'aiguille des minutes si elle ne sert qu'à repérer une des soixante divisions de l'heure ; mais si la distance absolue franchie par l'aiguille des minutes au-delà de la marque précédente est prise comme indiquant le temps absolu écoulé depuis que cette marque a été dépassée, le système symbolique cesse d'être notationnel. Bien sûr, si nous fixons une limite — que ce soit une demi-minute, une seconde, ou moins — à la finesse du jugement à effectuer, le schéma ici aussi peut devenir notationnel. Sur une montre à trotteuse, l'aiguille des minutes est lue notationnellement et la trotteuse peut être lue de l'une ou de l'autre façon.

Mais supposez maintenant que le domaine de référence soit d'un genre tout à fait différent, et que nos instruments rendent compte non pas de la pression ou du temps, mais du nombre de pièces qu'on laisse tomber dans une tirelire qui a une capacité totale de cinquante pièces. Si le compte est indiqué par un chiffre arabe affiché dans une ouverture, le système est clairement notationnel. Mais qu'en est-il si l'indicateur est plutôt une aiguille comme sur nos jauges de pression ? Si l'on prend comme caractère toute position sur la circonférence, que le cadran soit ou non gradué, le système — comme dans le cas des premières jauges de pression décrites ci-dessus — sera indifférencié sémantiquement aussi bien que syntaxiquement. Pouvoir pleinement distinguer les éléments dans le domaine de référence ne garantit pas de ce seul fait une différenciation sémantique ; en réalité, s'il n'y a qu'un seul objet et s'il est théoriquement impossible de déterminer avec lequel de deux caractères il concorde, la différenciation sémantique fait défaut. Entre parenthèses, le compteur ainsi lu sera de plus hautement inefficace ; car nous ne pouvons jamais dire à partir de lui combien de pièces exactement ont été déposées, et si chaque nombre de pièces n'est en corrélation qu'avec un seul caractère, les caractères atomiques vacants seront infiniment nombreux. Si nous prenons les nombreuses positions à l'intérieur d'une région donnée comme différents caractères en corrélation avec le même nombre de pièces, alors le système est redondant et ainsi manque tout autant de disjointure sémantique. Toutefois, si le compteur à face graduée est lu de telle sorte qu'il y ait exactement cinquante caractères différenciés et disjoints syntaxiquement, et que chacun soit en corrélation avec un nombre différent de pièces, le système sera notationnel.

8. MACHINES ANALOGIQUES ET DIGITALES.

La jauge de pression décrite pour commencer est un exemple pur et élémentaire de ce qu'on appelle un ordinateur analogique. Le compteur de pièces affichant des chiffres est un exemple simple de ce qu'on appelle un ordinateur digital ; et une montre ordinaire, lue de la manière la plus usuelle, combine ordinateurs analogique et digital. Mais la différence entre machines ou systèmes analogiques et digitaux est plus facile à illustrer qu'à définir, et on se méprend sur certaines notions courantes la concernant. En fait, un système digital n'a rien à voir spécialement avec des chiffres*, ou un système analogique avec l'analogie. Les caractères d'un système digital peuvent avoir n'importe quel type d'objets ou d'événements pour inscriptions ; et les concordants dans un système analogique peuvent être aussi éloignés et différents des caractères que nous le souhaitons. Si la corrélation bi-univoque entre caractères et classes-de-concordance rend un système analogique, alors les systèmes digitaux ont aussi qualité de systèmes analogiques. Puisqu'il est peu probable qu'on doive écarter les termes traditionnels mais trompeurs d'« analogique » et de « digital », ce qu'il y a peut-être de mieux à faire est d'essayer de les dissocier de l'analogie et des chiffres, ainsi que d'un flot de discours vague,

(*) « *digital* » vient en effet de « *digit* » (chiffre). En français, on utilise de plus en plus fréquemment le terme « numérique » qui manifeste une étymologie comparable. (N.d.T.)

et de les distinguer en termes de densité et de différenciation — encore que ce ne soient pas là des opposés.

Un *schéma* symbolique est analogique s'il est syntaxiquement dense ; un *système* est analogique s'il est syntaxiquement et sémantiquement dense. Les systèmes analogiques sont donc à la fois syntaxiquement et sémantiquement indifférenciés au dernier degré : pour tout caractère, il en existe une infinité d'autres tels que, pour une marque donnée, il ne nous soit pas possible de déterminer si la marque n'appartient pas à tous, et tels que, pour un objet, il ne nous soit pas possible de déterminer si l'objet ne concorde pas avec tous. Un système de cette sorte est à l'évidence l'antithèse même d'un système notationnel. Mais alors que la densité implique une absence totale de différenciation, elle n'est pas impliquée par elle ; et un système est analogique seulement s'il est dense.

Un schéma digital, par contraste, est discontinu d'un bout à l'autre ; et dans un système digital les caractères d'un tel schéma sont en corrélation bi-univoque avec les classes-de-concordance d'un ensemble semblablement discontinu. Mais bien que la discontinuité soit impliquée par la différenciation, elle ne l'implique pas ; car comme nous l'avons vu, un système qui n'a que deux caractères peut être totalement indifférencié, syntaxiquement et sémantiquement. Pour être digital un système doit être non pas simplement discontinu, mais totalement *différencié,* syntaxiquement et sémantiquement. Si, comme nous le supposons pour les systèmes dont nous discutons maintenant, il est également non-ambigu et disjoint syntaxiquement et sémantiquement, il sera en conséquence notationnel.

On dit parfois que les ordinateurs digitaux sont capables d'une précision absolue tandis que les ordinateurs analogiques ne peuvent atteindre au mieux qu'une bonne approximation [16]. Ceci n'est vrai que dans la mesure où la tâche de l'ordinateur digital est de compter tandis que celle de l'ordinateur analogique est d'enregistrer une position absolue sur un continuum. Les vertus réelles des instruments digitaux sont celles des systèmes notationnels : caractère défini et répétabilité des lectures. Les instruments analogiques peuvent offrir une sensibilité et une flexibilité plus grandes. Avec un instrument analogique nous ne sommes pas entravés par une limite inférieure arbitraire de discrimination ; la seule limite pour la finesse de nos lectures est la limite (variable) de la précision avec laquelle nous pouvons déterminer, disons, la position d'une aiguille. Cependant, une fois qu'a été fixée la précision maximale de discrimination requise, nous pouvons construire un instrument digital (si tant est qu'un instrument soit dans ce cas concevable) qui fournira des lectures au degré de précision voulue. Lorsqu'il est question de jauger ou de mesurer, on peut penser que l'instrument analogique a essentiellement un rôle exploratoire, avant qu'on ait fixé des unités de mesure ; puis un instrument digital convenablement conçu prend la relève.

Si seuls des systèmes complètement denses sont analogiques, et si seuls des systèmes complètement différenciés sont digitaux, de nombreux systèmes ne sont ni d'un type ni de l'autre. Certains de ceux-ci sont différenciés soit syntaxiquement, soit sémantiquement, mais non les deux ; et certains, bien qu'à la fois syntaxiquement et sémantiquement indifférenciés, ne sont pas cependant à la fois syntaxiquement et sémantiquement denses. Lorsqu'un système est dense syntaxiquement mais non sémantiquement, comme l'était notre compteur avec un cadran sans marques, le résultat est généralement, mais non inévitablement (voir VI, note 7), soit un grand gaspillage, soit une forte redondance : ou bien de nombreux caractères restent vacants, ou bien d'énormes ensembles de caractères sont coextensifs. Lorsqu'un système est dense sémantiquement mais non syntaxiquement, le résultat peut être l'inadéquation ou l'ambiguïté : ou bien certaines classes-de-concordance qui nous intéressent sont laissées sans nom, ou bien nombre d'entre elles partagent le même nom. Quoiqu'il en soit, ce genre de systèmes bâtards ne survivent pas longtemps dans la pratique calculatoire ; car on recherche la correspondance entre les propriétés syntaxiques et sémantiques qui soit appropriée aux systèmes analogique et digital. Si le contenu se trouve préalablement atomisé, nous tendons à adopter un schéma symbolique articulé et un système digital. Ou bien, si nous sommes enclins à appliquer un schéma symbolique articulé utilisable sur un domaine auparavant indifférencié, nous essayons de pourvoir les symboles de classes-de-concordance différenciées en divisant, combinant, ou effaçant ; nous tendons à négliger les quantités fractionnaires non enregistrées par notre appareil de mesure, et à tenir les plus petites unités qu'il discerne pour les unités atomiques de ce qui est mesuré. Si une structuration antérieure résistait péremptoirement à une telle chirurgie, nous pourrions laisser de côté notre schéma symbolique articulé et nous tourner vers un système analogique. Ici comme ailleurs, le développement et l'application de systèmes symboliques est un processus dynamique d'analyse et d'organisation, et les tensions qui surviennent peuvent se résoudre par un ajustement sur l'un ou l'autre bord du système jusqu'à ce qu'un équilibre soit au moins temporairement établi.

En dehors des applications calculatoires, les systèmes qui ne sont ni analogiques ni digitaux sont communs. Considérez, par exemple, les termes « à mi-chemin entre *a* et *b* », « à mi-chemin entre *a* et le milieu entre *a* et *b* », « à mi-chemin entre *b* et le milieu entre *a* et *b* », « à mi-chemin entre *a* et le milieu entre *a* et le milieu entre *a* et *b* », et ainsi de suite sans limite. Ce système est syntaxiquement différencié mais sémantiquement dense [17] ; ses classes-de-concordance sont les (classes-unité de) points sur un segment de droite. Loin que je l'aie fabriqué pour servir d'illustration, le système fait partie du français courant. Tout dépend ici, bien sûr, des clauses relatives à une composition illimitée de caractères à partir d'autres caractères. Là où, comme avec un ordinateur, il existe une limite à la longueur du message qui peut être produit — par exemple le nombre de décimales, etc. —, aucun système dénué d'ambiguïté qui possède un schéma notationnel ne peut avoir un ensemble dense de classes-de-concordance [18].

9. TRADUCTION INDUCTIVE.

Parmi les multiples manières dont un ordinateur peut traiter des messages, on trouve l'*effacement* et la *supplémentation*. Le premier intervient, par exemple, lorsqu'une courbe est explorée et qu'on y relève les positions de certains points. La seconde intervient lorsqu'on introduit certains points et qu'on engendre une courbe ou d'autres points sur cette courbe, que ce soit par interpolation ou extrapolation. L'effacement est souvent (mais non pas toujours ni exclusivement) impliqué dans la traduction de messages analogiques en messages digitaux, et la supplémentation dans la traduction de messages digitaux en messages analogiques. Le processus de supplémentation illustre certaines fonctions importantes des symboles.

Considérez des machines conçues pour recevoir deux points (ou plus) et en fournir d'autres. Une machine grossière pourrait simplement sélectionner [19] chaque point en faisant tourner une roue ou en lançant un dé. On ne peut dire que les choix se fondent d'une quelconque façon sur les données ; l'évidence empirique* disponible est totalement ignorée. À l'extrême opposé, on pourrait construire une machine qui ne manierait que des lignes droites. N'importe quel couple de points déterminera alors une ligne et donc tous les points à interpoler et extrapoler. Bien loin d'être ignorées, les données imposent à tous les points restants en imposant le choix de la ligne. Si la première machine était à peine plus qu'une roulette, la seconde est une calculatrice simple, telle une machine à additionner.

Considérez maintenant un ordinateur capable de manier des courbes de types variés. Lorsque les données sont compatibles avec plusieurs de ces courbes, comment décidera la machine ? Même si elle recourt maintenant à la loterie ou aux dés, elle diffère radicalement de notre première machine ; car celle-ci, comme la seconde, choisit entre des courbes plutôt qu'entre des points et rejette les courbes incompatibles avec l'évidence empirique. Si on fixe un ordre linéaire de préférence entre les courbes et si on instruit la machine à choisir la courbe restante la plus élevée sur cette échelle, le hasard ne jouera aucun rôle. Ou bien l'échelle peut ne servir qu'à évaluer les chances et alors le choix, bien qu'effectué par la roulette ou le dé, ne sera pas purement aléatoire.

(*) La traduction de « *evidence* » est délicate. Paul Gochet (traduction de J.L. Austin, *Le langage de la perception,* A. Colin, 1971) rappelle opportunément que « *Evidence,* au sens anglais, signifie l'ensemble des données, des indices, des témoignages, concluants ou non, sur lesquels se fonde un jugement de vérité. L'"évidence" est plus factuelle qu'épistémologique, plus physique que mentale » (note p.132 ; voir aussi le chapitre 10 et plus particulièrement les pages 140-141). Un simple terme suffit à différencier deux traditions philosophiques ; afin de prévenir toute ambiguïté, j'adjoins l'épithète « empirique ». (N.d.T.)

Cependant, dans tous les cas, la machine opère indépendamment de ce qui s'est passé avant sauf pour éliminer les courbes qui sont contraires aux données [20].

Une machine plus sophistiquée pourrait faire un plus grand usage du passé. Supposons qu'on ait alimenté une machine en données, fait un choix de courbe, fourni des données additionnelles, fait un nouveau choix en conséquence, et ainsi de suite. On peut regarder les différents choix comme des pas pour traiter un problème unique ayant comme données cumulées toutes celles fournies du début à la fin. On remet maintenant les enregistreurs à zéro, des données sont de nouveau fournies, et la machine commence à travailler sur un nouveau problème. Notre machine présente peut, toutes les fois qu'elle affronte ainsi un nouveau problème, se reporter à ses rencontres avec des problèmes antérieurs. Après élimination des courbes incompatibles avec les données présentes, elle peut découvrir des problèmes antérieurs dont les ensembles de données incluent en propre l'ensemble présent, et procéder à l'annulation de toute courbe qui est en contradiction avec l'un de ces ensembles plus globaux. Elle prend donc en compte non seulement l'évidence empirique immédiate, mais celle des cas passés connexes.

Néanmoins, si la machine peut manier suffisamment de courbes, les éliminations sur la base des données présentes et passées laisseront toujours un large choix d'alternatives — si large en réalité qu'aucune prédiction concernant les points restants n'est exclue [21]. Quel que soit le nombre de valeurs de x pour lesquelles la valeur de y est donnée, il se trouvera toujours, pour toute valeur restante m de x et pour toute valeur n de y, qu'au moins l'une des courbes compatibles avec les données passera par m, n. Et ceci restera vrai quels que soient les ensembles plus complets de données associées à des problèmes passés. Donc moins on circonscrit la machine, plus souvent elle doit consulter une échelle de préférence fixe et impérative ou avoir recours à des procédures aléatoires. La machine érudite doit être ou bien une tête-de-mule, ou bien une tête-de-linotte*.

Les deux fautes se trouvent corrigées dans une machine qui peut acquérir des habitudes. Mais une inertie appropriée est requise pour tirer de l'expérience un profit maximal. Supposez qu'une machine soit conçue de manière à ce que, lorsqu'elle fait un choix quelconque à la suite de son premier choix, elle consulte non seulement les données intéressant les problèmes présents et les problèmes passés apparentés, mais également la liste de ses propres choix passés. Parmi les courbes qui restent après les effacements sur la base de toutes les données, elle choisit, ou au moins donne l'avantage, à celle qui a été utilisée le plus souvent auparavant. Et elle s'en tient à une courbe une fois qu'elle l'a choisie jusqu'à ce qu'elle soit forcée d'en changer du fait de nouvelles données. L'habitude en effet établit ou modifie une évaluation préférentielle ; et il en résulte souvent un choix unique.

Ce que j'ai appelé « les courbes qu'une machine peut manier » constitue l'inventaire des réponses qu'elle peut fournir. Je n'ai fait aucune distinction entre les courbes dont la machine a initialement le contrôle et celles, s'il y en a, qu'elle peut inventer. Il se peut qu'une machine ne pouvant au commencement répondre que par des lignes droites soit capable, lorsqu'on l'alimente avec trois points non colinéaires, d'inventer une nouvelle courbe pour intégrer ces

(*) Il s'agit là d'équivalents pour « *pigheaded* » et « *henheaded* » (idées d'obstination et de légèreté). Au-delà des différences de parcours que révèle la traduction, ces expressions constituent par elles-mêmes de véritables concrétions de métaphores qui jouent sur deux registres principaux : humain-animal, et animé-inanimé. (N.d.T.)

données. Mais on décrirait aussi bien cette machine comme celle qui, parmi toutes les courbes qu'elle peut manier, choisit toujours une ligne droite jusqu'à ce qu'elle soit forcée par les données de faire un choix différent. La question de savoir quelles courbes sont « là au point de départ » et quelles courbes la machine « engendre » est donc remplacée par la question de savoir quelles courbes au juste la machine peut manier et comment elle choisit entre elles.

Toutes ces machines accomplissent une tâche de supplémentation, certaines par simple conjecture, certaines par pur calcul, certaines par un mélange des deux. Certaines ne tiennent aucun compte de l'évidence empirique, certaines au minimum et certaines d'une manière très approfondie et complexe. Celles qui tiennent compte de l'évidence empirique opèrent avec des courbes qui rattachent les points donnés au reste. Certaines machines de ce type peuvent ne manier que très peu de courbes, certaines beaucoup et certaines toutes les courbes possibles dans leur univers. Certaines machines lorsqu'elles sont confrontées à des alternatives ouvertes après toutes les éliminations fondées sur l'évidence empirique, font toujours un choix unique en appliquant une échelle préférentielle. D'autres, auxquelles manque une telle procédure complètement automatique, doivent parfois avoir recours au hasard. Parmi celles-ci, il en est qui ne tiennent pas compte de leurs choix passés et d'autres oui, ce qui a pour effet de former des habitudes qui perpétuent aussi loin que possible les décisions du hasard, une fois qu'elles ont été prises.

Des questions concernant la nature de l'induction s'imposent d'elles-mêmes ici [22]. La supplémentation devient-elle induction lorsqu'on prend en compte l'évidence empirique ? Ou ne le devient-elle qu'à condition que l'évidence empirique laisse parfois des alternatives ouvertes, de sorte qu'une décision doive être prise par d'autres moyens ? Ou bien seulement si, pour prendre une décision de ce genre, on se sert d'une procédure aléatoire ? Il est peut-être plus important de noter les différentes lignes de démarcation significatives que de donner des réponses à ces questions. Quelles sont donc les caractéristiques de l'induction qu'effectuent les êtres humains ? Il est évident que nous pouvons tenir compte de l'évidence empirique de manières subtiles et sophistiquées. Il est non moins évident que nous pouvons manier n'importe quelle courbe (ou hypothèse) possible. Et somme toute nous tendons à persister dans un choix aussi longtemps que l'évidence empirique le permet. Mais pouvons-nous toujours imposer un ordre de préférence décisif entre ces courbes, ou arrive-t-il que nous devions recourir au hasard ?

Notre rapide examen de quelques-unes des manières de réaliser la supplémentation de message nous conduit donc directement au cœur de la controverse commune qui anime la théorie de la connaissance. Plus proche du sujet immédiat de notre recherche présente, cependant, est la mise à jour de certains traits spéciaux du fonctionnement des symboles, non seulement dans l'induction manifeste, mais aussi dans des processus analogues comme la découverte de catégories et la perception de modèles : premièrement, l'évidence empirique n'entre en jeu qu'à travers l'application d'un symbole général (étiquette ou terme ou hypothèse) ayant une extension qui inclut en propre les données ; deuxièmement, les alternatives sont avant tout des symboles généraux qui diffèrent en extension, de préférence à des particuliers isolés ; et troisièmement, les habitudes pertinentes qui font économiser temps et effort ne peuvent se développer que par l'usage de tels symboles. Peut-être tient-on là les véritables marques distinctives du comportement cognitif en général.

10. DIAGRAMMES, CARTES ET MODÈLES.

Qu'ils soient obtenus à la sortie d'un instrument enregistreur, qu'ils servent d'auxiliaires à des textes d'instruction ou de guides opérationnels, on pense souvent aux diagrammes comme à des symboles purement analogiques, et cela en raison de leur aspect imagé et du contraste avec les commentaires mathématiques ou verbaux. Certains diagrammes, dont les dessins industriels à l'échelle, sont de fait analogiques ; mais d'autres, dont les diagrammes d'hydrates de carbone, sont digitaux ; et d'autres encore, comme les cartes routières ordinaires, sont mixtes.

Ce n'est pas la simple présence ou absence de lettres ou de chiffres qui fait la différence. Ce qui importe dans un diagramme, comme avec le cadran d'un instrument, c'est la manière dont on doit le lire. Par exemple, si les chiffres sur un baromètre ou sur un sismographe enregistreur indiquent certains points par où passe la courbe, chaque point sur la courbe n'en est pas moins un caractère qui a sa propre dénotation, et le diagramme est purement analogique ou *graphique*. Mais si la courbe, sur un tableau figurant la production annuelle d'automobiles au long d'une décade, joint simplement tous les points numérotés pour souligner une tendance, les points intermédiaires sur la courbe ne sont pas des caractères du schéma, et le diagramme est purement digital. Il s'en faut donc qu'un diagramme sans caractères alphabétiques ou arithmétiques soit toujours analogique. Par exemple on ne demande à de nombreux diagrammes en topologie que d'avoir le bon nombre de points ou de nœuds reliés par des lignes selon le schéma correct — la taille et la position des points, la longueur et la forme des lignes n'entrant pas en ligne de compte. Manifestement, les points et les lignes fonctionnent ici comme caractères dans un langage notationnel ; et ces diagrammes, aussi bien que la plupart des diagrammes pour les circuits électriques, sont purement digitaux. Plus ceci nous semble surprenant, parce que nous avons tendance à nous représenter de tels diagrammes comme des images schématisées, plus vivement nous devons nous rappeler que la distinction significative entre le digital ou notationnel et le non-notationnel, incluant l'analogique, dépend non de quelque vague notion d'analogie ou de ressemblance, mais des réquisits techniques fondamentaux pour un langage notationnel.

Alors que scientifiques et philosophes ont dans l'ensemble considéré les diagrammes comme allant de soi, ils ont été contraints de s'interroger assez longtemps sur la nature et la fonction des *modèles* [23]. Peu de termes sont utilisés dans le discours populaire et scientifique plus confusément que « modèle ». Un modèle est quelque chose à admirer ou avec quoi rivaliser, un patron, un cas exemplaire, un type, un prototype, un spécimen, une maquette, une description mathématique — à peu près n'importe quoi allant d'une blonde nue à une équation quadratique — et il peut entretenir avec ce dont il est le modèle une relation de symbolisation presque quelconque.

Dans de nombreux cas, un modèle est un exemplaire ou un exemple de ce dont il est le modèle : le citoyen modèle est un bon exemple de civisme, le modèle du sculpteur un échantillon du corps humain, le modèle de mode une personne présentant des vêtements, la maison modèle un échantillon de ce qu'offre un promoteur, et le modèle d'un ensemble d'axiomes est un univers concordant.

Dans d'autres cas, les rôles sont renversés : le modèle dénote ce dont il est le modèle, et qui en est un exemple. La voiture d'un certain modèle appartient à une certaine classe. Un modèle mathématique est une formule qui s'applique au processus, à l'état ou à l'objet dont elle est le modèle. Ce dont il y a modèle est le cas particulier qui convient à la description.

On pourrait très bien se passer du mot « modèle » dans tous ces cas, au bénéfice de termes moins ambigus et plus riches en information, et le réserver aux cas où le symbole n'est ni un exemple, ni une description verbale ou mathématique : le modèle de bateau, le bulldozer miniature, le modèle architectural d'un campus, le modèle de bois ou d'argile d'une automobile. Aucun de ceux-ci n'est un échantillon — un bateau, un bulldozer, un campus, ou une voiture ; et aucun n'est une description en langage ordinaire ou mathématique. À la différence des échantillons, ces modèles sont dénotatifs ; à la différence des descriptions, ils sont non verbaux [24]. Des modèles de cette sorte sont en réalité des diagrammes, souvent en plus de deux dimensions et avec des parties qui fonctionnent ; ou en d'autres termes, les diagrammes sont les modèles plats et statiques. De même que les autres diagrammes, les modèles peuvent être digitaux, analogiques, ou mixtes. Les modèles moléculaires faits de balles de ping-pong et de bâtonnets sont digitaux. Un modèle animé de moulin à vent peut être analogique. Un modèle, à l'échelle, d'un campus, avec du papier mâché vert pour l'herbe, du carton rose pour la brique, une feuille de plastique pour le verre, etc., est analogique eu égard aux dimensions spatiales mais digital eu égard aux matériaux. Peut-être le premier pas vers une dissipation d'une bonne partie des élucubrations confuses à propos des modèles est de reconnaître qu'on peut les traiter comme des diagrammes.

Mais comment un diagramme à fils diffère-t-il significativement, en tant que symbole, d'instructions verbales, une carte routière d'une photographie aérienne, un modèle de bateau d'une représentation sculpturale ? J'ajournerai toutes les questions de ce genre ; car mon dessein ici n'a pas été d'étudier les diagrammes et les modèles exhaustivement mais seulement d'illustrer quelques-uns des concepts et des principes développés dans des sections antérieures.

Je n'ai pas non plus répondu aux questions soulevées au début de ce chapitre concernant la notation dans les arts. De fait, elles ont à peine été mentionnées à nouveau. Il fallait les laisser de côté pendant que nous examinions quelques questions préliminaires à propos des notations et des systèmes symboliques en général. Mais le lien est moins lointain qu'il pourrait sembler ; car une partition, telle que je la conçois, est un caractère dans un langage notationnel, les concordants d'une partition sont typiquement des exécutions, et la classe-de-concordance est une œuvre. Dans le chapitre suivant, je veux examiner comment quelques-uns de nos résultats s'appliquent à certaines questions sur les arts, et comment il peut s'en réfléchir quelque lumière sur certains autres problèmes philosophiques.

NOTES
CHAPITRE IV

1. Ceci n'est en aucune façon vrai de tout ce qu'on appelle communément une partition ; ici, comme pour beaucoup de mots familiers, l'usage méthodique comporte une spécialisation à partir de l'usage ordinaire. Les raisons qui m'ont conduit à faire ce choix dans ce cas sont déjà manifestes au vu du chapitre qui précède. Il va de soi que ce qu'on appelle communément partition mais qui n'a pas, relativement au critère ci-dessus, qualité de partition ne se trouve pas de ce fait déprécié mais seulement reclassé (voir plus loin V,2).

2. Le lecteur dépourvu d'arrière-plan en logique, en mathématiques ou en philosophie technique, peut très bien effleurer ou sauter le reste de ce chapitre et faire fond sur les applications et les illustrations, dans les chapitres postérieurs, des principes exposés ici.

3. C'est Peirce qui a insisté sur la distinction entre un mot « type » et ses « *tokens* » ; voir *Collected Papers of Charles Sanders Peirce,* vol.IV, ed. C. Hartshorne et P. Weiss, Cambridge, Mass., Harvard University Press, 1933, p.423. Le type est l'universel ou la classe dont les marques sont des exemples ou des membres. Bien que je considère dans le présent texte un caractère comme une classe de marques, il s'agit pour moi d'une façon de parler peu rigoureuse qui n'est admissible que parce qu'on peut facilement la traduire dans un langage plus acceptable. Je préfère (voir *SA,* pp.354-364) rejeter complètement le type et traiter lesdits « tokens » d'un type comme des *répliques* l'une de l'autre. Une inscription n'a pas besoin d'être un double exact d'une autre pour en être une réplique, ou copie vraie ; de fait il n'y a en général aucun degré de similarité qui soit nécessaire ou suffisant pour qu'il y ait réplique. Voir en outre les exemples discutés plus loin dans cette section.

4. Dans la terminologie de Rudolf Carnap (*Der Logische Aufbau der Welt,* Berlin, Weltkreis-Verlag, 1928, p.102 ; traduction anglaise par R.A. George sous le titre *The Logical Structure of the World and Pseudo-problems in Philosophy,* Berkeley, University of California Press, 1967, p.119) un *cercle-de-similarité* d'une relation *R* est une classe telle que (1) tout couple de membres forment une *R*-paire, et (2) aucun non-membre ne forme une *R*-paire avec quelque membre que ce soit. Là où *R*, comme ci-dessus, est une relation d'équivalence, on appelle un cercle-de-similarité de *R* une *classe*

d'abstraction de R. Aucun non-membre d'une classe d'abstraction ne forme une R-paire avec un membre quelconque ; car puisqu'une relation d'équivalence est transitive, un non-membre formant une R-paire avec un des membres formerait une R-paire avec chacun des membres, en violation de la condition (2).

5. Je parle ici de symboles seulement, non pas de nombres ou de quoi que ce soit d'autre dont les symboles peuvent tenir lieu. La numération fractionnaire arabe est différenciée de manière finie même si des quantités fractionnaires ne le sont pas. Voir aussi section 5 ci-dessous.

6. La distinction entre densité ou compacité et continuité — entre les nombres rationnels et les nombres réels — ne doit pas nous inquiéter beaucoup ici ; car un schéma dense, qu'il soit continu ou non, est indifférencié à l'extrême. Puisque je réserve « discret » pour l'absence de chevauchement entre individus, j'appellerai un schéma qui ne contient pas de sous-schème dense « totalement discontinu » ou « discontinu d'un bout à l'autre ». « Dense » et « discontinu » sont évidemment des abréviations pour « ordonné de manière dense » et « ordonné de manière discontinue » ; tel ensemble peut être dense pour telle ordination et totalement discontinu pour une autre (voir en outre la note 17 ci-dessous).

7. Dans d'autres cas, deux contextes simultanés dotent une marque d'interprétations de lecture différentes : par exemple, dans le langage de l'affiche, la marque centrale dans

b
a ɑ d
d

s'interprète du haut en bas comme un exemple d'une certaine lettre et en travers comme un exemple d'une autre. Or cette marque équivoque n'est pas indifférente-de-caractère soit avec tous les « a », soit avec tous les « d » (car tous n'offrent pas cette duplicité) ; et on ne peut compter la marque à la fois comme un « a » et comme un « d » sans renoncer à l'équivalence syntaxique entre exemples de chacune de ces lettres et sans violer la condition de disjointure. Des tranches temporelles de la marque ne sont d'ailleurs en rien moins équivoques. Cette marque, si tant est qu'il s'agisse d'une inscription, est plutôt un exemple, non pas d'une lettre usuelle de l'alphabet quelle qu'elle soit mais d'un caractère additionnel. Considérez en outre les cas de déplacement et d'orientation multiple. Là où des changements autorisés d'orientation font qu'une marque est parfois un « d » et parfois un « b », ce sont des tranches temporelles sans équivoque plutôt que la marque permanente qui ont qualité d'inscriptions dans la notation. Là où une marque est simultanément orientée de manière multiple — légitimement sujette à différentes interprétations à partir de directions différentes et en même temps — elle peut appartenir à un caractère qui consiste en toutes les marques qui ont même orientation et mêmes interprétations multiples.

8. On trouvera dans *SA,* pp.46-61 et 117-118, le traitement technique de la structure discrète, du chevauchement, etc. Notez à quel point s'égare l'idée habituelle que les éléments d'une notation doivent être discrets. D'abord, ce sont les *caractères* d'une notation, en tant que classes, qui doivent plutôt être disjoints ; être discret est une relation entre individus. En second lieu, les *inscriptions* d'une notation n'ont aucunement besoin d'être discrètes. Et enfin, même les inscriptions atomiques de caractères différents ont seulement besoin d'être discrètes par rapport à cette notation.

9. Ce n'est *pas* à dire que l'extension d'un mot inclut *à la fois* ses prononciations et les objets auxquels il s'applique ; car l'extension d'un symbole est toujours relative à un système et dans aucun système normal ou applicable un mot n'est en corrélation à la fois avec ses prononciations et ses applicata.

10. La formulation de règles de corrélation, de même que la résolution d'inscriptions en atomes, est rarement déterminée de façon unique pour un langage naturel donné, mais dépend de la manière dont on analyse et décrit le langage. Lorsque nous parlons d'« un langage », nous parlons souvent par ellipse d'un langage doté d'une telle formulation systématique.

11. Comparez avec le traitement des marques équivoques dans la section 2 ci-dessus. La non-ambiguïté peut s'atteindre par division des inscriptions, ou des caractères, de diverses manières ; mais alors on fera dépendre l'équivalence syntaxique de considérations sémantiques.

12. Qu'un système soit ambigu dépendra non seulement du choix des marques qu'on prend comme inscriptions, et de la manière dont on les classe précisément en caractères, comme nous l'avons vu ci-dessus, mais aussi du choix de la corrélation entre marques et objets qu'on prend comme constitutive de la concordance. En fran-

çais-son, par exemple, on considère par nature « c » comme ambigu puisque certains « c » sont des consonnes douces et d'autres dures. Mais nous pourrions considérer « c » comme non-ambigu, avec les sons-c doux comme concordants de tous les « c » — même quand ils interviennent dans des « ct ». Des caractères tels que « ct » seraient alors premiers. Le choix ici porte sur des inscriptions différentes du langage. Dans ce qui suit, j'admettrai souvent tacitement que de telles décisions ont été prises d'une manière que le contexte rend apparente.

13. La redondance est la propriété duale de l'ambiguïté. L'ambiguïté consiste en une multiplicité de classes-de-concordance pour un unique caractère ; la redondance consiste en une multiplicité de caractères pour une unique classe-de-concordance. Mais évidemment, sans qu'il y ait ambiguïté, un caractère peut s'appliquer à de nombreux objets ; et sans qu'il y ait redondance, un objet peut concorder avec de nombreuses inscriptions.

14. Dorénavant, j'écrirai souvent « différencié » en guise d'abréviation pour « différencié de manière finie ». Le terme de rechange commode « articulé » sera plus souvent employé dans la suite du livre.

15. La manière de formuler une version de nos cinq réquisits qui soit acceptable d'un point de vue nominaliste est évidente aussi longtemps que tous les prédicats concernés, qu'ils soient à une ou plusieurs places, sont des prédicats d'individus ; et le nominaliste n'a nul besoin de tenir compte des prédicats de classes impossibles à éliminer puisqu'il n'interprétera aucun langage admissible comme contenant de tels prédicats.

16. Voir toutefois la discussion par John von Neumann, « The General and Logical Theory of Automata », dans *Cerebral Mechanisms in Behaviour,* ed. Lloyd A. Jeffres, New York, John Wiley and Sons, Inc., 1951, pp.7 sq.

17. L'ordination syntaxique de ces termes (commençant avec les termes d'une lettre ordonnés alphabétiquement, et se poursuivant par les termes de deux lettres ordonnés alphabétiquement, et ainsi de suite) est totalement discontinue, et le système est également différencié syntaxiquement ; cependant l'ordination de ces termes relativement à la propriété sémantique de position gauche-droite des points concordants est dense, et le système est totalement indifférencié sémantiquement. Un exemple du même ordre cité plus

haut était celui des nombres rationnels arabes prenant pour concordants des objets physiques relativement à leur poids en fractions d'un kilo ; l'ordination syntaxique dérive ici de l'ordre des chiffres, l'ordination sémantique de l'ordre des augmentations de poids. Ce n'est que parce que la densité et la discontinuité dépendent de l'ordination qu'il est possible, pour un système unique de caractères, ordonnés différemment, d'être syntaxiquement discontinu d'un bout à l'autre et sémantiquement dense, ou syntaxiquement dense et sémantiquement discontinu d'un bout à l'autre. Il est évidemment impossible de trouver des systèmes de la dernière sorte parmi les langages — naturels ou notationnels — qui sont toujours syntaxiquement différenciés ; mais on a cité ci-dessus (section 7) un exemple emprunté aux systèmes non linguistiques : le système du compteur non gradué dont tout point sur la conférence constitue un caractère, et on rencontrera ci-dessous des exemples plus importants (VI,2).

18. Un ordinateur donné est toujours limité de cette manière ; mais il en va de même d'un locuteur donné, eu égard à la mortalité. Le système décimal en général, ou la langue française, n'imposent pas de telles limites.

19. « Sélectionne », « choisit », « décide », etc., dans le contexte présent n'impliquent aucune délibération mais veulent seulement dire « donne une réponse parmi d'autres qui sont alternatives ». Sur les ordinateurs à élément aléatoire, voir A.M. Turing, « Computing Machinery and Intelligence », *Mind,* 1950, vol.59, pp.433-460.

20. Tout au long de cette section je ne me propose qu'une première analyse schématique du processus de supplémentation. Peuvent intervenir des variations et des élaborations de toute sorte. La tâche peut être de choisir non une courbe mais un groupe de courbes ; par exemple, si on veut l'ordonnée en une ou quelques valeurs seulement de l'abscisse, on peut ignorer les différences entre courbes concourantes en ces abscisses. Ou bien, plutôt que d'éliminer les courbes qui ne conviennent pas aux données, on peut demander à la machine de trouver parmi les courbes qui satisfont à une certaine norme de régularité celle qui convient le plus étroitement aux données — bien qu'elle soit en défaut en un point ou même en tous. D'ailleurs il peut se faire que la réponse demandée ne soit pas de choisir ou de rejeter des courbes mais d'en faire une évaluation d'après leur probabilité relative. Les manières de prendre connaissance de l'expérience portant sur les problèmes passés peuvent éga-

lement être compliquées et subtiles ; là où est en cause une échelle de préférence, elle peut se baser sur une simplicité d'une sorte ou d'une autre sorte, ou sur davantage de facteurs ou sur des facteurs différents ; et elle peut être fixe ou variable. Enfin, « points » et « courbes » peuvent se lire d'une manière plus générale par « exemples » et « hypothèses ». Rien de tout ceci ne contrevient aux résultats centraux discutés ci-dessus.

21. Cf. *FFF*, pp.72-81.

22. Cf. Marvin Minsky, « Steps toward Artificial Intelligence », dans *Computers and Thought*, ed. E.E. Feigenbaum et J. Feldman, New York, Mc Graw-Hill Book Co., Inc., 1963, pp.448-9. Cet article a paru à l'origine dans le numéro spécial sur l'ordinateur des *Proceedings of the Institute of Radio Engineers*, 1961.

23. Une exception au premier membre de phrase est Clerk Maxwell dans l'article sur les diagrammes, onzième édition de l'*Encyclopedia Britannica*, vol.8, Cambridge, G.B., Cambridge University Press, 1910, pp.146-149. Un exemple du second membre de phrase est Boltzmann dans l'article sur les modèles, même édition, 1911, vol.18, pp.638-640.

24. Comme on l'a noté en II,4, il se peut aussi qu'un échantillon assume le rôle dénotatif d'une étiquette qu'il exemplifie et lui devienne coextensif. La maison échantillon peut également fonctionner comme modèle dénotatif de maisons en cours de construction, y compris elle-même, et alors elle s'exemplifiera aussi elle-même en tant qu'étiquette. Elle diffère du modèle miniature de la manière dont « polysyllabique » diffère de « monosyllabe ». Semblablement, il se peut que l'application littérale d'un schème soit un modèle pour des applications métaphoriques, ou bien soit à la fois un échantillon et un modèle dénotatif de toutes les applications. Entre parenthèses, les modèles ne sont pas, comme on le suppose parfois, nécessairement métaphoriques. Savoir si l'application d'un modèle, comme celle de n'importe quelle autre étiquette, est métaphorique, dépend de savoir si l'application est guidée par une application littérale antérieurement établie.

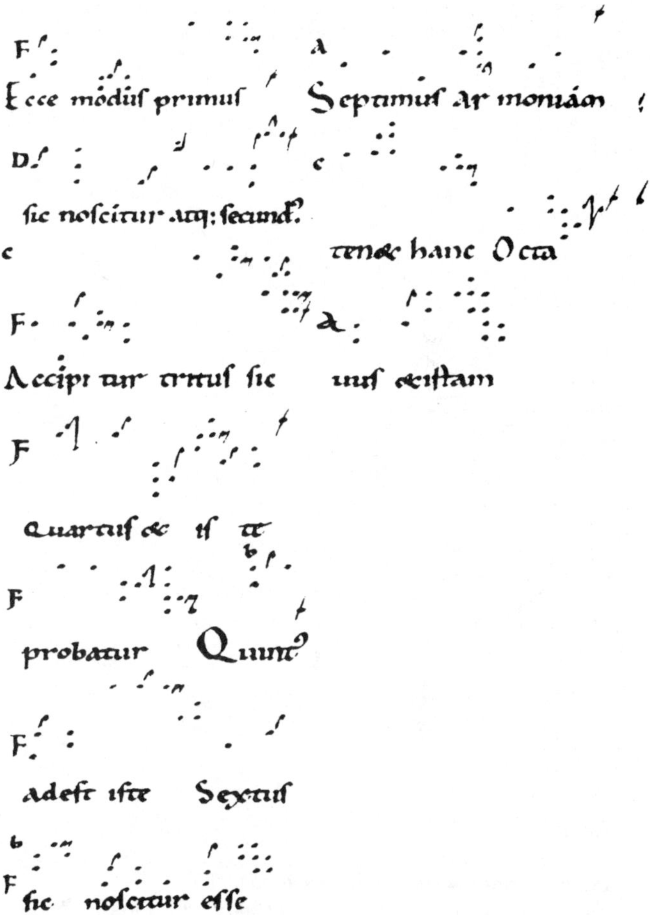
Ecce modus primus
Septimus armoniam
sic noscitur atque secundus
tenet hanc Octa
Accipitur tritus sic
unus extitam
Quartus et is te
probatur Quintus
Adest iste Sextus
sic noscitur esse

Au dos :

Page de manuscrit, fin du onzième siècle.
Fol.127 v. Man. Lat.7211, Bibliothèque Nationale, Paris.

V
PARTITION, ESQUISSE, SCRIPT

> *Vous voyez qu'aucune expérience ne peut se répéter exactement. Il y aura toujours quelque chose de différent (...). Lorsque vous dites que vous répétez une expérience, ceci revient à dire que vous répétez tous les traits d'une expérience qui sont, selon la théorie, significatifs. En d'autres mots, vous répétez l'expérience à titre d'exemple de la théorie*.*
>
> Sir George Thomson.

1. LA PARTITION.

Une partition est un caractère dans un système notationnel. Même dans la notation musicale il s'en faut que tout caractère soit une partition, mais je compte comme partition tout caractère qui peut avoir des concordants. Ceci exclut les caractères purement syncatégorématiques, par exemple, sans exiger d'une partition qu'elle soit une composition complète, ni qu'elle soit réellement non-vacante. J'ai

(*)Dans « Some Thoughts in Scientific Method », conférence donnée le 2 mai 1963, imprimée dans les *Boston Studies in the Philosophy of Science,* vol.II, New York, Humanities Press, 1965, p.85.

élargi l'application de « partition » pour embrasser toute espèce de caractères décrits dans un système notationnel [1], et non pas simplement dans la notation musicale. De manière analogue, je désigne souvent les concordants de tels caractères par le terme « exécutions », là où ces concordants ne sont pas, d'après l'usage ordinaire, exécutés ni même ne sont des événements du tout ; et je désigne souvent les classes-de-concordance par le terme « œuvres » même lorsque ces classes — par exemple des agrégats fortuits d'objets naturels — ne sont des œuvres en aucun sens usuel. Tout ceci, je pense, peut aider à ne pas perdre de vue à la fois l'exemple cardinal de la musique et les principes plus généraux que je cherche à illustrer.

Nous avons vu qu'une partition définit une œuvre mais c'est une définition particulière et privilégiée, sans compétiteurs. Une classe est déterminée de manière unique par une partition, tout comme elle l'est par une définition ordinaire ; mais une partition, à la différence d'une définition ordinaire, est également déterminée de manière unique par chaque membre de cette classe. Étant donnés le système notationnel et une exécution de la partition, on peut retrouver la partition. L'identité de l'œuvre et de la partition est maintenue dans toute série de pas dont chacun mène soit d'une exécution concordante à une inscription-de-partition, soit d'une inscription-de-partition à une exécution concordante, soit d'une inscription-de-partition à une copie vraie. Ceci est garanti par le fait, et seulement par le fait, que le langage dans lequel une partition est écrite doit être notationnel, doit satisfaire aux cinq réquisits énoncés. Aucun découpage inhérent au matériau n'est présupposé et les exécutions d'une œuvre peuvent varier largement et à de multiples égards.

La redondance, nous l'avons noté plus haut, est une violation minime et courante de la notationalité. Le résultat net est que, dans une chaîne de la sorte décrite ci-dessus, il se pourra que les inscriptions-de-partition ne soient pas toutes des copies vraies l'une de l'autre ; cependant toutes seront sémantiquement équivalentes, toutes les inscriptions seront de la même œuvre. C'est la préservation de l'œuvre, et non la préservation de la partition, qui est assurée ; et tant que la préservation de l'œuvre est déterminante, et la préservation de la partition incidente, la redondance est tolérable.

Aucun de nos langages naturels usuels n'est un système notationnel. De tels *langages discursifs* obéissent aux deux réquisits syntaxiques mais sont exempts des trois réquisits sémantiques. En conséquence, une définition ou un ensemble de définitions coextensives est rarement déterminé de manière unique par un membre de la classe définie. Mais comme nous l'avons vu, il ne faut pas toujours incriminer l'ambiguïté ; une brouette appartient à de multiples classes-de-concordance différentes en français-objet, c'est-à-dire qu'elle concorde avec de nombreuses inscriptions qui varient en extension, telles que « objet en bois », « véhicule à roue », etc. Dans un tel langage, la définition (ou l'ensemble des définitions équivalentes) que l'objet donné satisfait est quelque chose qui n'existe pas. Alors que, dans un système notationnel, ou même dans un système auquel la notationalité ne manque que par suite de redondance, toutes les partitions pour une exécution donnée sont coextensives ; toutes ont pour concordants les mêmes exécutions.

2. LA MUSIQUE.

Jusqu'ici, j'ai discuté des questions de théorie générale sans examiner de près un seul des systèmes présumés notationnels qui sont réellement en usage dans les arts. La notation musicale standard offre un cas familier et en même temps remarquable. Elle est à la fois complexe, commode et, à l'égal de la notation numérique arabe, commune aux utilisateurs de nombreux langages verbaux différents. Aucune alternative ne s'est réellement imposée ; et apparemment aucune autre culture, pas plus celle de la Chine que de l'Inde, n'a développé une notation musicale qui ait fait preuve d'autant d'efficacité pendant des siècles. La variété et la vivacité des rébellions qu'elle a récemment suscitées témoignent de l'autorité qu'elle s'est acquise [2].

On a quelquefois pensé que la notation musicale ordinaire devait son origine à l'introduction des instruments à clavier, avec leurs touches séparées et leurs tons espacés ; mais il est si difficile de dater l'apparition tant d'une véritable notation que d'un véritable instrument à clavier que l'hypothèse ne se prête guère à une investigation historique probante. En tout état de cause, l'hypothèse a bien peu de plausibilité ; la notation musicale n'avait besoin d'attendre l'invention du clavicorde ni plus ni moins que la notation alphabétique n'avait besoin d'attendre l'invention de la machine à écrire. Le développement d'un schéma ou d'un système notationnel ne dépend pas d'une ségrégation intrinsèque des marques ou des objets en ensembles disjoints et différenciés, mais il s'impose souvent en présence d'une continuité virtuelle dans les deux règnes.

Dans certains manuscrits musicaux du haut Moyen Âge, on plaçait des marques plus haut ou plus bas au-dessus des syllabes ou des mots d'un cantique pour indiquer la hauteur [3]. Ce n'est que plus tard qu'on en est venu à ajouter des lignes horizontales. Ces lignes ont pu d'abord fonctionner comme de simples guides pour juger de la position absolue, à la façon des marques de graduation sur un thermomètre pris comme instrument analogique. Lorsque les lignes et les espacements entre elles deviennent des caractères du système, et que le fait de placer une syllabe ou un signe-de-note ne sert qu'à repérer l'un de ces caractères, les éléments d'une notation authentique se font jour. Toutefois, je ne m'intéresse pas fondamentalement ici à la question des origines ou du développement mais je cherche à voir dans quelle mesure le langage des partitions musicales mérite pleinement la qualité de système notationnel.

Que les réquisits syntaxiques soient en général satisfaits est tout à fait clair. Il se peut, à dire vrai, qu'une marque-de-note soit ainsi placée que nous ne sachions décider si elle appartient à tel caractère-de-note ou à un autre, mais dans aucun cas elle n'appartient aux deux. De prétendues marques-de-notes ne comptent pas comme inscriptions dans le système, à moins que, et jusqu'à ce que, on détermine qu'elles appartiennent à un caractère plutôt qu'à n'importe quel autre. La plupart des caractères d'une partition musicale, qu'il s'agisse de chiffres ou de lettres ou ni l'un ni l'autre, sont syntaxiquement disjoints et différenciés. Le schéma symbolique est donc effectivement notationnel, et le langage des partitions véritablement un langage. Mais est-ce que ce langage est un système notationnel ? Est-ce qu'il satisfait aux réquisits sémantiques ?

Si nous nous limitons aux partitions de piano, le langage est hautement répondant puisque, par exemple, les mêmes événements sonores concordent avec les caractères pour *do*-dièse, *ré*-bémol, *mi*-triple bémol, *si*-double dièse, et ainsi de suite [4] ; mais la redondance, nous l'avons vu, n'est pas absolument fatale. Une question plus critique se pose lorsque nous considérons aussi des partitions pour d'autres instruments. Sur une partition de violon les caractères pour *do*-dièse et *ré*-bémol n'ont pas de concordants en commun [5]. Or si deux caractères possèdent ainsi certains concordants conjointement (dans des partitions de piano) et d'autres séparément, les deux classes-de-concordance ont une intersection propre, violant de manière flagrante le réquisit de disjointure sémantique. Ce qu'omet cette explication cependant, c'est que, puisque toute exécution se fait sur un instrument donné, chacun des deux caractères peut être considéré comme un caractère atomique vacant qui se combine avec des spécifications instrumentales différentes pour former des caractères premiers différents. Les classes-de-concordance des deux caractères premiers résultants qui interviennent dans des partitions de piano sont identiques ; les classes-de-concordance des deux caractères premiers résultants qui interviennent dans des partitions de violon sont disjointes. Aucune des deux paires, et pas non plus la paire de caractères vacants atomiques, ni l'ensemble de la totalité des six caractères ne viole la règle de disjointure sémantique si ce n'est par la redondance mentionnée.

Si nous supposons qu'on poursuive sans fin la série : note entière, demi-note, quart de note, huitième de note, etc., le réquisit sémantique de différenciation finie sera violé. Car alors en liant ensemble des signes-de-note, nous pouvons construire des caractères pour des notes qui diffèrent en durée de moins que n'importe quelle fraction donnée d'une mesure. Il serait du même coup impossible de déterminer que l'expression sonore d'une note concorde avec un caractère au plus. Mais bien sûr dans toute partition ou corpus de partitions données, le nombre de signes-de-note, et de crochets sur n'importe lequel d'entre eux, est fini. Il doit y avoir en plus une limite tacite ou expresse sur le nombre de crochets qu'autorise effectivement le système ; autrement retrouver la partition à partir d'une exécution ne sera pas même théoriquement possible, l'identité de l'œuvre d'exécution à exécution ne sera pas assurée, et on ne répondra pas au dessein primordial d'un système notationnel. Théoriquement, n'importe quelle limite conviendrait. La tradition semble l'avoir établie pour le présent à la quintuple croche — le 1/128 de note.

Le corpus principal des caractères spécifiquement musicaux du système apparaît ainsi obéir dans l'ensemble aux réquisits sémantiques aussi bien que syntaxiques pour une notation. On ne peut en dire autant de tous les caractères numériques et alphabétiques qui interviennent également dans les partitions.

D'abord, certaines compositions sont écrites avec une « basse chiffrée » ou « continuo », laissant aux interprètes certaines options. Or tant que de telles partitions déterminent des classes d'exécutions comparativement larges mais pourtant mutuellement disjointes [6], elles ne font pas problème ; ce qui compte est moins la spécificité que la capacité de séparer ces classes. Mais un système qui autorise l'usage alterné de la basse chiffrée et de la notation spécifique, sans prescrire de manière rigide un choix dans chaque cas, viole matériellement les conditions portant sur les systèmes notationnels ; car les classes-de-concordance de certains de ses caractères sont inclues en propre dans les classes-de-concordance d'autres caractères, plus généraux. Deux inscriptions-de-partition, l'une en basse chiffrée et l'autre en notation spécifique, même si elles ont une exécution concordante en commun, ne seront pas de ce fait sémantiquement équivalentes ; et il se pourra que deux exécutions qui concordent avec la première concordent séparément avec deux partitions spécifiques qui n'ont aucun concordant en commun. Le langage d'ensemble des partitions musicales, tant qu'il offre un libre choix entre la basse chiffrée et la notation spécifique, n'est donc pas véritablement notationnel. Il comprend plutôt deux sous-systèmes notationnels ; on doit désigner celui dont on se sert et s'y tenir si l'on veut assurer l'identification d'une œuvre d'exécution à exécution.

Il en va quasiment de même pour la cadence libre. On donne, ici encore, une large latitude à l'interprète ; les partitions ménageant des cadences libres ont des classes-de-concordance qui incluent en propre celles d'autres partitions dont les passages solo sont tous spécifiés note par note. À moins qu'il n'existe un moyen de déterminer dans chaque cas si un passage solo est à spécifier complètement ou est indiqué comme cadence libre, nous devons de nouveau reconnaître que le langage des partitions musicales n'est pas purement notationnel mais se divise en sous-systèmes notationnels.

Une difficulté d'un genre différent procède de la notation verbale qu'on utilise pour le tempo d'un mouvement. Que les mots viennent du langage-objet ordinaire n'a pas en soi d'importance. « Notationnel » n'implique pas « non verbal » ; il s'en faut d'ailleurs que dans un langage discursif toute sélection de caractères, pris avec leurs classes-de-concordance, viole les conditions pour la notationalité. Ce qui importe, c'est de savoir si le vocabulaire emprunté obéit aux réquisits sémantiques. Or qu'est-ce exactement que le vocabulaire du tempo ? Il ne contient pas seulement les termes plus courants tels « allegro », « andante » et « adagio », mais un nombre indéfini d'autres termes tels que les suivants, empruntés à quelques programmes de musique de chambre [7] : *presto, allegro vivace, allegro assai, allegro spiritoso, allegro molto, allegro non troppo, allegro moderato, poco allegretto, allegretto quasi-minuetto, minuetto, minuetto con un poco di moto, rondo alla Polacca, andantino mosso, andantino grazioso, fantasia, affetuoso e sostenuto, moderato e amabile.* En apparence n'importe quels mots ou presque peuvent être utilisés pour indiquer l'allure et le mode. Même si la non-ambiguïté était miraculeusement préservée, la disjointure sémantique ne le serait pas. Et puisqu'on peut prescrire qu'un tempo soit rapide ou lent, ou intermédiaire entre rapide et lent, ou intermédiaire entre rapide et cet intermédiaire entre rapide et lent, et ainsi de suite sans limite, la différenciation sémantique, elle aussi, fait long feu.

Ainsi le langage verbal des tempos n'est pas notationnel. Les mots de tempo ne peuvent faire partie intégrante d'une partition tant que la partition a pour fonction d'identifier une œuvre d'exécution à exécution. Aucun manquement au tempo indiqué ne disqualifie une exécution d'être un exemple — si pitoyable soit-il — de l'œuvre définie par la partition. On ne peut donc tenir ces spécifications de tempo pour parties intégrantes de la partition qui sert de définition ; ce sont plutôt des instructions auxiliaires dont l'observance ou la non-observance affecte la qualité d'un exécution mais non l'identité de l'œuvre. En revanche, les spécifications métronomiques du tempo peuvent, sous certaines restrictions évidentes et dans un système qui les requiert d'une manière universelle, être qualifiées de notationnelles et être considérées comme faisant partie intégrante de la partition.

Je n'ai pu discuter ici, à grands traits, que quelques échantillons marquants des questions significatives concernant le langage notationnel des partitions musicales. Les résultats suggèrent, toutefois, qu'il parvient à satisfaire aux réquisits théoriques pour la notationalité autant qu'on pouvait raisonnablement l'attendre de n'importe quel système issu de la tradition et d'un usage effectif constant, les excisions et les révisions nécessaires pour corriger les infractions étant simples et localisées. Après tout, on s'attend difficilement à la pureté chimique hors du laboratoire.

Puisqu'une concordance complète avec la partition est la seule condition requise pour qu'on ait un exemple authentique d'une œuvre, la plus déplorable exécution mais sans fautes effectives en sera un exemple, contrairement à l'exécution la plus brillante qui contiendrait une unique fausse note. Ne pourrions-nous pas cependant faire davantage concorder notre vocabulaire théorique avec la pratique et le sens commun en autorisant un degré limité de déviation dans les exécutions admises comme exemples d'une œuvre ? Le musicien ou le compositeur praticien se hérisse habituellement à l'idée qu'une exécution entachée d'une fausse note ne soit pas du tout une exécution de l'œuvre donnée ; et l'usage ordinaire tolère sans aucun doute de laisser échapper quelques fausses notes. Mais c'est l'un de ces cas où l'usage ordinaire nous met rapidement en difficulté. Le principe d'apparence innocente selon lequel les exécutions ne différant que d'une note sont des exemples de la même œuvre risque d'avoir pour conséquence — par suite de la transitivité de l'identité — que toutes les exécutions, quelles qu'elles soient, sont de la même œuvre. Si nous autorisons la moindre déviation, toute assurance de préserver l'œuvre et de préserver la partition est perdue ; car par une série d'erreurs d'omission, d'addition et de modification n'affectant qu'une note, nous pouvons faire tout le trajet qui mène de la *Cinquième Symphonie* de Beethoven aux *Trois souris aveugles*. Quoiqu'une partition puisse laisser non spécifiés de nombreux traits d'une exécution, et autoriser une variation considérable pour d'autres à l'intérieur de limites prescrites, une pleine concordance avec les spécifications données est donc catégoriquement requise. Mais ce n'est pas à dire que les exigences qui inspirent notre discours technique ont besoin de régir notre parole quotidienne. Je ne recommande pas, dans le discours ordinaire, qu'on refuse de dire d'un pianiste qui manque une note qu'il a exécuté une *Polonaise* de Chopin, pas plus que je refuse d'appeler une baleine un poisson, la Terre une sphère, ou un Blanc un humain rose-grisâtre.

Le monopole écrasant longtemps détenu par la notation musicale standard a inévitablement inspiré la rébellion et des propositions de rechange. Des compositeurs se plaignent diversement que les partitions dans cette notation prescrivent trop ou trop peu de traits, ou des traits mal choisis, ou prescrivent les bons traits mais de manière trop ou trop peu précise. La révolution, ici comme ailleurs, peut viser à contrôler davantage les moyens de production, à les contrôler moins, ou différemment.

Un système simple imaginé par John Cage se présente en gros comme suit (voir figure 11) : on place des points, pour les sons isolés, à l'intérieur d'un rectangle ; au travers du rectangle, à des angles qui varient et s'intersectant peut-être, on mène cinq lignes droites figurant (respectivement) la fréquence, la durée, le timbre, l'amplitude et la succession. Les facteurs significatifs déterminant les sons indiqués par un point sont les distances perpendiculaires du point à ces lignes [8]. Ce système n'est pas notationnel ; car sans une stipulation des unités significatives minimales

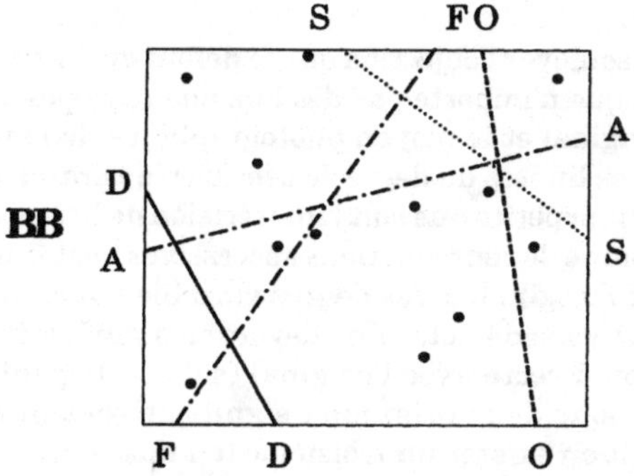

figure 11

d'angle et de distance, il manque de différenciation syntaxique. Tant qu'aucune limite n'est établie quant à la petitesse de la différence de position qui fait une différence dans le caractère, aucune mesure ne peut jamais déterminer qu'une marque quelconque appartient à un caractère plutôt qu'à n'importe quels autres. De la même manière, dans ce système, aucune mesure ne peut jamais déterminer qu'une exécution concorde avec une marque plutôt qu'avec d'autres. De plus, selon la manière exacte dont on interprète les symboles, disjointures syntaxique et sémantique peuvent faire défaut. L'important n'est pas qu'une œuvre soit moins rigidement prescrite que par une partition standard, car les classes-de-caractères et les classes-de-concordance d'un système notationnel peuvent être de n'importe quelle taille aussi longtemps qu'elles sont disjointes et différenciées. Dans le système proposé, il n'existe pas de caractères ou de classes-de-concordance disjoints et différenciés, pas de notation, pas de langage, pas de partitions.

On peut soulever l'objection que le défaut de différenciation syntaxique n'importe pas dès lors que nous possédons le dessin original et le moyen photographique de le reproduire dans les limites du degré de précision désiré ou déterminant. Mais si petite que soit l'imprécision de la reproduction, une chaîne de reproductions successives peut finir par s'écarter de l'original, à des degrés variables. Il reste vrai que nous pouvons détecter une déviation significative par comparaison directe avec l'original (s'il est disponible) ; cependant pour deux originaux significativement différents, il peut en exister un troisième (ou une copie) qui ne diffère significativement d'aucun des deux. Parvenir à une notation demande ici non seulement de fixer une limite à la déviation significative mais également d'avoir un moyen de réaliser la disjointure des caractères.

Je ne me prononce aucunement sur le fait de savoir si l'adoption d'un système tel que celui-là pourrait néanmoins être une bonne idée. Je ne suis pas qualifié pour porter un tel jugement et personne ne me le demande. Je fais simplement remarquer qu'il y va de bien plus que d'un simple déplacement d'un système notationnel à un autre. Et je n'ergote pas non plus sur le bon usage de mots tels que « notation », « partition » et « œuvre ». Cela n'a guère plus d'importance que le bon usage d'une fourchette. Ce qui importe, c'est que le système en question ne fournit aucun moyen d'identifier une œuvre d'une exécution à l'autre, ni même un caractère d'une marque à l'autre. On ne peut pas déterminer si telle chose est une copie vraie du diagramme autographe de Cage ou en est une exécution. Il n'y a que des copies et des exécutions faites *d'après* cet objet unique, de même qu'il y a des dessins et des peintures faits d'après une esquisse. On pourrait, bien sûr, dire la même chose du manuscrit médiéval représenté au frontispice de ce chapitre ; parfois la révolution est une rétrogression.

Un esprit extrémiste prônant le *laissez-faire** a conduit certains compositeurs à utiliser des systèmes qui ne restreignent que légèrement la liberté qu'a l'exécutant de jouer ce qui lui plaît et comme il lui plaît. Une telle latitude n'est pas incompatible avec la notationalité ; même un système qui n'aurait que deux caractères, l'un ayant comme concordants toutes les exécutions de piano commençant par un *do* médian, et l'autre ayant comme concordants toutes les autres exécutions, serait notationnel — quoique, dans ce système, il ne puisse y avoir que deux œuvres différentes. Mais évidemment des systèmes dont les caractères ont de larges domaines d'application manquent souvent de disjointure sémantique.

(*) en français dans le texte.

À l'extrême opposé, certains compositeurs de musique électronique qui disposent de sources sonores continues et de moyens pour les activer, et qui se passent de l'exécutant humain au profit d'appareillages mécaniques, cherchent à éliminer toute latitude dans l'exécution et à réaliser un « contrôle exact » [9]. Mais sauf si c'est un pur comptage qui est en cause, aucun système notationnel ne peut atteindre une prescription absolument précise ; la différenciation requiert des intervalles qui détruisent la continuité. Avec un système décimal, par exemple, une précision absolue exigerait d'écrire chaque spécification de manière interminable ; s'arrêter à n'importe quel nombre fini de décimales a pour résultat un degré d'imprécision, si léger soit-il, mais qui pourrait s'accumuler indéfiniment dans une chaîne assez longue. Pour avoir un contrôle exact, il faudrait que le système symbolique fût à la fois syntaxiquement et sémantiquement dense — un système analogique ou graphique ; alors tout défaut de précision procéderait d'erreurs ou de limitations humaines ou mécaniques, plutôt que du système symbolique. Mais alors, nous n'avons pas non plus de notation ou de partitions et, assez ironiquement, en réclamant un contrôle absolu et inflexible, on aboutit à des œuvres purement autographiques.

Un grand nombre des systèmes symboliques développés par les compositeurs modernes se trouvent décrits, illustrés et classés par Erhardt Karkoschka [10]. Sa classification, dont les motivations diffèrent de la nôtre, reconnaît quatre types fondamentaux de systèmes :

(1) Notation précise (*Präzise Notation*) — où, par exemple, chaque note est mentionnée.

(2) Notation encadrée (*Rahmenotation*) — où, par exemple, seules les limites des ensembles de notes sont fixées.

(3) Notation suggestive (*Hinweisende Notation*) — où sont spécifiées au plus les relations des notes, ou les limites approximatives d'ensembles.

(4) Graphique musicale.

À l'évidence, un système de l'un ou l'autre des premiers genres peut ou non se qualifier comme notationnel dans ma terminologie. Des systèmes du troisième genre semblent être en général non-notationnels ; ils incluent, par exemple, les descriptions verbales habituelles de tempo. Mais un système ne prescrivant que des relations entre notes — par exemple : cette note est deux fois plus forte ou une octave au-dessous de la précédente — semble également appartenir à la troisième classe et pourrait être notationnel. Il se peut que le système utilisé pour le chant grégorien ait été de cette sorte. De ses trois premières classes, Karkoschka écrit (p.80) : « Une œuvre entre dans les trois sphères de la notation précise, de la notation encadrée et de la notation suggestive si elle a pour bases le système usuel des coordonnées spatio-temporelles, si elle est plus un signe qu'une esquisse, et si elle est essentiellement linéaire. » La quatrième classe, les graphismes musicaux, consiste apparemment surtout en systèmes analogiques, manquant à la fois d'articulation sémantique et syntaxique — c'est-à-dire, des systèmes non-notationnels, non-linguistiques, qui fournissent des diagrammes ou des esquisses plutôt que des partitions ou des descriptions.

3. L'ESQUISSE.

Parce qu'une esquisse de peintre, de même qu'une partition de compositeur, peut s'utiliser comme guide de travail, la différence cruciale dans leur statut pourrait passer inaperçue. Contrairement à la partition, l'esquisse ne fonctionne pas du tout dans un langage ou une notation, mais dans un système sans différenciation ni syntaxique ni sémantique. Tandis que le système de Cage décrit plus haut prend certaines relations de point à ligne comme les seules pertinentes, aucune parmi les propriétés d'image d'une esquisse ne peut être écartée comme non significative. Mais dans aucun des deux cas il n'est possible de déterminer s'il y a appartenance à, ou concordance avec, au plus un caractère. Donc, alors qu'une vraie partition délimite une classe d'exécutions qui sont à égalité des exemples et les seuls exemples d'une œuvre musicale, une esquisse ne détermine pas une classe d'objets qui soient à égalité les exemples, et les seuls, d'une œuvre de peinture. À la différence de la partition, l'esquisse ne définit pas une œuvre, au sens fort de « définit » expliqué plus haut, mais elle en *est* une.

Il n'est pourtant pas question de nier qu'on pourrait établir un système notationnel tel que des esquisses appartiennent à ses caractères. À l'évidence, il est possible d'assortir des esquisses et aussi des peintures en classes disjointes et différenciées d'une quantité de manières différentes ; et il est possible d'établir, indifféremment, une multitude de corrélations. Mais il est non moins évident que disposer de deux règnes qu'on peut ainsi assortir et mettre en corrélation n'est pas encore avoir un système. Ce n'est que lorsqu'une stipulation coutumière ou expresse réalise effectivement ou sélectionne une classification de chaque règne et une corrélation entre les deux que nous avons vraiment un système. Une telle sélection a déjà été faite dans le cas de la notation musicale standard, mais non dans le cas des esquisses. On ne distingue pour les images aucune modalité relativement à laquelle une esquisse devrait correspondre à une autre pour être son équivalent, ou une peinture correspondre à une esquisse pour être un exemple de ce que définit l'esquisse. On ne peut fixer aucun seuil à partir duquel une différence, sous quelque rapport que ce soit, devient significative. Des différences de toute sorte et de tout degré, mesurables ou non, sont sur un pied d'égalité. Il n'y a, par conséquent, pas de classes d'esquisses repérables comme caractères d'un système notationnel, ni de classes d'images comme classes-de-concordance de ce système.

En bref, l'esquisse — en tant que telle — diffère de la partition non pas parce qu'elle fonctionne comme caractère dans un langage d'une espèce différente, mais parce qu'elle ne fonctionne absolument pas comme caractère dans un *langage* [11]. Le langage notationnel des partitions musicales n'a aucun homologue dans un langage (notationnel ou non) d'esquisses.

4. LA PEINTURE.

Le fait que nous n'ayons à portée de main aucun système notationnel pour la peinture ne prouve pas qu'un tel système est impossible. En prenant la question de la possibilité dans son acception immédiate, on peut répondre par un *oui* sans hésitation mais trivial. Car on construit facilement des exemples de tels langages notationnels. Un système décimal analogue à celui des bibliothécaires, qui assignerait un nombre à chaque peinture en référence à la date et au lieu de production, obéirait à la totalité des cinq réquisits. L'objection selon laquelle personne ne peut dire par simple examen et sans information complémentaire si une peinture donnée concorde avec un nombre donné se fourvoie complètement ; car personne ne peut dire non plus par simple examen, *sans information complémentaire,* si une exécution donnée concorde avec une partition musicale. On doit être capable d'interpréter la partition de la même manière qu'on doit être capable d'interpréter le nombre, et savoir comment interpréter un caractère, c'est savoir ce qui concorde avec lui.

Les classes-de-concordance pour le langage qu'on vient de décrire seront de fait des classes-unité, si bien que l'identification d'une œuvre d'un exemple à un autre se fera toujours d'un exemple unique au même exemple unique, mais il n'existe pas de réquisits sur la taille des classes-de-concordance d'un système notationnel. L'unicité d'exemple en peinture n'a rien à voir avec le problème puisque exactement la même question de la possibilité d'un système notationnel se pose pour la gravure, et qu'on doit y répondre de la même façon. Si on assigne des nombres aux épreuves en référence à la planche qui a servi pour l'impression, la classe-de-concordance d'un nombre aura habituellement de nombreux membres. À vrai dire, rien n'empêcherait de prendre chaque planche elle-même pour l'inscription unique d'un caractère qui a ses épreuves comme concordants. D'où, pour la peinture comme pour la gravure, la facilité de concevoir des langages notationnels.

Cependant il apparaît clairement que cette réponse nette et directe à la question littérale manque le point essentiel. Car ici l'enjeu réel de la question est de savoir si, grâce à un système notationnel, l'œuvre de peinture ou de gravure peut être libérée de sa dépendance à l'égard d'un auteur, d'un lieu, d'une date, ou de moyens de production particuliers. Est-il théoriquement possible d'écrire une partition qui définisse une œuvre de peinture ou de gravure de manière à ce que des objets produits par d'autres, avant ou depuis l'original (ou les originaux) habituellement désigné, et par des moyens autres (que, par exemple, la planche « originale »), puissent concorder avec la partition et se qualifier comme exemples à égalité de l'œuvre ? En bref, l'institution d'un système notationnel pourrait-elle transformer la peinture ou la gravure d'art autographique en art allographique ?

Certaines des raisons qu'on a données pour répondre par la négative passent manifestement à côté de la question. Qu'une œuvre visuelle soit plus complexe et plus subtile qu'une exécution musicale n'aurait en soi pas d'importance — à supposer que ce soit vrai. Car une partition n'a pas besoin — et elle est réellement incapable — de spécifier tous les aspects des concordants, et même le degré de différence toléré pour un aspect quelconque ; dans le cas de la notation de la basse chiffrée ou de la cadence libre, une partition peut être sommaire à l'extrême. La difficulté de faire des reproductions parfaites d'une peinture n'a pas non plus grand-chose à voir avec la restriction de l'œuvre à l'original unique [12]. Les exécutions de la partition la plus spécifique ne sont en aucune façon des doubles exacts l'un de l'autre, mais elles varient amplement et de multiples manières. Une copie convenable et la peinture originale se ressemblent l'une l'autre plus étroitement que des exécutions d'une suite de Bach par Piatigorsky et par Casals.

Il y a tout de même des contraintes. Bien qu'un système notationnel puisse délimiter n'importe quel ensemble de classes disjointes et différenciées de manière finie dans n'importe quel règne de leurs classes-de-concordance, il s'en faut que toute classe-de-concordance de tout système de ce genre compte pour une œuvre. Il serait possible de réinterpréter la notation musicale standard de telle sorte que ses classes-de-concordance recoupent librement les classes standard, ou même ne contiennent pas d'exécutions musicales du tout. Ou bien un système notationnel pourrait classer des images selon leur taille ou leur forme. Mais dans aucun de ces cas une classe-de-concordance ne constitue une œuvre, pas plus que les animaux d'un zoo ne forment une espèce, ou que les exécutions d'une composition musicale ne composent une société. Que les classes-de-concordance pour un système soient des œuvres (ou des sociétés) dépend en partie des relations qu'elles ont avec les classes qui sont regardées comme des œuvres (ou des sociétés) dans la pratique antérieure.

On doit faire spécialement attention ici. Si c'est une grave erreur de supposer qu'une classe devient une œuvre lorsqu'on en fait un caractère dans un système notationnel, ce serait une erreur non moins grave de supposer qu'aucune classe n'est une œuvre, à moins qu'elle n'ait été auparavant considérée ainsi. D'une part, la classification antérieure joue comme brevet et pierre de touche pour un système notationnel ; ce n'est qu'en référence à cette classification qu'on peut dénoncer une erreur matérielle ou revendiquer l'exactitude matérielle. D'autre part, la classification antérieure est normalement partielle et provisionnelle. Elle propose seulement des classes échantillons et chacune seulement à partir d'échantillons. Adopter un langage notationnel aboutit donc à une double projection : des échantillons des différentes classes aux classes complètes, et des classes échantillons à la classification complète du domaine de référence. Ceci comporte un choix entre des alternatives ; et on peut faire de véritables infractions à la classification antérieure dans l'intérêt d'une meilleure systématisation. Somme toute, ce qui a fait problème pour développer un système notationnel dans un art tel que la musique, c'est la difficulté de parvenir à une définition réelle de la notion d'œuvre musicale.

Lorsque fait défaut une classification antérieure pertinente ou qu'elle est bafouée, un langage notationnel aboutit seulement à une définition nominale et arbitraire de « œuvre », comme s'il s'agissait d'un mot nouvellement forgé. Sans prototype, ou sans reconnaissance d'un prototype, il n'existe pas de bases matérielles pour choisir une systématisation plutôt qu'une autre. Mais dans le cas de la peinture, une œuvre est antérieurement identifiée avec (la classeunité d') une image individuelle, et dans le cas de la gravure, avec la classe des épreuves imprimées à partir d'une planche individuelle. La question est maintenant de savoir si, en appliquant un système notationnel, il est légitimement possible d'identifier des œuvres de peinture ou de gravure avec des classes tout à fait différentes. Ceci exigerait, non pas simplement des ajustements mineurs tels qu'il s'en produit dans toute systématisation mais une révision radicale qui réunirait ensemble dans chaque classe-de-concordance de nombreuses œuvres antérieurement différentes. Un système notationnel effectuant une telle reclassification est évidemment applicable à volonté ; mais des partitions dans le système ne constitueront pas de réelles définitions d'œuvres de peinture. Répudier la classification antérieure, c'est refuser d'habiliter la seule autorité compétente pour délivrer le brevet nécessaire.

Ainsi la réponse à la question décisive relative à l'existence d'un système notationnel pour la peinture est *non*. Nous pouvons inventer un système notationnel qui fournira, pour des œuvres de peinture et de gravure, des définitions réelles qui dépendent de leur procès de production. Nous pouvons inventer un système notationnel qui fournira des définitions nominales purement arbitraires qui ne dépendent pas de leur procès de production. Mais nous ne pouvons pas inventer un système notationnel qui fournira, pour de telles œuvres, des définitions qui soient à la fois réelles (en accord avec la pratique antérieure) et indépendantes de leur procès de production.

En somme, un art établi devient allographique seulement lorsque la classification des objets ou des événements en œuvres est projetée légitimement à partir d'une classification antérieure et est complètement définie, indépendamment du procès de production, dans les termes d'un système notationnel. Sont requis à la fois l'autorité et le moyen ; une classification antérieure appropriée fournit l'une, un système notationnel approprié l'autre. Sans le moyen, l'autorité reste formelle ; sans l'autorité, le moyen est inefficace.

5. LE SCRIPT.

À la différence d'une esquisse, un script* est un caractère dans un schéma notationnel et dans un langage mais, à la différence d'une partition, il ne l'est pas dans un système notationnel. Les réquisits syntaxiques sont satisfaits mais non tous les réquisits sémantiques. « Script » ici n'est donc pas restreint aux inscriptions cursives ou à l'œuvre des dramaturges et scénaristes. En général, les caractères des langages naturels et de la plupart des langages techniques sont des scripts ; car même si l'ambiguïté est évitée, les classes-de-concordance d'un tel langage sont rarement, soit disjointes, soit différenciées, l'une de l'autre.

Bien que la plupart des scripts soient verbaux, il est évident que la notationalité ne repose pas sur l'apparence des marques. Nous ne parvenons pas à un système notationnel si nous substituons un nombre à chaque mot français [13]. Et nous ne sacrifions pas la notationalité — bien qu'à coup sûr nous y renoncions en pratique — si nous traduisons la notation musicale standard en sous-langage du français, d'une manière telle que le vocabulaire des mots admis obéisse à nos cinq réquisits.

On pourrait supposer que les scripts mais non les partitions peuvent asserter ou dénoter. Mais nous avons déjà vu

(*) La reprise du terme anglais est commode, à condition de la détacher de sa valeur d'usage cinématographique et de la rapporter à son noyau étymologique : tout document utilisant une écriture. Il concerne donc tout langage discursif. (N.d.T.)

que le moyen d'indiquer une assertion (ou une question, ou un ordre) peut s'ajouter à un système ou s'en soustraire sans affecter la notationalité, et l'idée que les partitions ne dénotent pas ne semble pas mieux fondée. À première vue, il est vrai, la relation entre un terme et ce qu'il dénote apparaît tout à fait différente de celle entre une partition et ses exécutions, ou entre une lettre et ses émissions ; mais aucun principe très clair ne semble sous-tendre cette distinction. Les critères qui distinguent les systèmes notationnels d'autres langages se formulent en termes d'interrelationalité entre classes-de-concordance, et ne fournissent aucune base solide pour refuser de dire qu'un caractère, dans un langage de l'une ou l'autre sorte, dénote ce avec quoi il concorde [14].

Nous pouvons être encore plus brefs sur l'opinion que nous avons à comprendre un script, tandis que nous avons seulement besoin de savoir comment reconnaître l'exécution d'une partition de musique ou une émission de partition phonétique. Dans les deux cas, nous avons à savoir comment déterminer ce qui concorde avec le caractère. Là où un langage a peu de caractères premiers et des principes de concordance relativement simples, de sorte qu'un usage assuré et presque automatique s'acquiert assez facilement, nous avons tendance à regarder le langage comme un instrument que nous actionnons. Là où les caractères premiers sont nombreux et où les principes de concordance sont complexes, de sorte que l'interprétation d'un caractère réclame souvent une délibération, nous avons tendance à dire que nous devons comprendre le langage. Mais cette différence de complexité, outre qu'elle est affaire de degré, ne coïncide absolument pas avec la distinction entre les systèmes notationnels et les autres langages. Car un système notationnel peut avoir une infinité dénombrable de caractères premiers et une relation-de-concordance compliquée, alors qu'un langage discursif peut n'avoir que deux caractères — disons les mots « rouge » et « carré », avec pour concordants les choses rouges et les choses carrées.

Un script diffère donc d'une partition, non pas en ce qu'il est verbal, ou déclaratif, ou dénotationnel, ou qu'il requiert une compréhension spéciale, mais simplement du fait qu'il est un caractère dans un langage qui, ou bien est ambigu, ou bien manque de disjointure ou de différenciation sémantiques. Mais cette distinction qui peut sembler banale va beaucoup plus loin qu'il n'y paraît, à la fois dans des directions déjà observées et dans ses rapports avec certaines questions philosophiques très sensibles de nos jours.

6. PROJECTIBILITÉ, SYNONYMIE, ANALYTICITÉ.

Apprendre et pratiquer un langage quel qu'il soit, c'est résoudre des problèmes de projection. Sur la base d'inscriptions échantillons d'un caractère, nous devons décider si d'autres marques, telles qu'elles se présentent, appartiennent à ce caractère ; et sur la base de concordants échantillons d'un caractère, nous devons décider si d'autres objets concordent. Langages notationnels et langages discursifs se ressemblent à cet égard.

Avec les langages discursifs, nous avons à prendre des décisions projectives supplémentaires et majeures. Même après avoir réglé toute question sur l'appartenance de telles marques à tels caractères et sur l'appartenance de tels objets à telles classes-de-concordance, il se trouve encore souvent qu'un objet concorde avec plusieurs caractères. En français-objet, par exemple, aucun objet ou ensemble d'objets ne concorde avec exactement un prédicat. Tous les objets verts examinés à ce jour concordent avec le caractère « objet vert », mais tous concordent également bien avec

« objet vert examiné à ce jour ou kangourou », et avec une multitude indéfinie d'autres prédicats. Pratiquement toute classe qui contient tous les objets verts examinés à ce jour est la classe-de-concordance d'une expression dans ce langage. Plus généralement, quelle que soit la sélection opérée, les objets concordent avec une description française qui a, comme autres concordants, n'importe quels autres objets donnés. La projection à partir de cas donnés réclame donc un choix entre d'innombrables alternatives ; effectuer de tels choix est l'activité dominante de tout apprentissage[15].

Cependant aucune question semblable ne se pose lorsque nous utilisons un système notationnel. Ici, rien n'est un échantillon de plus d'une classe-de-concordance ; rien ne concorde avec deux caractères qui ne sont pas coextensifs. Aussi il ne subsiste aucun choix sauf peut-être, là où la redondance est permise, entre des étiquettes coextensives ; la projection, même d'un unique échantillon sur une classe-de-concordance, est déterminée de manière unique. Ce qui s'est passé, en fait, c'est que les décisions ont déjà été prises en adoptant le système. Nous avons vu plus haut que la sélection et l'application d'un système notationnel résolvent des problèmes de projection à deux niveaux : des classes-de-concordance partielles à des classes complètes, et d'un ensemble partiel à un ensemble complet de classes-de-concordance. D'où il résulte que, aussi longtemps que nous utilisons ce système, nous sommes exempts des problèmes majeurs de la projectibilité.

Bien sûr, une partie d'une exécution ne détermine pas davantage le reste que ne le fait une partie d'un objet. Entendre les premières notes d'une composition ne nous en dit pas plus sur ce qui suit que voir une partie d'un objet ne nous dit ce qui s'étend au-delà de notre vue. La différence est que, dans un système notationnel, une exécution complète (que ce soit celle d'un unique caractère premier ou de la partition entière d'une symphonie) détermine de manière unique le caractère et la classe-de-concordance, tandis que dans un langage discursif, un objet ou un événement complet qui concorde avec un caractère ne détermine pas de manière unique le caractère ou la classe-de-concordance.

À la différence d'un langage discursif, un système notationnel n'est donc pas troublé par des distinctions nobiliaires entre les différentes manières de classer un objet. Il est impossible qu'un objet soit affecté par un caractère du système à une espèce naturelle ou authentique, et par un autre à une collection aléatoire ou artificielle. Toutes les étiquettes pour un objet ont la même classe-de-concordance. Nous ne pouvons, dans la notation musicale standard par exemple, spécifier simplement qu'une note est une noire sans faire cas de sa hauteur, ou simplement que c'est un *do* médian sans faire cas de sa durée. Nous n'avons pas d'étiquettes pour toutes les noires ou pour tous les *do* médians ; si la notationalité doit être préservée, nous devons considérer les signes-de-note détachés et les lignes de portée vides comme des caractères vacants. Toutes les propriétés d'un objet donné qui sont spécifiables dans un système notationnel donné sont donc coextensives.

La distinction entre mode réel et mode nominal de définition tient encore, comme l'illustre la différence entre écrire une partition pour une œuvre dont il existe déjà une exécution et composer une œuvre nouvelle. Une fois le langage établi, une partition ou une classe de partitions coextensives est dans le premier cas déterminée de manière unique par une exécution, et une classe d'exécutions est dans le second cas déterminée de manière unique par une partition. Mais dans les deux cas, toutes les partitions assignent à une exécution donnée la même classe-de-concordance : toute exécution est l'exécution d'au plus une œuvre unique. Lorsque deux œuvres sont exécutées à la suite, bien que l'événement résultant contienne des exécutions de chacune des deux, il n'est lui-même une exécution d'aucune des deux, mais de la partition conjointe.

Que toutes les partitions pour une exécution soient coextensives n'implique pas qu'elles soient toutes synonymes. Deux caractères coextensifs *c1* et *c2* ne sont synonymes que si tout couple de composés parallèles où ils entrent sont également coextensifs. À savoir : si le remplacement de *c1* par *c2,* ou réciproquement, dans un caractère composé *k1* produit un caractère *k2* dont l'extension diffère de celle de *k1,* alors on a de bonnes raisons de penser que *c1* et *c2* diffèrent en signification [16]. De plus, là où deux termes diffèrent de cette manière en signification, on peut considérer, par dérivation, que même leurs composés parallèles coextensifs diffèrent en signification. Nous avons noté plus haut qu'un signe-*do*-dièse et un signe-*ré*-bémol (égaux en durée indiquée, etc.), tels qu'on les rencontre dans des partitions de piano, ont la même classe-de-concordance de sons ; mais, puisque le fait d'ajouter le signe-bécarre à ces caractères a pour résultat d'annuler le signe-dièse et aussi le signe-bémol, la classe-de-concordance pour le signe-*do*-dièse-bécarre [17] est composée de sons-*do* et elle est disjointe de la classe-de-concordance, composée de sons-*ré,* pour le signe-*ré*-bémol-bécarre. Ainsi le signe-*do*-dièse et le signe-*ré*-bémol, quand bien même coextensifs, ne sont pas synonymes ; et ne le sont pas non plus deux partitions, même coextensives, qui sont des composés parallèles de ces caractères [18].

Partout où on trouve des caractères coextensifs non synonymes, peut se poser la question des principes de préférence à appliquer entre eux dans tout contexte donné. Bien que « animal raisonnable » et « bipède sans plumes » soient coextensifs, on n'en dit pas moins — pour des raisons plutôt obscures — que « Tous les hommes sont des animaux raisonnables » est analytique, et que « Tous les hommes sont des bipèdes sans plumes » est synthétique. Comment se présentent les choses dans un système qui est notationnel mais contient toutefois des caractères coextensifs ? Les musiciens nous disent que dans une partition de piano traditionnelle, les règles habituelles de composition décident sans équivoque si c'est un signe-*do*-dièse ou un signe-*ré*-bémol qui intervient. Bien qu'il ne puisse en résulter aucune différence dans l'exécution, le mauvais choix semble violer une règle d'étiquette grammaticale comparable à celle qui gouverne, disons, l'usage en français des suffixes « logue » et « logiste ». De fait, nous pourrions dire qu'utiliser un signe-*do*-dièse là où c'est un signe-*ré*-bémol qui convient ressemble au fait de parler d'un « biologue » (ou d'un « géologiste »)*.

(*) Je suis contraint de transposer l'exemple de l'auteur. Le texte original renvoie à l'usage des préfixes anglais « un » et « in » qui commandent tous deux la négation par contrariété (opposition) ; la faute revient alors à échanger les préfixes en violation de la construction familière : ainsi « *untolerable* » et « *inbearable* », là où seuls « *intolerable* » et « *unbearable* » sont corrects. Le même type de barbarisme semble, du moins au seul niveau de l'usage concerné ici, pouvoir affecter la dérivation en français des noms de spécialistes par rapport à ceux de leur spécialité. Le parallélisme des deux situations peut s'autoriser d'une même absence de règle explicite de construction — ce qui subordonne la décision à l'existence d'une classification antérieure validée. Il est d'ailleurs à remarquer que si la règle des préfixes fait défaut en français (où le « in » est d'usage : intolérable), celle des suffixes n'existe pas en anglais (a biologist, a geologist). (N.d.T.)

Nous pourrions trouver des considérations plus solides dans la relation d'une œuvre à ses transcriptions* pour d'autres instruments. Comme nous l'avons vu, la spécification de l'instrument fait partie intégrante de toute vraie partition dans la notation musicale standard ; une œuvre de piano et sa version pour violon, par exemple, comptent strictement comme des œuvres différentes. Néanmoins, certaines exécutions au violon plutôt que d'autres sont admises comme exécutions de la version pour violon de l'œuvre pianistique. Supposons que pour une œuvre de piano donnée les exécutions au violon ainsi reconnues contiennent un *do*-dièse et non un *ré*-bémol en un endroit donné. La partition de la version pour violon de l'œuvre pianistique doit donc avoir en cet endroit un signe-*do*-dièse et non un signe-*ré*-bémol. Ceci fournirait des raisons de choisir le signe-*do*-dièse dans la partition de piano elle-même ; on pourrait dire que l'œuvre pianistique possède le *do*-dièse de manière analytique en cela que, dans des versions de l'œuvre pour d'autres instruments et là où le signe-*do*-dièse et le signe-*ré*-bémol ne sont pas coextensifs, c'est un *do*-dièse qui est obligatoire.

Il est difficile de dire dans quelle mesure un tel critère se rapproche de la notion usuelle d'analyticité, puisque cette notion est si désespérément confuse. Mais la notation musicale semble offrir tellement moins que les langues naturelles d'occasions d'embrouillamini à propos de l'analyticité que certains philosophes feraient bien d'arrêter d'écrire et se mettre à composer.

(*) Littéralement : enfants issus de même parents (*siblings*), donc des œuvres musicalement jumelles. (N.d.T.)

7. LES ARTS LITTÉRAIRES.

Le texte d'un poème, d'un roman ou d'une biographie est un caractère dans un schéma notationnel. En tant que caractère phonétique, avec des énonciations* comme concordants, il appartient à un système approximativement notationnel [19]. En tant que caractère qui a des objets comme concordants, il appartient à un langage discursif.

Puisque dans le dernier cas les classes-de-concordance ne sont pas disjointes et différenciées, les textes ne sont pas des partitions mais des scripts. Si les classes-de-concordance de textes constituaient des œuvres, alors dans certains cas on ne pourrait théoriquement pas déterminer si un objet appartient à une œuvre donnée, et dans certains cas un objet serait un exemple de plusieurs œuvres. Mais à l'évidence des œuvres de littérature ne sont pas des classes-de-concordance de textes. La Guerre de Sécession n'est pas de la littérature ; et deux histoires qui en traitent sont des œuvres différentes.

L'œuvre de littérature ne peut pas non plus être identifiée avec la classe des énonciations concordantes avec le texte pris en tant que caractère phonétique. Car même si le texte était une partition vraie, avec une classe-de-concordance exclusive disjointe et différenciée, une énonciation ne peut pas se prévaloir à un plus juste titre d'être un exemple de l'œuvre qu'une inscription du texte. Les énonciations ne sont pas les produits terminaux comme le sont des exécutions en musique. Qui plus est, nous pourrions tout aussi

(*) Tout au long de ce chapitre, je traduis « utterance » par *énonciation,* et non plus par *émission,* équivalent épistémologique habituel qui convient très bien à l'interprétation nominaliste du langage mais assez mal au contexte littéraire qui est ici privilégié. (N.d.T.)

bien considérer les énonciations elles-mêmes soit comme coextensives à des inscriptions du texte, soit comme appartenant à un langage phonétique-converse avec les inscriptions comme concordants. Ou bien, puisque la concordance n'est pas toujours asymétrique, nous pourrions considérer qu'énonciations et inscriptions se prennent les unes les autres comme concordants. Ou bien nous pourrions prendre, disons, le français écrit et le français parlé comme des langages séparés et parallèles. Un caractère de l'un se compose d'inscriptions, un caractère de l'autre se compose d'énonciations, tandis que « caractère du français » peut se prendre de l'une ou l'autre façon si le contexte n'impose pas de restrictions. Mais peut-être la voie la plus simple est-elle de considérer qu'un caractère du français a pour membres tant des énonciations que des inscriptions. Ceci étend simplement d'une manière commode et appropriée la pratique de compter des marques qui varient largement comme membres d'un même caractère. La disjointure syntaxique — requise d'un schéma notationnel et par suite de tout langage, non simplement d'un système notationnel — devra être préservée par le refus d'accepter qu'une énonciation, quelle qu'elle soit, appartienne à deux caractères différents. De même que, parmi certaines inscriptions-de-lettres qui se correspondent, les unes appartiennent à la première lettre de l'alphabet et les autres à la quatrième, de même, parmi les énonciations d'un son-*m* suivi d'un son-*e* ouvert suivi d'un son-*r*, certaines appartiendront au même caractère en tant qu'inscriptions de « mer », et les autres appartiendront au même caractère en tant qu'inscriptions de « mère »*.

(*) Je transpose l'exemple de l'auteur : « gate » et « gait » sont phonétiquement indiscernables en anglais /geit/. Il en est de même en français pour les mots « mer » et « mère » qui se prononcent tous deux /mɛʀ/ ; et aussi « chant » et « champ » qui se prononcent /ʃã/ etc. (N.d.T.)

Une œuvre littéraire n'est donc pas la classe-de-concordance d'un texte mais le texte ou le script lui-même. Toutes les inscriptions et énonciations du texte, et seulement elles, sont des exemples de l'œuvre ; et l'identification de l'œuvre d'un exemple à l'autre est garantie par le fait que le texte est un caractère dans un schéma notationnel, dans un vocabulaire de symboles syntaxiquement disjoints et différenciés. Même le remplacement d'un caractère dans un texte par un autre caractère synonyme (s'il peut s'en trouver dans un langage discursif) produit une œuvre différente. Cependant l'œuvre est le texte non pas en tant que classe isolée de marques et d'énonciations mais en tant que caractère dans un langage. La même classe en tant que caractère dans un autre langage est une autre œuvre, et une traduction d'une œuvre n'est pas un exemple de cette œuvre. L'identité de langage et l'identité syntaxique à l'intérieur du langage sont toutes deux des conditions nécessaires pour l'identité d'une œuvre littéraire.

Il va de soi que je ne m'occupe pas de ce qui confère à certains scripts la qualité d'œuvres « véritablement littéraires ». Néanmoins, assimiler un poème à son texte peut faire naître quelque protestation, pour la raison que les propriétés les plus immédiates ou les plus intrinsèques des classes d'inscriptions et d'énonciations ne coïncident certainement pas avec les propriétés esthétiquement importantes du poème. Mais en premier lieu, définir des œuvres littéraires ne demande pas plus d'entrer dans le détail de toutes leurs propriétés esthétiques significatives que définir des métaux ne demande d'entrer dans le détail de toutes leurs propriétés chimiques significatives. En second lieu, l'immédiateté est une notion suspecte et la convenance esthétique une notion subtile ; infiniment de confusion a résulté de l'association des deux. Identifier l'œuvre littéraire avec un script n'est pas l'isoler et la dessécher mais reconnaître en elle un symbole dénotatif et expressif qui porte au-delà de lui-même, en suivant toute sorte de sentiers préférentiels, longs et courts.

Nous avons vu qu'une partition musicale fonctionne dans une notation et définit une œuvre ; qu'une esquisse ou image ne fonctionne pas dans une notation mais est elle-même une œuvre ; et qu'un script littéraire à la fois fonctionne dans une notation et est lui-même une œuvre. Donc dans les différents arts une œuvre est différemment localisée. Dans la peinture, l'œuvre est un objet individuel et dans la gravure, une classe d'objets. Dans la musique, l'œuvre est la classe des exécutions concordantes avec un caractère. En littérature, l'œuvre est le caractère lui-même. Et en calligraphie, pouvons-nous ajouter, l'œuvre est une inscription individuelle [20].

Dans l'art dramatique, de même qu'en musique, l'œuvre est une classe-de-concordance d'exécutions. Le texte d'une pièce, toutefois, est un composé de partition et de script. Le dialogue est dans un système quasi-notationnel, ayant des énonciations pour concordants. Cette partie du texte est une partition, et les exécutions qui concordent avec elle constituent l'œuvre. Les indications scéniques, les descriptions de décor, etc., sont des scripts dans un langage qui n'obéit à aucun des réquisits sémantiques pour la notationalité, et une exécution ne détermine pas de manière unique un tel script ou une classe de scripts coextensifs. Étant donnée une exécution, on peut transcrire univoquement le dialogue : différentes manières correctes de le mettre par écrit auront exactement les mêmes exécutions comme concordants. Mais ceci n'est pas vrai du reste du texte. Une mise en scène donnée, par exemple, peut concorder avec des inscriptions qui divergent en extension ; il se peut même qu'il soit en théorie impossible de décider de sa concordance avec certaines descriptions. Les parties du texte autres que le dialogue ne comptent pas comme parties intégrantes de la partition définissante mais comme instructions supplémentaires. Dans le cas d'un roman qui consiste partiellement ou même entièrement en un dialogue, le texte est l'œuvre ; mais le même texte, pris en tant que texte pour une pièce est ou contient la partition pour une œuvre. Un script de cinéma pour un film muet n'est ni l'œuvre filmique ni une partition pour l'exécuter mais, bien qu'on l'utilise dans le tournage du film, il est sous d'autres rapports dans une relation à l'œuvre aussi vague qu'une description verbale d'une peinture à la peinture elle-même.

8. LA DANSE.

La possibilité d'une notation pour la danse a été l'une des questions initiales qui m'ont conduit à étudier les systèmes notationnels. Parce que la danse est visuelle comme la peinture qui n'a pas de notation, et cependant éphémère et temporelle comme la musique qui possède une notation standard hautement développée, la réponse ne va pas complètement de soi ; on a avancé avec une fréquence à peu près égale des négations mal fondées et des affirmations toutes faites.

Les négations mal fondées reposent sur l'argument que la danse, en tant qu'art visuel et mobile mettant en jeu les expressions infiniment subtiles et variées et les mouvements tridimensionnels d'un ou de plusieurs organismes hautement complexes, est beaucoup trop compliquée pour qu'on la capture au moyen d'une notation. Mais il va sans dire qu'une partition n'exige nullement de capturer toute la subtilité et la complexité d'une exécution. Ce serait sans espoir même dans l'art comparativement plus simple de la musique, et ne répondrait pas au problème. La fonction d'une partition est de spécifier les propriétés essentielles qu'une exécution doit avoir pour appartenir à l'œuvre ; les stipulations ne portent que sur certains aspects et seulement à l'intérieur de certaines limites. Toutes les autres variations sont permises et les différences entre exécutions de la même œuvre, même en musique, sont énormes.

Les réponses affirmatives toutes faites consistent à faire remarquer qu'on peut concevoir une notation pour à peu près n'importe quoi. Ceci n'a évidemment rien à voir avec la question. Ce qui a de l'importance, c'est de savoir si, en termes de langage notationnel, nous pouvons fournir des définitions réelles qui identifieront une danse dans ses multiples exécutions, indépendamment de tout procès particulier de production.

Pour que de telles définitions réelles soient possibles, on doit disposer, avons-nous vu, d'une classification antérieure des exécutions en œuvres qui soit pareillement indépendante du procès de production. Cette classification n'a pas besoin d'être nette ou complète mais elle doit servir de piste, d'échafaudage, de tremplin, pour développer une classification achevée et systématique. Il semble clair que la classification antérieure requise existe pour la danse. Préalablement à toute notation, nous pouvons juger de façon raisonnablement cohérente si des exécutions par des gens différents sont des exemples du même ballet. Aucune barrière théorique ne nous ferme la voie pour développer un système notationnel approprié.

La faisabilité pratique est une autre affaire dont il n'est pas directement question ici. La classification antérieure est si grossière, si sujette à révision, que les décisions à prendre sont nombreuses, compliquées et de portée considérable. Violer par mégarde l'un des réquisits syntaxiques ou sémantiques peut facilement aboutir à un langage non-notationnel ou à un système qui n'est pas du tout un langage.

On a besoin d'une systématisation audacieuse et intelligente, accompagnée de nombreuses précautions.

Parmi les notations qu'on a proposées pour la danse, celle appelée *Labanotation* [21] d'après le nom de l'inventeur, Rudolf Laban, semble, et à bon droit, s'être acquis le plus de considération. Impressionnant schéma d'analyse et de description, elle réfute la croyance commune selon laquelle le mouvement complexe continu est un sujet d'étude réfractaire à l'articulation notationnelle, et elle discrédite le dogme qui veut que la description systématique réussie dépende en général de quelque docilité — quelque netteté structurale naturelle — propre à ce qui est décrit. De fait le développement du langage de Laban nous offre un exemple élaboré et captivant du processus qu'on a fini par nommer « formation de concept ».

Jusqu'où, cependant, le système obéit-il aux réquisits théoriques pour un langage notationnel ? Je ne peux que tenter de donner une réponse, à partir d'une connaissance inadéquate du système. Que les caractères soient syntaxiquement disjoints semble clair. Il est moins facile de s'assurer que le système satisfait aux réquisits de différenciation finie ; mais Laban évite ici bien des traquenards. Par exemple, on s'attend naturellement à une violation dans les indications de direction puisque, si tout angle différent que fait une ligne vaut pour une direction différente, on n'obéit ni au réquisit syntaxique, ni au réquisit sémantique de différenciation. Mais dans la Labanotation, la direction du mouvement de face s'indique par une « épingle de direction » dans chacune des huit positions disposées à des intervalles égaux sur le pourtour du cercle horizontal complet (figure 12) ; une direction à mi-chemin entre deux directions voisines quelconques parmi ces huit s'indique en combinant les signes pour les deux (par exemple comme sur la figure 13).

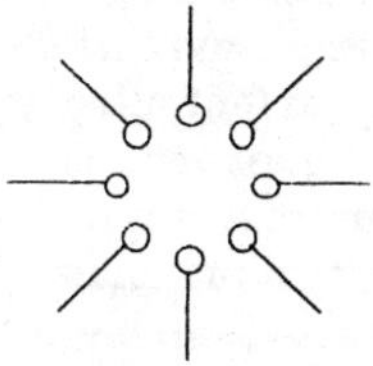

figure 12

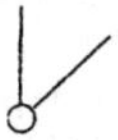

figure 13

Ce procédé n'admet pas d'itération ultérieure pour indiquer des directions entre deux directions voisines parmi les seize. Ailleurs dans le système, la différenciation est souvent atteinte d'une manière tout aussi décisive qu'ici. On est mis en alerte par une affirmation telle que : « la longueur relative du symbole directionnel est indicative de sa valeur temporelle » ; mais ici, comme en musique, le temps est divisé en mesures, et il est probable que la plus petite différence de durée prévue dans le langage est la même que dans la notation musicale standard [22].

Tout comme la notation musicale standard, la Labanotation prévoit une mise-en-partition plus ou moins spécifique, et viole ainsi la condition de disjointure sémantique. Les signes *ad lib* et l'autorisation explicite de décrire en détail ou de laisser ouverts certains aspects d'un mouvement [23] ont un effet qui ressemble beaucoup à celui des notations de cadence libre et de basse chiffrée en musique. Le résultat est que l'identité d'une œuvre ne sera pas préservée dans toute chaîne de pas qui font alterner des partitions et des exécutions. Il se peut que le chorégraphe ou le compositeur se réjouisse de la souplesse offerte, laquelle n'affecte pas les pas de partition-à-exécution ; mais elle laisse les pas d'exécution-à-partition insuffisamment déterminés jusqu'à ce que soit stipulée la spécificité de la mise-en-partition. La Labanotation, en tant que totalité, est un langage discursif qui comprend plusieurs sous-systèmes notationnels ; et dans certains cas, une classe d'exécutions peut être une œuvre relativement à l'un mais non à un autre de ces systèmes notationnels.

Je n'ai considéré jusqu'ici que le vocabulaire de base. Une partie de l'autre type de symbolisme qui est introduit ne peut être englobée dans aucun système notationnel. Un excellent exemple est l'usage des mots ou d'images pour indiquer des objets physiques impliqués dans la danse [24]. Si nous admettons des mots-d'objet en général, alors nous sacrifions la disjointure et la différenciation sémantiques et nous avons un langage discursif. Si nous admettons des esquisses-d'objet en général, alors la différenciation syntaxique fait elle aussi long feu, et nous n'avons même pas de langage. Un remède possible consisterait à restreindre très sévèrement et de manière appropriée les mots ou les images admis. Un autre, suggéré plus haut pour les mots-de-tempo en musique et les indications scéniques au théâtre, serait de traiter ces caractères non pas du tout comme parties intégrantes d'une partition mais comme supplémentaires et non-définitives. Savoir si cela convient dépend de savoir si (comme cela semble plausible) une exécution qui emploie des objets différents ou même aucun objet est un exemple du même ballet, tout comme une représentation de *Hamlet* en costumes modernes et sans décors ou accessoires est un exemple de la même pièce.

Tout compte fait, la Labanotation passe très bien les tests théoriques — à peu près aussi bien que la notation musicale ordinaire, et peut-être aussi bien que le permettent les exigences de la pratique. Je ne dis pas que nous avons ici un système notationnel bon ou efficace pour la danse, que les décisions qu'il renferme sont saines, heureuses ou conséquentes. Une telle appréciation portée par un profane serait insolente et sans valeur. C'est un usage étendu qui peut faire découvrir que le langage n'est pas satisfaisant ou qu'il devient suffisamment traditionnel pour faire autorité. Si ce langage-ci ou un autre devient suffisamment standard, son analyse sous-jacente du mouvement en facteurs et particules prévaudra ; des décisions arbitraires s'épanouiront en vérité absolue, et des unités opportunes pour le discours accéderont au statut de composants ultimes de la réalité — en attendant la révolution.

Laban concevait son système comme une notation non limitée à la danse mais intéressant le mouvement humain en général, et il continua à développer et à compléter son système comme moyen d'analyse et de classement de toutes les activités physiques de l'homme. Le besoin d'un tel système est particulièrement visible, par exemple, dans le génie industriel et en psychologie expérimentale. Savoir si l'expérimentateur ou le sujet répètent leur comportement lors d'une deuxième occurrence dépend des critères d'identité du comportement qu'on applique ; le problème de la formulation de tels critères est le problème du développement d'un système notationnel. En ce qui concerne le mouvement non humain, un zoologiste a récemment proposé une méthode amusante et éclairante de codification des différentes démarches des chevaux [25].

9. L'ARCHITECTURE.

Les papiers de l'architecte forment un curieux mélange. Les spécifications sont écrites en langage verbal discursif et en langage numérique ordinaires. Les croquis qu'on réalise pour faire saisir l'apparence du bâtiment achevé sont des esquisses. Mais qu'en est-il des plans ?

Parce qu'un plan est un dessin, avec des lignes et des angles sujets à une variation continue, on aurait tendance à conjecturer qu'il s'agit techniquement d'une esquisse. Mais sur le plan figurent des cotes utilisant des mots et des chiffres. Ceci suggère que nous avons ici une combinaison d'esquisse et de script. Mais je pense que ceci de nouveau est faux. En premier lieu, le dessin n'est utilisé que pour indiquer l'emplacement relatif des éléments et leurs mesures. On ne fait un dessin soigné, à l'échelle, que pour la commodité et l'élégance ; une version grossière et déformée, avec les mêmes lettres et chiffres, a la qualité de copie vraie du bleu à l'épure la plus précise, elle prescrit les propriétés constitutives avec autant de rigueur, et a les mêmes bâtiments pour concordants. En second lieu, alors que les nombres en tant que caractères dans l'ensemble non limité des nombres fractionnaires sont des scripts, les nombres à admettre dans les plans architecturaux sont tacitement restreints — par exemple on ne doit donner les mesures, disons, qu'au demi-millimètre près. Aussi longtemps qu'une restriction de ce type est en vigueur, la part admise de langage numérique (à la différence du tout) ne viole pas la condition de différenciation finie, mais a la qualité notationnelle. Donc, bien qu'un dessin ait souvent valeur d'esquisse, et une mesure chiffrée de script, la sélection particulière de dessin et de nombres dans un plan d'architecture vaut comme un diagramme digital et comme une partition.

Les plans architecturaux, de même que les partitions musicales, peuvent quelquefois définir des œuvres en un sens plus large que nous ne les prenons habituellement. Car les spécifications de l'architecte concernant les matériaux et la construction (qu'elles soient écrites séparément ou sur les plans) ne peuvent pas plus être considérées comme parties intégrantes d'une partition que les spécifications verbales de tempo du compositeur. Un architecte est libre de stipuler que le matériau d'une fondation est de la pierre, est du granit, ou est du granit veiné de Rockport. Étant donné le bâtiment, nous ne pouvons dire lequel de ces termes qui s'emboîtent intervient dans les spécifications. La classe des bâtiments que délimite l'ensemble plans-et-spécifications est plus étroite que celle définie par les plans seuls ; mais l'ensemble plans-et-spécifications constitue un script, non une partition. Donc la question de savoir si deux bâtiments sont des exemples de la même œuvre, relativement au langage total de l'architecte, reste indéterminée. Relativement au langage notationnel des plans, elle est déterminée ; mais l'œuvre est alors identifiée avec une classe plus riche qu'il n'est d'usage. Toutefois, il ne faut pas s'attendre à une exacte conformité entre la définition et la pratique ordinaire et elle n'est jamais non plus requise.

Nous ne devons pas nous laisser égarer par le fait que la classe-de-concordance d'un ensemble de plans se trouve si souvent ne consister qu'en un seul bâtiment ; ou par l'intérêt ou la valeur remarquable que peut avoir un exemple donné d'une œuvre architecturale ; ou par le fait que l'architecte insiste quelquefois pour superviser directement le processus de construction. Plus d'une composition n'est jouée qu'une seule fois ; certaines exécutions d'autres pièces ont une importance exceptionnelle ; et quoiqu'un bâtiment ou une exécution réalisé sous la direction du maître d'œuvre ou du compositeur soit un produit plus personnel et peut-être bien meilleur (ou bien pire) qu'un autre bâtiment ou exécution issu des mêmes plans ou partition, il ne s'ensuit pas que c'est un exemple plus original ou plus authentique de l'œuvre.

Néanmoins, l'œuvre architecturale n'est pas toujours aussi sûrement dégagée d'un bâtiment particulier qu'une œuvre musicale l'est d'une exécution particulière. À la différence de celui de la musique, le produit terminal de l'architecture n'est pas éphémère ; le langage notationnel s'est développé en réponse à la participation de nombreuses mains à la construction plutôt que par une demande en ce sens. Le langage se trouve donc moins autorisé, et il rencontre plus de résistance, à outrepasser le niveau autographique originel de l'art. Il est assez clair que toutes les maisons qui concordent avec les plans Smith-Jones duplex n°17 sont à titre égal des exemples de cette œuvre architecturale. Mais dans le cas d'un tribut architectural plus ancien à la féminité, le Taj Mahal, nous pouvons nous refuser à considérer qu'un autre bâtiment, tiré des mêmes plans, voire sur le même site, est un exemple de la même œuvre plutôt qu'une copie. Il ne nous est pas aussi aisé d'identifier une œuvre architecturale avec un avant-projet plutôt qu'avec un bâtiment, que d'identifier une œuvre musicale avec une composition plutôt qu'avec une exécution. Du fait que l'architecture possède un système notationnel raisonnablement approprié et que certaines de ses œuvres sont indubitablement allographiques, l'art est allographique. Mais pour autant que son système notationnel ne s'est pas encore acquis une totale autorité pour séparer dans tous les cas l'identité de l'œuvre de sa production particulière, l'architecture est un cas mixte et de transition.

Dans le présent chapitre, j'ai appliqué, principalement aux systèmes symboliques dans les arts, les principes développés dans le chapitre IV en réponse à des questions soulevées au chapitre III. Le lecteur aura déjà remarqué que ces principes sont de quelque portée pour les problèmes laissés sans solution dans les deux premiers chapitres. Je reviens maintenant à ces problèmes et aux autres tâches laissées en suspens.

NOTES
CHAPITRE V

1. Non pas, qu'on le remarque bien, « dans un *schéma* notationnel ». L'usage adopté ici ne compte comme partitions* que des caractères de *systèmes* notationnels.

2. Je ne dis pas relativement à ses mérites, esthétiques ou autres ; voir la discussion de ce point plus loin dans cette section.

3. Voir le frontispice de ce chapitre. Selon Carl Parrish, *The Notation of Medieval Music,* New York, W.W. Norton and Co., Inc., 1957, p.9, ce système « est appelé *diastématique,* du mot grec pour "intervalle". Dans cette écriture, les neumes sont soigneusement "élevés", c'est-à-dire placés à des distances variables d'une ligne imaginaire qui représente une hauteur donnée, conformément à leurs relations à cette ligne. Certaines écoles de notation neumatique présentent cette caractéristique même sur leurs plus anciens manuscrits... À peu près à la fin du Xe siècle la ligne imaginaire par rapport à laquelle les neumes diastématiques étaient placés devint une ligne réelle. D'abord ce fut une ligne sèche grattée sur le parchemin, idée probablement suggérée par l'usage des lignes-guides sur lesquelles on écrivait le texte ».

4. Je simplifie ici à l'excès en ignorant les traits autres que la hauteur mais ceci n'affecte pas la question centrale. La redondance notée ci-dessus réclamera par ailleurs un examen approfondi.

5. Ceci peut être contesté. On me dit qu'on accepte pour l'un et l'autre caractères un ton de, disons, 333 vibrations par seconde. Mais nous pouvons considérer un tel son soit comme réellement en concordance avec les deux caractères, soit (comme lorsqu'on fait une fausse note) comme simplement situé en deçà de limites de déviation

(*) Le sens premier de « score » renvoie à une fonction inscriptive : entaille etc., et plus techniquement toute marque qui sert de repère ; en dérivent les emplois usuels du terme : le compte des points dans les jeux, et la partition (musicale). Ce dernier terme est à prendre sous les conditions d'extension que mentionne l'auteur. (N.d.T.)

tolérables en pratique. Dans le but d'illustrer une question générale, je choisis ici cette dernière interprétation. Une notation qui fait davantage appel au relationnel est encore compatible avec la notationalité.

6. On ne peut répondre à la question de savoir si ces classes-de-concordance sont bien disjointes qu'en examinant avec soin la notation en usage et certaines décisions délicates concernant son interprétation.

7. Choisis au hasard dans les programmes des œuvres jouées au festival de musique de Marlboro, Marlboro, Vermont, durant six semaines dans l'été 1961.

8. Voir *Concert for Piano and Orchestra, Solo for Piano,* New York, Henmar Press, Inc., 1960, p.53, figure BB. La figure, qui a été redessinée, est reproduite ici avec l'autorisation de l'éditeur.

9. Roger Sessions, dans un passage qui précède juste le paragraphe dont est extraite la citation placée en exergue du chapitre IV, écrit que les media électroniques rendent possible « le contrôle exact de tous les éléments musicaux... Chaque moment de musique non seulement peut mais doit être le résultat du calcul le plus minutieux, et pour la première fois le compositeur a la totalité du monde sonore à sa disposition » ; il poursuit en s'interrogeant sur l'importance musicale de cette approche. Peter Yates, dans « The Proof of the Notation », *Arts and Architecture,* 1966, vol.82, p.36, fait observer que « même une exécution par des moyens électroniques variera avec l'équipement et l'acoustique ».

10. Dans *Das Schriftsbild der Neuen Musik,* Celle, Herman Moeck, 1966, pp.19 sq. Ma discussion de cette œuvre pénétrante est brève et inadéquate.

11. Bien sûr, rien n'empêche une marque donnée de fonctionner comme inscription dans une notation (ou dans plusieurs notations différentes) et également comme esquisse dans un système non linguistique (ou dans plusieurs systèmes de ce type).

12. L'acceptation largement répandue de cette explication facile et impropre a paralysé les efforts vers une réelle compréhension du sujet. Les philosophes de l'art ne sont pas à l'abri de l'erreur ; voir, par exemple, Joseph Margolis, « The Identity of a Work of Art », *Mind,* 1959, vol.68, p.50.

13. Pour assigner des nombres à des mots, nous pourrions prendre pour base l'ordre lexicographique. Mais si nous voulons assigner un nombre à *toute suite de lettres,* et que nous ne fixions aucune limite à la longueur d'une suite, l'ordination lexicographique devient épouvantablement complexe. Toutefois il est possible d'assigner des nombres à toutes les suites de ce type sur la base de l'ordination différente et très simple qui débute avec l'ordination lexicographique de toutes les suites d'une lettre, puis passe à l'ordination lexicographique de toutes les suites de deux lettres, et ainsi de suite. Voir IV, note 17.

14. Il n'est pas question de dire que tout ce à quoi un symbole fait référence concorde avec lui ; bien que l'exemplification soit un mode de référence, elle n'institue pas de concordance. Nous verrons également ci-dessous (section 7) que les énonciations et les inscriptions d'un langage peuvent s'interpréter tout à tour, et souvent de manière heureuse, comme des exemples à égalité de caractères audiovisuels.

15. Savoir sur quelles bases s'effectue le choix est une question sujette à controverse. Hommes de science et métaphysiciens ont coutume d'introduire une différence ontologique entre les « espèces naturelles » et les autres classes. Les philosophes soutiennent souvent que les membres d'une classe bien faite partagent quelque attribut réel ou essence, ou bien ont une ressemblance absolue les uns à l'égard des autres. Je pense que la distinction dépend plutôt d'une accoutumance linguistique. Pour une discussion détaillée du problème de la projectibilité, voir *FFF*.

16. Le critère de différence de signification employé ici est celui que j'ai exposé dans mes articles « On Likeness of Meaning » et « On Some Differences About Meaning » (cités ch.I, note 19). L'extension *primaire* d'un caractère consiste dans ce que ce caractère dénote ; une extension *secondaire* consiste dans ce que quelque composé de ce caractère dénote. Deux caractères diffèrent en signification s'ils diffèrent en extension primaire ou par une extension secondaire parallèle quelle qu'elle soit. Si on applique cela aux langages naturels où il existe une grande liberté d'engendrer des composés, ce critère tend à avoir pour résultat que les deux termes de tout couple diffèrent en signification. Aucun résultat semblable n'en découle pour des langages à fortes restrictions ; et de fait, pour ceux-ci, il se peut qu'il soit nécessaire de renforcer le critère en posant en plus

que des caractères diffèrent en signification s'ils sont des composés parallèles de termes qui diffèrent soit en extension primaire, soit en extension secondaire parallèle.

17. Les caractères dont il est ici question comprennent un signe-de-note, un signe-dièse ou un signe-bémol (peut-être d'après l'armure de clef) et un signe-bécarre qui neutralise le signe-dièse ou le signe-bémol. L'ordre de priorité du signe-de-note et du signe-dièse ou du signe-bémol ne fait aucune différence ; mais un signe-bécarre annule tous les signes-dièse ou tous les signes-bémol qui le précèdent et sont associés (immédiatement ou lointainement) au signe-de-note, et seulement ceux-là. Pour modifier un *do*-double-dièse en un *do*-dièse, nous devons lui ajouter en suffixe un signe-bécarre et puis un autre signe-dièse, de sorte que le résultat non abrégé est un signe-*do*-dièse-dièse-bécarre-dièse.

18. Toutes les partitions jamais exécutées ont les mêmes exécutions comme concordants, à savoir aucune. Ce sont des partitions pour des « œuvres différentes » dans le sens indirect où des images de licornes et des images de centaures sont des images de choses différentes. Dans aucun des deux cas il n'existe de différence dans l'extension primaire. La partition pour la neuvième Symphonie jamais exécutée de Jones et la partition pour son troisième Concerto pour piano jamais exécuté sont au sens strict très précisément la partition-de-la-neuvième-Symphonie-de-Jones et la partition-du-troisième-Concerto-pour-piano-de-Jones. Le remplacement d'un caractère dans la partition-de-la-neuvième-Symphonie-de-Jones n'aboutira à la partition-de-la-neuvième-Symphonie-de-Jones que si les caractères remplacé et remplaçant sont coextensifs et en outre s'ils sont, de la manière expliquée ci-dessus, synonymes.

19. L'approximation ne sera pas très bonne en anglais, en raison de sa richesse en homonymes, son instabilité, etc., mais peut être passablement bonne dans une langue comme l'espagnol.

20. La question beaucoup discutée : une œuvre d'art est-elle un symbole ? me semble donc particulièrement vaine. Non seulement il se peut qu'une œuvre, selon l'art dont elle relève, soit un objet, une classe d'objets, un caractère dans un langage, ou une inscription, mais dans n'importe lequel de ces cas elle peut de manières variées symboliser d'autres choses.

21. Laban travaillait sur le sujet à Vienne dès les années 1920. Il a publié *Choreographie,* Jena, Eugen Diederichs, 1926 ; *Effort,*

avec F.C. Lawrence, Londres, Mac Donald and Evans, Ltd., 1947 ; et *Principles of Dance and Movement Notation,* Londres, Mac Donald and Evans, Ltd., 1956. Un exposé commode et bien illustré par Ann Hutchinson est disponible en livre de poche, (*Labanotation,* Norfolk, Conn., New Directions, 1961), texte que je cite dans les trois prochaines notes. Un des systèmes concurrents a été proposé par Rudolf et Joan Benesh dans *An Introduction to Dance Notation,* Londres, Adam and Charles Black, Ltd., 1956. Je laisse au lecteur à titre d'exercice le soin de comparer les systèmes Laban et Benesh à la lumière des principes énoncés dans le présent livre.

22. Ou moindre. La plus petite durée indiquée par l'un ou l'autre des caractères effectivement présentés ou mentionnés dans *Labanotation* (p.52) est le seizième de mesure, probablement parce que, même dans le tempo normal le plus lent, c'est le temps le plus court pendant lequel on peut s'attendre à ce qu'un danseur exécute une unité de mouvement distincte et reconnaissable. Mais à condition qu'une limite soit établie, peu importe exactement où elle se situe.

23. Pour l'emploi des signes *ad lib,* voir *Labanotation,* pp.88, 187. Sur les écarts autorisés de spécificité dans la mise-en-partition, voir par exemple pp.59 et 262. C'est dans de tels passages que nous découvrons, me semble-t-il, la signification de l'affirmation de l'introduction : « La Labanotation permet n'importe quel degré de spécificité » (p.6). Lue dans le sens que le système permet la spécification dans les limites de n'importe quel degré de précision donné, quel qu'il soit, cette affirmation impliquerait une absence de différenciation.

Entre parenthèses, la Labanotation semble être redondante, bien qu'il ne soit pas toujours aisé de saisir, d'après l'exposé (par ex. voir p.144) si des symboles alternatifs sont véritablement coextensifs. Nous avons vu que des caractères coextensifs en musique diffèrent parfois en signification, du fait qu'ils entrent dans des composés parallèles qui diffèrent en extension ; jusqu'ici je n'ai pas découvert d'analogue de ceci dans la Labanotation.

24. *Labanotation,* pp.179-181.

25. Voir Milton Hildebrand, « Symmetrical Gaits of Horses », *Science,* 1965, vol.150, pp.701-708.

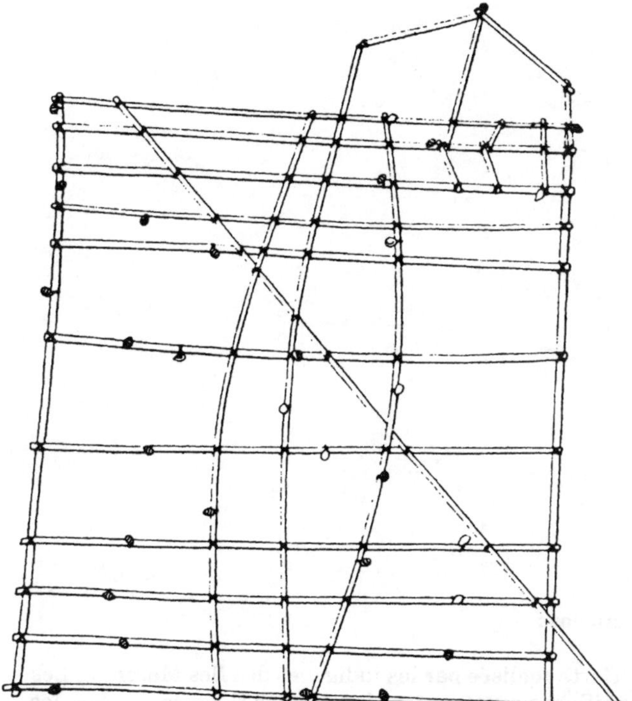

Au dos :

Carte réalisée par les indigènes des Îles Marshall. Les coquillages représentent les îles, les tiges de bambou les vents et courants dominants. Reproduit grâce à la courtoisie du Peabody Museum, Harvard University. Dessin de Symme Burstein.

VI
L'ART ET L'ENTENDEMENT

La science (...) est prête à accepter une théorie qui dépasse largement sa base d'évidence empirique, si cette théorie promet de faire apparaître un ordre sous-jacent, un système de connexions systématiques simples et profondes où il n'y avait jusque-là qu'une masse de faits disparates et divers.*

C. G. Hempel.

1. IMAGES ET PARAGRAPHES.

Nos explorations nous ont reconduit par une route inattendue à un problème laissé en suspens dans le premier chapitre. Nous avions vu alors que la représentation n'est pas l'imitation et ne peut être définie d'aucune des manières ordinaires. La caractérisation de la représentation comme dénotation dépendant de propriétés d'image était trop *ad hoc* pour qu'on l'accepte comme définitive ; elle n'a apporté aucun aperçu sur les traits décisifs qui distinguent la représentation d'autres modes de dénotation. Mais à présent l'analyse des systèmes symboliques, entreprise en réponse

(*) « Recent Problems of Induction » dans *Mind and Cosmos,* Pittsburgh, University of Pittsburgh Press, 1966, p.132.

au problème très différent de l'art allographique, nous a fourni le moyen de clarifier la nature de la représentation.

Un système notationnel, avons-nous vu, satisfait cinq réquisits. Un langage, notationnel ou non, satisfait au moins les deux premiers : les réquisits syntaxiques de disjointure et de différenciation. Les langages ordinaires violent habituellement les réquisits restants, qui sont sémantiques. Les systèmes non linguistiques diffèrent des langages, la dépiction de la description, le représentationnel du verbal, les peintures des poèmes, fondamentalement par le manque de différenciation — de fait par la densité (et l'absence totale d'articulation qui en découle) — dans le schéma symbolique. Rien n'est intrinsèquement une représentation ; avoir statut de représentation est relatif à un système symbolique. Une image dans un système peut être une description dans un autre ; qu'un symbole qui dénote soit représentationnel dépend non pas de sa ressemblance avec ce qu'il dénote mais de ses rapports avec d'autres symboles dans un schéma donné. Un schéma n'est représentationnel qu'autant qu'il est dense ; et un symbole est une représentation seulement s'il appartient à un schéma dense d'un bout à l'autre ou à une partie dense d'un schéma partiellement dense. Un tel symbole peut être une représentation même s'il ne dénote rien du tout.

Considérez, par exemple, quelques images dans le système de représentation occidental traditionnel : la première est celle d'un homme qui se tient debout à une distance donnée ; la seconde, à la même échelle, celle d'un homme plus petit et à la même distance. La seconde silhouette sera plus réduite que la première. Une troisième silhouette dans cette série peut être de taille intermédiaire ; une quatrième, intermédiaire entre la troisième et la seconde, et ainsi de suite. Conformément au système représentationnel, toute différence de taille entre ces silhouettes constitue une différence dans la hauteur de l'homme représenté. Que des hommes réels soient représentés est sans importance ; ce qui est en question ici, c'est la manière dont les différentes silhouettes se classent en caractères dont ces silhouettes sont des marques. Et quelle que soit la finesse avec laquelle nous pouvons exercer notre discrimination, la classification fait intervenir pour chaque image de nombreux caractères qui sont tels qu'il ne nous est pas possible de déterminer si l'image appartient au plus à l'un donné d'entre eux. La différenciation syntaxique est absente d'un bout à l'autre. De plus, alors que je n'ai, pour simplifier, considéré qu'une seule dimension dans cet exemple, toute différence portant sur l'image à tout point de vue constitue une différence pour notre système familier de représentation.

Les images dans notre exemple auraient pu aussi bien être des images-de-centaure, cela va de soi, et même là où il existe des denotata, ceux-ci n'ont nul besoin de former un domaine dense de référence. Mais les systèmes représentationnels sont normalement sémantiquement denses [1], même s'ils le sont de manière vacante là où le domaine de référence est entièrement vide.

D'ailleurs, tant que le schéma consiste en un ensemble dense de caractères, il n'est pas nécessaire que nous ayons véritablement des images ou des silhouettes qui soient difficiles à différencier en taille. Nous avons encore une densité syntaxique lorsqu'il n'y a plus que deux images et qu'elles diffèrent manifestement de taille. En fait, si l'on n'a qu'une unique image, n'importe quel caractère auquel elle appartient manquera de différenciation syntaxique à l'égard d'autres caractères que fait intervenir le schéma.

Bien que la représentation dépende ainsi d'un rapport entre symboles plutôt que de leur rapport aux denotata, elle dépend néanmoins de leur usage en tant que symboles dénotatifs. Un ensemble dense d'éléments ne constitue pas un schéma représentationnel tant qu'on ne le dote pas, au moins en apparence, de denotata. La règle pour mettre en corrélation des symboles et des denotata peut aboutir à n'assigner aucun denotatum réel à aucun symbole, de sorte que le domaine de référence est vide ; mais les éléments ne deviennent des représentations qu'en conjonction avec une corrélation de ce type, effective ou de principe.

L'articulation qui distingue les descriptions des représentations n'est pas, je dois y insister, fonction de leur structure interne. Certains auteurs ont soutenu qu'un symbole linguistique (ou « discursif ») diffère d'un symbole représentationnel (ou « présentationnel ») en ce qu'une description est résoluble de manière unique en particules telles que des mots ou des lettres tandis qu'une image est un tout indivisible. En réalité, un caractère atomique tel qu'un mot d'une seule lettre est encore une description tandis qu'une image composée, tel un portrait de groupe, est encore une représentation. La différence significative réside dans la relation d'un symbole à d'autres au sein d'un système dénotatif.

Distinguer les représentations des descriptions de cette manière aboutit à classer notre système habituel de représentation picturale avec les systèmes symboliques des sismographes et des thermomètres non gradués. Mais il est manifeste que nous avons besoin de distinctions supplémentaires. Nous avons déjà examiné en détail les différences les plus importantes entre systèmes syntaxiquement articulés — spécialement celles entre langage notationnel et langage discursif — mais non les différences qui existent entre des systèmes syntaxiquement denses. Dans notre bref survol des diagrammes, cartes et modèles, nous avons ajourné la considération de questions du type : comment un diagramme purement graphique diffère-t-il d'une esquisse de peintre, un contour de carte d'une photographie aérienne, un modèle de bateau d'une sculpture ?

Comparez un fragment d'électrocardiogramme avec un dessin du Mont Fuji-yama par Hokusai. Les lignes noires en zigzag sur des fonds blancs peuvent être exactement les mêmes dans les deux cas. Cependant l'un est un diagramme et l'autre une image. Qu'est-ce qui fait la différence ? À l'évidence, quelque caractéristique des schémas différents dans lesquelles les deux marques fonctionnent comme symboles. Mais, puisque les deux schémas sont denses (et supposés disjoints), quelle caractéristique ? La réponse ne réside pas dans ce qui est symbolisé ; on peut faire des diagrammes de montagnes, et des images de battements de cœur. La différence est syntaxique : les aspects constitutifs du diagrammatique, en tant qu'on les compare avec le caractère imagé, sont l'objet d'une restriction expresse et étroite. Les seuls traits pertinents du diagramme sont l'ordonnée et l'abscisse de chacun des points que traverse le centre de la ligne. L'épaisseur de la ligne, sa couleur et son intensité, la grandeur absolue du diagramme, etc., n'importent pas ; savoir si ce qui est donné comme un double du symbole appartient au même caractère du schéma diagrammatique ne dépend pas du tout de semblables traits. Cela n'est pas vrai de l'esquisse. Tout empâtement ou affinement de la ligne, sa couleur, son contraste avec le fonds, sa taille, voire les qualités du papier — rien de tout ceci n'est écarté, rien ne peut être ignoré. Bien que le schéma imagé et le diagramme aient en commun de ne pas être articulés, certains traits qui sont constitutifs dans le schéma imagé sont rejetés comme contingents dans le schéma diagrammatique ; dans le schéma imagé, les symboles sont relativement *saturés* [2].

Alors qu'il existe une ligne au moins théoriquement nette entre schémas denses et articulés, parmi les schémas denses la différence entre le représentationnel et le diagrammatique est une question de *degré*. Nous ne pouvons pas dire qu'aucun aspect d'une peinture représentationnelle, par exemple, n'est contingent ; car des propriétés telles que peser dix livres ou être en transit entre Boston et New York un certain jour n'affectent sûrement pas le statut de la peinture dans son schéma représentationnel. Un schéma dense est plus diagrammatique qu'un second si les aspects constitutifs-de-caractère pour le premier sont inclus en propre dans les aspects constitutifs-de-caractère pour le second. On peut même en venir à regarder l'un des schémas graphiques familiers appartenant à une catégorie familière comme purement représentationnel si ses aspects constitutifs incluent ceux de tous les autres schémas ; alors les schémas qui excluent comme contingents certains des aspects constitutifs de ce schéma représentationnel seront considérés comme diagrammatiques. La norme représentationnelle sera bien sûr elle-même diagrammatique, d'après notre définition, relativement à des schémas anormaux qui ont des aspects constitutifs additionnels.

Toutes ces remarques additionnées débouchent sur la franche hérésie. Les descriptions se distinguent des dépictions non pas parce qu'elles sont plus arbitraires, mais en raison de leur appartenance à des schémas articulés plutôt qu'à des schémas denses ; et les mots sont plus conventionnels que les images, seulement si l'on interprète la conventionalité en termes de différenciation plutôt que d'artificialité. Rien ne dépend ici de la structure interne d'un symbole ; car ce qui décrit dans certains systèmes peut dépeindre dans d'autres. La ressemblance disparaît en tant que critère de représentation, et la similarité structurale en tant que réquisit pour un langage notationnel ou tout autre langage. La distinction souvent soulignée entre signes iconiques et autres signes devient fugace et triviale ; c'est ainsi que l'hérésie engendre l'iconoclasme.

Cependant une réforme aussi radicale s'imposait. Elle prend en compte l'entière relativité de la représentation et la possibilité de représenter par des choses autres que des images. Des objets et des événements, visuels et non-visuels, peuvent être représentés par des symboles visuels ou non-visuels. Les images peuvent fonctionner comme représentations à l'intérieur de systèmes très différents de celui qu'il se trouve que nous considérons comme normal ; des couleurs peuvent tenir lieu de leurs complémentaires ou de grandeurs, la perspective peut être renversée ou autrement transformée, et ainsi de suite. D'autre part, lorsqu'on prend des images pour de simples points de repère lors d'instructions tactiques, ou qu'on les utilise comme symboles dans un autre schéma qui est articulé, elles ne fonctionnent pas comme des représentations. Comme nous l'avons vu plus haut, parmi les systèmes représentationnels, le « naturalisme » est affaire d'habitude mais l'accoutumance ne nous fait pas franchir la frontière entre description et représentation. Aucune dose de familiarité ne transforme un paragraphe en une image et aucun degré de nouveauté ne fait d'une image un paragraphe. Un diagramme simplement graphique et un portrait achevé diffèrent l'un de l'autre en degré mais contrastent nettement avec une description et même avec un diagramme purement connectif.

Notre analyse des types de schémas et de systèmes symboliques nous permet de venir à bout de certains problèmes rebelles concernant la représentation et la description. En même temps, elle met à jour certaines affinités inattendues entre images, sismogrammes et positions d'aiguille sur des cadrans non gradués d'une part, et entre pictogrammes, plans de circuits et mots de l'autre. De vieilles frontières vagues sont transgressées, de nouvelles alliances ainsi que des déplacements significatifs sont effectués.

Une conséquence tout à fait incidente concerne la représentation en musique. Ici, pas plus qu'en peinture, la représentation ne requiert d'imitation. Mais si tant est qu'une exécution d'une œuvre définie par une partition standard dénote, il s'en faut qu'elle représente déjà ; car en tant qu'exécution d'une telle œuvre elle appartient à un ensemble articulé. Le même événement-son, considéré comme appartenant à un ensemble dense de symboles auditifs, peut représenter. Ainsi la musique électronique dénuée de notation ou de langage au sens propre du mot peut être représentationnelle, tandis que la musique dans sa notation standard, si même elle est dénotative, est descriptive. Ceci reste une curiosité mineure, en raison du rôle particulièrement réduit que la dénotation joue en musique.

2. RECHERCHER ET MONTRER.

Le schéma imagé complet qui nous est familier comprend tout ce que nous prenons pour une image, et on peut aller jusqu'à y inclure les sculptures et certains objets naturels. Certains caractères du schéma représentent des entités véritables, certains représentent de manière fictive, et certains ne sont pas représentationnels du tout. Parmi ceux qui sont représentationnels, aussi bien que parmi ceux qui ne le sont pas, il y en beaucoup d'expressifs ; un caractère du schéma peut être représentationnel ou expressif, ou les deux, ou bien ni l'un ni l'autre.

La représentation et la description, nous l'avons vu, sont dénotatives tandis que l'exemplification et l'expression fonctionnent dans une direction opposée de celle de la dénotation. Puisque les caractères d'image demeurent les mêmes dans les systèmes représentationnel et expressif, l'expression imagée aussi bien que la représentation imagée se font au moyen de symboles empruntés à un schéma dense ; mais la densité, quoique nécessaire pour la représentation, n'est pas (le cas du langage expressif le montrera) nécessaire pour l'expression. La représentation réaliste ordinaire a été identifiée ci-dessus comme un système familier particulier, à l'intérieur de l'espèce des systèmes dénotationnels denses et relativement saturés ; mais l'expression imagée ordinaire avait déjà été identifiée plus haut comme la portion métaphorique d'un système familier particulier, à l'intérieur de l'espèce des systèmes exemplificationnels. Alors qu'une caractérisation générale adéquate de la représentation avait dû attendre l'introduction des concepts techniques discutés aux chapitres IV et V, une caractérisation générale comparable de l'expression avait été déjà accomplie en d'autres termes au chapitre II.

L'expression et l'exemplification dans les arts offrent toutefois une variété de combinaisons de traits syntaxiques et sémantiques comparables à ceux dont nous avons fait usage pour classer les systèmes dénotatifs. Bien sûr, il nous faut maintenant définir de manière plus générale les propriétés sémantiques d'ambiguïté, de disjointure, de différenciation, de densité et de discontinuité, en termes de référence et de classes-de-référence plutôt qu'en termes de concordance (ou dénotation) et de classes-de-concordance (ou extensions) ; mais la manière de mener ceci à bien est évidente. Par exemple, un système est sémantiquement différencié en ce sens élargi si et seulement si, pour tout couple de caractères *K* et *K'* et pour tout élément *h* auquel les deux ne font pas référence, il est théoriquement possible de déterminer soit que *K* ne fait pas référence à *h*, soit que *K'* ne fait pas référence à *h*. Nous avons utilisé auparavant les définitions plus étroites parce que nous nous occupions exclusivement de systèmes dénotatifs. Des systèmes exemplificationnels, quelles que soient leurs propriétés syntaxiques et sémantiques, n'ont pas qualité de notations ou de langages.

En peinture et en sculpture, l'exemplification est syntaxiquement et sémantiquement dense. Ni les caractères d'image, ni les propriétés exemplifiées ne sont différenciés et les prédicats exemplifiés proviennent d'un langage naturel illimité et discursif. La comparaison avec le cas d'un thermomètre non gradué est pertinente ici, tout comme dans le cas de la représentation ; mais les images sont maintenant à comparer plutôt aux occurrences-de-température qu'aux hauteurs-de-la-colonne-de-mercure. Car les images, comme les occurrences-de-température, sont plutôt dénotées qu'elles ne dénotent dans les systèmes en question.

L'exemplification imagée, de même que la représentation, diffère du système symbolique comparable du thermomètre en ce qu'elle est beaucoup moins étroitement bornée. Des images peuvent exemplifier des couleurs, des formes, des sonorités, des sentiments, etc., et la comparaison la plus fidèle serait avec une jauge compliquée et inconstante, ou avec une batterie de jauges. Les systèmes plus étroits d'exemplification, bornés par exemple à l'exemplification des couleurs, sont au système total un peu ce que sont les systèmes diagrammatiques à la représentation. Mais tandis que l'affaiblissement du représentationnel au diagrammatique passe par une restriction affectant les aspects syntaxiques constitutifs des symboles, l'affaiblissement de l'exemplification imagée complète à une plus étroite passe par une restriction affectant les aspects constitutifs de ce qui est symbolisé. Les symboles exemplifiants demeurent inchangés ; tout aspect d'image peut participer, par exemple, à l'exemplification d'une couleur ou à l'expression d'un son. Ainsi ces systèmes d'exemplification plus étroits, à la différence des systèmes diagrammatiques, conservent leur nature d'image dans le sens où leurs symboles ne sont pas moins saturés que ceux des systèmes complets d'exemplification et de représentation imagée.

Voir quelles propriétés une image exemplifie ou exprime ressemble à l'acte d'appliquer un mètre non gradué, mais *dire* ce que l'image exemplifie consiste à ajuster les mots adéquats pris dans un langage syntaxiquement illimité et sémantiquement dense. Aussi exact que soit tout terme que nous appliquions, il en existe toujours un autre tel que nous ne puissions déterminer lequel des deux est effectivement exemplifié par l'image en question. Puisque le langage est également discursif, contenant des termes qui en incluent d'autres en extension, nous pouvons diminuer le risque d'erreur en utilisant des termes plus généraux ; mais la sécurité se gagne alors en sacrifiant la précision. Comparez avec le processus de mesure d'un objet. Comme nous l'avons noté plus haut, l'exactitude est améliorée mais notre capacité à effectuer la correction est diminuée à mesure que notre réponse se charge de plus en plus de décimales. Dire ce qu'une image exemplifie est l'équivalent d'effectuer une mesure avec des tolérances non fixées.

L'exemplification imagée est ainsi en réalité un système inversé de jauge ou de mesure [3] et l'expression imagée est un système particulier d'exemplification métaphorique. Dans n'importe quel système de ce genre qui possède un schéma symbolique dense et un ensemble illimité ou dense de classes-de-référence, la recherche d'un ajustement précis entre le symbole et le symbolisé demande une sensibilité maximale, et est interminable. Qui plus est, ce qu'un caractère d'image exemplifie ou exprime dépend non seulement des propriétés qu'il a mais de celles d'entre elles qu'il symbolise, à savoir qui fonctionnent comme échantillon de lui-même ; ceci est souvent beaucoup moins clair que dans le cas d'une liasse de tailleur. Les systèmes picturaux d'exemplification sont loin d'être aussi normalisés que la plupart de nos systèmes pratiques d'échantillonnage, de jauge ou de mesure. Je ne soutiens aucunement que les détails des systèmes imagés sont étalés devant nous pour faciliter la découverte ; je n'ai pas non plus proposé mon aide lorsqu'il s'agissait de décider si une image donnée exemplifie une propriété donnée, ou exprime un sentiment donné, mais je fais seulement une analyse des relations symboliques d'exemplification et d'expression imagées, partout où elles peuvent être en vigueur.

D'ordinaire l'exécution d'une œuvre musicale n'appartient pas seulement à l'œuvre (ou à la partition), ou concorde avec elle, mais elle l'exemplifie aussi [4]. Et puisque les œuvres et partitions appartiennent à un langage notationnel, nous avons ici — par contraste avec ce qui se passe dans l'exemplification imagée — une exemplification de ce qui est articulé, disjoint et limité.

Une exécution musicale exemplifie et exprime aussi normalement bien des à-côtés de l'œuvre ou de la partition. On peut dire par ellipse [5] que l'œuvre exemplifie une propriété si celle-ci est exemplifiée par toutes les exécutions de l'œuvre. Mais ceci se produira rarement, puisque les propriétés exemplifiées non prescrites par la partition ne sont pas constitutives et peuvent varier librement d'une exécution à l'autre sans affecter le statut d'aucune exécution quelle qu'elle soit en tant qu'exemple authentique (même s'il est condamnable) de l'œuvre. Que nous puissions avoir une exécution molle d'une œuvre héroïque est par trop évident. Cependant que veut-on exprimer ici en disant que l'œuvre est héroïque ? Si nous répondons : dire que l'œuvre est héroïque, c'est dire par ellipse que toutes ses exécutions *convenables* le sont, « convenable » ne peut vouloir simplement dire « concordant avec la partition ». La propriété en question est plutôt une concordance avec des instructions supplémentaires qui peuvent être ou non verbales, être imprimées au fil de la partition, ou données tacitement par la tradition, de vive voix, etc. Nous avons vu (ch.V,2) qu'en aucun de ces cas ces instructions ne peuvent être tenues pour partie intégrante de la partition, car elles appartiennent à un système syntaxiquement illimité et sémantiquement dense, non à un langage notationnel. Et puisque des exécutions, considérées comme événements-sons plutôt que comme exemples d'œuvres, ne sont pas totalement différenciées, l'exemplification de tout ce qui n'est pas prescrit par la partition est, comme c'est le cas dans l'exemplification imagée, une situation de jauge ou de mesure inversée. Il en va de même dans la danse et l'art dramatique. Dans tous ces cas, en dépit de la définition des œuvres par des partitions, l'acte d'exemplifier ou d'exprimer au moyen d'une exécution tout ce qui dépasse la partition fait référence dans un système sémantiquement dense, et pose un problème d'ajustement infiniment fin.

Dans la littérature écrite, bien que les sentiments et autres propriétés exemplifiés [6] ou exprimés appartiennent à un ensemble dense, les symboles exemplifiants et exprimants sont articulés. En déterminant ce qu'un poème exprime nous sommes confrontés à un symbole syntaxiquement différencié et nous cherchons précisément quelle propriété (ou propriétés) prise, dans un certain ensemble dense, le symbole dénote et à laquelle il fait référence. Ceci fait contraste avec jauger et mesurer ; car ce qui est jaugé ou mesuré n'est jamais articulé.

Les propriétés exemplifiées par un passage peuvent être et sont souvent pourvues de noms empruntés au même vocabulaire — disons le français — que les mots contenus dans le passage lui-même et nous pouvons considérer, comme nous le faisons à l'égard d'une peinture, qu'un passage ou un poème exemplifie les noms de propriétés qu'il exemplifie. L'exemplification littéraire de tels prédicats ou descriptions met ainsi en relation des vocabulaires, ou le même vocabulaire qui fonctionne à des niveaux différents ; schéma symbolique et domaine de référence sont tous les deux articulés et non-limités. Pourtant la nature de la corrélation établie ici produit un résultat plutôt remarquable. Si on lit le système en descendant, en allant des termes qui dénotent ou sont exemplifiés vers l'œuvre dénotée ou exemplificatrice, il est, de toute évidence, syntaxiquement articulé mais sémantiquement dense. En conséquence on pourrait s'attendre à ce qu'en lisant le système dans la direction opposée, du passage ou de l'œuvre qui exemplifie vers les termes exemplifiés, les caractéristiques syntaxiques et sémantiques soient échangées. Or ce système est lui aussi syntaxiquement articulé et sémantiquement dense. Pour voir comment cela est possible, considérez le cas suivant : α se compose de tous les termes français, β du sous ensemble illimité des termes-de-température français. L'ordination syntaxique de chacun de ces vocabulaires est basée sur l'alphabet (voir V, note 13) et est articulée. Les termes de β pris comme termes dénotants de α relativement à la chaleur sont toutefois ordonnés de manière dense. Le système dénotatif fonctionnant de β vers α est donc syntaxiquement articulé mais sémantiquement dense. Mais maintenant les termes de α, pris relativement à la chaleur comme exemplifiant les termes de β, sont également ordonnés de manière dense ; le système exemplificationnel fonctionnant de α vers β est donc lui aussi syntaxiquement articulé mais sémantiquement dense. De même en littérature nous avons deux vocabulaires (peut-être identiques) syntaxiquement articulés, dont les termes de chacun prennent pour référents les termes de l'autre, l'un et l'autre systèmes résultants — l'un, système de dénotation, l'autre d'exemplification — étant syntaxiquement articulés et sémantiquement denses [7]. Donc même si une œuvre littéraire est articulée et peut exemplifier ou exprimer ce qui est articulé, une recherche sans fin est toujours requise, ici comme dans d'autres arts, pour déterminer avec précision ce qui est exemplifié ou exprimé.

Si nous devions considérer que des lectures orales d'une

œuvre littéraire sont des exécutions d'une partition, ce qui a été dit ci-dessus concernant les exécutions musicales s'appliquerait aussi. Mais nous avons trouvé (V,7) des raisons de rejeter cette interprétation et de considérer plutôt énonciations et inscriptions comme jumelles. À l'évidence différentes énonciations et inscriptions du même caractère peuvent exemplifier et exprimer des propriétés différentes. On peut dire de manière elliptique que l'œuvre exprime les propriétés exemplifiées ou exprimées par toutes les énonciations et inscriptions d'une œuvre mais on peut le dire également d'autres propriétés qui se trouvent être exemplifiées ou exprimées par toutes les occurrences qui, en vertu de critères établis, ont qualité d'énonciations et d'inscriptions « convenables » de l'œuvre. La variation entre énonciations et inscriptions dans ce qui est exemplifié ou exprimé est parallèle (comme nous l'avons vu) à la variation en dénotation entre exemples d'un terme ambigu ou d'un mot-indicateur.

Toute cette analyse technique semble assez éloignée de l'expérience esthétique, mais je pense qu'une certaine conception de la nature de l'esthétique et des arts commence à émerger.

3. ACTION ET ATTITUDE.

Une tradition persistante décrit l'attitude esthétique comme une contemplation passive de l'immédiatement donné, une appréhension directe de ce qui est présenté, non contaminées par la moindre conceptualisation, isolées de tous les échos du passé et de toutes les menaces et promesses du futur, exemptes de toute entreprise. Au moyen de rites purificatoires de désengagement et en suspendant l'interprétation nous devrions être en quête d'une vision du monde vierge et immaculée. Je n'ai certainement pas besoin de recenser les erreurs philosophiques et les absurdités esthétiques d'une telle manière de voir, tant que quelqu'un ne va pas sérieusement jusqu'à prétendre que l'attitude esthétique appropriée envers un poème se réduit à fixer la page imprimée sans la lire.

J'ai soutenu au contraire que nous devons lire la peinture aussi bien que le poème, et que l'expérience esthétique est dynamique plutôt que statique. Elle impose de faire des discriminations délicates et de discerner des rapports subtils, d'identifier des systèmes symboliques et des caractères à l'intérieur de ces systèmes, ainsi que ce que ces caractères dénotent et exemplifient, d'interpréter des œuvres et de réorganiser le monde en termes d'œuvres et les œuvres dans les termes du monde. Une bonne partie de notre expérience et maints de nos talents sont mis à contribution et peuvent être transformés par cette rencontre. L'« attitude » esthétique ne connaît pas de repos, elle fait des recherches et met à l'épreuve — c'est moins une attitude qu'une action : création et recréation.

Qu'est-ce qui distingue alors une telle activité esthétique d'autres comportements intelligents tels que la perception, la conduite ordinaire et la recherche scientifique ? Une réponse immédiate est que l'esthétique n'est tournée vers aucune fin pratique, ne se soucie pas de se défendre ou de conquérir, ni d'acquérir le nécessaire ou le superflu, ni de prédire ou de contrôler la nature. Mais si l'attitude esthétique désavoue les visées pratiques, encore est-il que l'indifférence envers les buts ne suffit certainement pas. L'attitude esthétique est questionnante et fait contraste avec l'acquisition et la préservation de soi, mais il s'en faut que toute recherche non pratique soit esthétique. Penser que la science soit motivée en dernier ressort par des objectifs pratiques, qu'elle soit jugée ou justifiée par des ponts et des bombes, par le contrôle de la nature, c'est confondre la science avec la technologie. La science cherche la connaissance sans souci des conséquences pratiques, et elle s'intéresse à la prédiction non pas en tant que guide pour le comportement mais en tant que test de la vérité. La recherche désintéressée embrasse à la fois l'expérience scientifique et l'expérience esthétique.

On a souvent tenté de distinguer l'esthétique en termes de jouissance immédiate, mais des difficultés apparaissent et prolifèrent ici. À l'évidence, le critère ne peut être la pure quantité ou intensité du plaisir. Qu'une image ou un poème procure plus de plaisir qu'une preuve n'est en aucune façon clair ; certaines activités humaines qui sont sans relation à aucune de celles-là procurent un plaisir plus que suffisant pour rendre insignifiantes toutes différences de grandeur ou de degré entre des types variés de recherche. Revendiquer que le plaisir esthétique est d'une *qualité* différente et supérieure est à cette étape un artifice trop transparent pour qu'on le prenne au sérieux.

Nous pouvons laisser tomber dans la poubelle des explications par la « vertu dormitive » la suggestion qui suit inévitablement, à savoir que l'expérience esthétique ne se distingue pas du tout par le plaisir mais par une émotion esthétique spéciale.

Ceci fraie la voie à la théorie sophistiquée selon laquelle ce qui compte n'est pas le plaisir obtenu mais le plaisir « objectivé », le plaisir deviné dans l'objet telle une propriété qui en ferait partie. En dehors d'expressions imagées de quelque extravagant processus de transfusion, qu'est-ce que cela peut signifier ? Considérer le plaisir comme possédé par l'objet plutôt qu'occasionné par lui — dire en fait que l'objet a du plaisir — peut équivaloir à dire que l'objet exprime le plaisir. Mais puisqu'il y a des objets esthétiques tristes — qui expriment la tristesse plutôt que le plaisir — ceci ne nous fait pas beaucoup avancer vers une distinction globale entre des objets (ou une expérience) esthétiques et non esthétiques.

Certaines de ces difficultés sont diminuées et d'autres obscurcies si nous parlons de satisfaction plutôt que de plaisir. « Satisfaction » est assez neutre pour passer dans des contextes où « plaisir » est ridicule, assez brumeux pour brouiller les contre-exemples, et assez souple pour tolérer des flottements commodes dans l'interprétation. Nous pouvons ainsi espérer diminuer la tentation d'invoquer une qualité ou espèce spéciale de sentiment, ou de nous livrer à l'idolâtrie à propos de l'objectivation. Néanmoins il est assez évident que la satisfaction échoue à distinguer les objets et les expériences esthétiques des non esthétiques. Non seulement on trouve une recherche scientifique qui produit beaucoup de satisfaction, mais encore certains objets et expériences esthétiques n'en produisent aucune. La musique et notre écoute, les images et notre regard, ne fluctuent pas entre l'esthétique et le non esthétique selon que l'interprétation ou la réalisation picturale varient de l'exalté à l'atroce. Être esthétique n'empêche pas d'être insatisfaisant ou d'être esthétiquement mauvais.

Le trait distinctif, disent certains, n'est pas la satisfaction qu'on s'est assurée mais la satisfaction cherchée : en science, la satisfaction est un simple sous-produit de la recherche ; dans l'art, la recherche est un pur moyen d'obtenir une satisfaction. Ils soutiennent que la différence n'est ni dans le processus accompli, ni dans la satisfaction goûtée, mais dans l'attitude observée. Selon ce point de vue, la *visée* scientifique est le savoir, la *visée* esthétique est la satisfaction.

Mais comment peut-on séparer nettement ces visées ? Est-ce que l'érudit recherche la connaissance ou bien la satisfaction de savoir ? Obtenir une connaissance et satisfaire la curiosité sont tellement semblables qu'essayer de faire l'un des deux sans essayer de faire l'autre exige assurément un équilibre précaire. Quiconque fait en sorte de chercher la satisfaction sans chercher la connaissance n'obtiendra à coup sûr ni l'une ni l'autre, et il est par ailleurs peu vraisemblable que s'abstenir de toute anticipation de satisfaction soit stimulant pour la recherche. On peut de fait être tellement absorbé en travaillant sur un problème qu'on ne pense jamais à la satisfaction qu'on doit tirer de sa résolution ; ou bien on peut se complaire avec tant d'ardeur dans les délices de la recherche d'une solution qu'on n'entreprend jamais de l'atteindre. Mais si la dernière attitude est esthétique, la compréhension esthétique de quoi que ce soit est condamnée d'avance. Et je ne peux voir en quoi ces états d'esprits subtils, éphémères et idiosyncrasiques, indiquent une différence significative entre l'esthétique et le scientifique.

4. LA FONCTION DU SENTIMENT.

Toutes ces incapacités à fournir une formulation acceptable en termes de plaisir ou de satisfaction, qu'ils soient produits, « objectivés » ou anticipés, ne délogeront certainement pas la conviction que la distinction entre le scientifique et l'esthétique est de quelque manière enracinée dans la différence entre connaître et ressentir, entre le cognitif et l'émotif. Cette dernière dichotomie, profondément ancrée, est en elle-même douteuse à beaucoup d'égards et son application devient ici particulièrement embarrassante lorsqu'on s'aperçoit que l'expérience esthétique tout comme l'expérience scientifique a fondamentalement un caractère cognitif. Mais nous ne renonçons pas facilement à l'idée que l'art est, d'une façon ou d'une autre, plus émotif que la science.

Le déplacement du plaisir ou de la satisfaction vers l'émotion en général adoucit quelque peu la brutalité des formules hédonistes mais il ne nous libère pas de tous nos soucis. Pour qu'une peinture et l'acte de la regarder ou pour qu'un concert et l'acte de l'écouter soient esthétiques, il n'est nullement nécessaire qu'ils suscitent une émotion, et pas davantage qu'ils procurent une satisfaction ; l'émotion anticipée n'est pas un meilleur critère que la satisfaction anticipée. Si l'esthétique se caractérise en quelque manière par l'émotif, nous avons encore à dire de quelle manière.

Toute considération de l'expérience esthétique en termes d'orgie ou de bain émotionnel est à l'évidence absurde. Les émotions impliquées tendent à être amorties et indirectes en comparaison, par exemple, de la peur, de la tristesse, de l'abattement ou de l'exultation qui naissent d'une bataille, d'un deuil, d'une défaite ou d'une victoire réels, et ne sont pas en général plus vives que l'excitation, le désespoir ou l'ivresse qui accompagnent l'exploration et la découverte scientifiques. Ce que ressent le spectateur apathique reste bien loin de ce que ressentent les caractères portés à la scène, et même de ce qu'il ressentirait lui-même en étant témoin d'événements de la vie réelle. Et s'il bondit sur la scène pour participer, on ne peut plus qualifier sa réponse d'esthétique. Dire que l'art concerne des émotions simulées suggère, en accord avec la théorie de la représentation-copie, que l'art est un pauvre substitut de la réalité : que l'art est imitation et l'expérience esthétique un joujou lénifiant qui ne compense qu'en partie le manque de connaissance et de contact direct avec le Réel.

Souvent les émotions impliquées dans l'expérience esthétique ne sont pas seulement quelque peu tempérées, mais aussi polairement inversées. Nous faisons bon accueil à certains œuvres qui éveillent des émotions que normalement nous fuyons. Les émotions négatives de peur, de haine, de dégoût peuvent devenir positives lorsque la cause en est une pièce de théâtre ou une peinture. Le problème de la tragédie et le paradoxe de la laideur sont faits sur mesure pour les freudiens anciens et modernes qui n'ont d'ailleurs pas laissé passer l'occasion. Ils disent que la tragédie a pour résultat de nous purger des émotions négatives cachées et refoulées, ou de nous administrer des doses mesurées de virus tués pour prévenir ou modérer les ravages d'une attaque réelle. L'art ne devient pas seulement un palliatif mais une thérapeutique, fournissant à la fois un substitut pour la bonne réalité et une sauvegarde contre la mauvaise réalité. Les théâtres et les musées fonctionnent comme auxiliaires des départements de Santé Publique.

En outre, même parmi des œuvres d'art et des expériences esthétiques d'une perfection évidente, la composante émotive est excessivement variable — disons, d'un Rembrandt tardif à un Mondrian tardif, ou bien d'un quatuor de Brahms à un autre de Webern. Le Mondrian et le Webern ne sont manifestement pas plus émotifs que les lois de Newton ou d'Einstein ; une ligne tracée entre l'émotif et le cognitif a toute chance de séparer moins nettement l'esthétique du scientifique que de séparer les uns des autres certains objets et expériences esthétiques.

Toutes ces difficultés ravivent la tentation de poser que c'est une émotion ou un sentiment esthétique spécial, ou bien une coloration spéciale d'autres émotions, qui intervient dans l'expérience esthétique. Il se peut que cette émotion ou ce coloris spécial soit intense lorsque d'autres émotions sont faibles, qu'il soit positif lorsqu'elles sont négatives, et qu'il se produise dans l'expérience de l'art le plus intellectuel tout en faisant défaut dans l'étude scientifique la plus captivante. Toutes les difficultés sont résolues — mais par une pure pétition de principe. Aucun doute que les émotions esthétiques ont la propriété qui les rend esthétiques. Aucun doute que les choses qui brûlent sont combustibles. La théorie du phlogistique esthétique explique tout et n'explique rien.

Deux problèmes nous donnent encore du fil à retordre. D'abord, en dépit de notre conviction que l'expérience esthétique est en *quelque* manière émotive plutôt que cognitive, l'échec des formules en termes d'émotions, soit produites, soit anticipées, nous a laissés sans moyen de dire *comment*. Deuxièmement, en dépit de notre constat que, dans l'expérience esthétique, l'émotion tend à être dénaturée et souvent même inversée, la futilité évidente des explications en termes de sécrétion particulière des glandes esthétiques nous laisse sans moyen de dire *pourquoi*. Peut-être trouverons-nous la réponse à la seconde question en répondant à la première ; peut-être que l'émotion, dans l'expérience esthétique, a le comportement qu'elle a en raison du rôle qu'elle joue.

La plupart des difficultés qui nous ont tourmentés peuvent, je l'ai suggéré, être imputées à la dichotomie tyrannique qui existe entre le cognitif et l'émotif. D'un côté nous plaçons la sensation, la perception, l'inférence, la conjecture, tous les examens et investigations dénués de fébrilité, le fait, et la vérité ; de l'autre, le plaisir, la douleur, l'intérêt, la satisfaction, la déception, toute réponse affective non cérébrale, le penchant et la répugnance. Ceci nous empêche de manière assez efficace de voir que dans l'expérience esthétique *les émotions fonctionnent cognitivement*. L'œuvre d'art est appréhendée par l'entremise des sentiments aussi bien que par l'entremise des sens. La torpeur émotionnelle invalide aussi sûrement sinon aussi complètement que la cécité ou la surdité. Il s'en faut d'ailleurs que nous utilisions les sentiments exclusivement pour explorer le contenu émotionnel d'une œuvre. Jusqu'à un certain point, nous pouvons ressentir quelle apparence a une peinture autant que nous pouvons voir comment elle touche. L'acteur ou le danseur (ou le spectateur) remarque quelquefois et se rappelle le sentiment d'un mouvement plutôt que son schéma, pour autant qu'on puisse réellement distinguer les deux. Dans l'expérience esthétique l'émotion est un moyen de discerner quelles propriétés une œuvre possède et exprime.

Dire ceci, c'est inviter à dénoncer vigoureusement une froide sur-intellectualisation ; mais il s'agit moins de déposséder ici l'expérience esthétique des émotions que d'en doter l'entendement. Le fait que les émotions soient partie prenante dans la démarche cognitive n'implique pas davantage qu'elles ne sont pas ressenties que le fait que la vision nous aide à découvrir les propriétés des objets implique qu'il ne se produit pas de sensations-de-couleur. Il ne fait pas de doute que les émotions doivent être ressenties — c'est-à-dire qu'elles doivent se produire, tout comme les sensations — si on doit en faire usage cognitivement. L'usage cognitif suppose leur différenciation et leur mise en rapport afin de jauger et de saisir l'œuvre, et de l'intégrer au reste de notre expérience et au monde extérieur. S'il est l'opposé d'une absorption passive dans les sensations et les émotions, il ne revient en aucune façon à les annuler. Et il explique les modifications que peuvent subir les émotions dans l'expérience esthétique.

En premier lieu, il arrive que ce soit un contexte de recherche plutôt que de complaisance ou d'incitation qui ait pour résultat un déplacement caractéristique de l'émotion. Le cadre psychologique, physiologique et physique est différent. Un dollar gagné, un dollar économisé, un dollar dépensé, c'est toujours un dollar ; l'affection qui débouche sur la servitude, la frustration, ou l'illumination, c'est toujours l'affection ; mais dans aucun des deux cas, tous trois ne sont exactement les mêmes. Les émotions ne sont pas autonomes au point d'être insensibles à leur environnement, mais l'usage cognitif ne crée pas de nouvelles émotions, ni ne communique aux émotions ordinaires quelque additif magique.

Qui plus est, on comprend aisément maintenant la disparité fréquente entre l'émotion ressentie et le contenu émotif qu'elle permet de découvrir dans l'objet. La pitié sur la scène peut induire de la pitié chez le spectateur ; mais l'avidité peut soulever le dégoût, et le courage l'admiration. De même qu'une maison blanche paraît blanche à midi, mais rouge au coucher du soleil, et qu'un globe semble rond sous n'importe quel angle [8]. Expériences sensorielles et émotives sont en relation de manières complexes avec les propriétés des objets. Il faut ajouter que les émotions fonctionnent cognitivement non pas en tant qu'éléments séparés, mais en se combinant l'une avec l'autre et avec d'autres moyens de connaître. La perception, la conception et le sentiment s'entremêlent et interagissent ; un alliage offre souvent une résistance lorsqu'on cherche à le résoudre en composants émotifs et non émotifs. La même douleur (mais est-ce bien la même ?) révèle la glace et le feu. Est-ce que la colère et l'indignation sont des sentiments différents ou le même sentiment dans des circonstances différentes ? Et est-ce que la conscience de la différence globale naît de la conscience de la différence des circonstances, ou bien est-ce qu'elle y conduit ? Les réponses n'importent pas ici ; car je ne fais rien reposer sur la distinction entre l'émotion et d'autres éléments relatifs au savoir, mais je me borne à souligner que l'émotion en fait partie. Ce qui importe, par contre, c'est que les comparaisons, les contrastes, et l'organisation impliquées dans le procès cognitif affectent souvent les émotions qui y ont part. Certaines peuvent être intensifiées, comme le sont des couleurs sur un fond de complémentaire, ou bien mises en valeur par une versification subtile ; d'autres peuvent être étouffées, ainsi des sons dans un contexte plus bruyant. Certaines émotions peuvent émerger en tant que propriétés du tout orchestré, n'appartenant, telle une sorte de coquille d'œuf, à aucune des parties composantes.

Ajoutons que, de toute évidence, les émotions négatives fonctionnent cognitivement tout aussi bien que celles qui sont positives. L'horreur et la révulsion que nous pouvons ressentir devant *Macbeth* ne sont pas de moindres moyens de comprendre que l'amusement et la délectation que nous pouvons trouver à *Pygmalion*. On ne nous demande pas de supposer qu'en quelque manière — disons par catharsis — la révulsion se transforme en délectation, ou d'expliquer pourquoi le portrait le plus rébarbatif est aussi légitimement esthétique que le plus émouvant ; car l'agrément dans une émotion n'est pas plus une condition de son fonctionnement cognitif que ne l'est la rougeur dans une sensation-de-couleur. Dans l'expérience esthétique, l'émotion positive ou négative est un mode de sensibilité à l'œuvre. Le problème de la tragédie et le paradoxe de la laideur se volatilisent.

Il est tout aussi manifeste que la quantité ou l'intensité de l'émotion ne mesurent pas son efficace cognitive. Il se peut qu'une émotion légère apporte autant d'information qu'une émotion irrésistible ; trouver qu'une œuvre exprime peu ou pas d'émotion peut être aussi significatif esthétiquement que de trouver qu'elle en exprime beaucoup. C'est une chose que négligent toutes les tentatives pour distinguer l'esthétique en termes de quantité ou de degré d'émotion.

Bien que de nombreuses énigmes soient ainsi résolues, et le rôle de l'émotion dans l'expérience esthétique clarifié, nous ne disposons pas encore d'un moyen de distinguer l'esthétique de toute autre expérience. L'emploi cognitif des émotions ni n'est présent dans toute expérience esthétique ni n'est absent de toute expérience non esthétique. Nous avons déjà noté que certaines œuvres d'art ont peu ou pas de contenu émotif, et que, même lorsque le contenu émotif est appréciable, il peut parfois être appréhendé par des moyens non émotifs. Dans la vie de tous les jours, la classification des choses par le sentiment est souvent plus vitale que la classification par d'autres propriétés : il est vraisemblable que nous sommes dans une meilleure position si nous sommes experts à craindre, à désirer, à affronter ou à nous méfier des choses appropriées, qu'elles soient animées ou inanimées, que si nous percevons seulement leurs formes, tailles, poids, etc. L'importance de savoir discerner au moyen du sentiment ne s'évanouit pas lorsque la motivation devient théorique plutôt que pratique. Le zoologiste, le psychologue, le sociologue, même lorsque leurs visées sont purement théoriques, emploient légitimement l'émotion dans leurs investigations. En réalité, quelle que soit la science, si l'objectivité requise proscrit une pensée hypothéquée par le désir, un déchiffrement de l'évidence empirique grevé de préjugés, le rejet des résultats non voulus, la mise à l'écart des voies de recherche inquiétantes, elle ne proscrit pas le recours au sentiment dans l'exploration et la découverte, ni l'élan de l'inspiration et de la curiosité, ni la recherche ardente d'indices à partir de problèmes fascinants et d'hypothèses prometteuses. Plus nous débattons de ces sujets, plus nous en venons à nous rendre compte que les émotions ne sont pas si clairement différenciées, ni si nettement séparables, des autres éléments dans la démarche cognitive que cette distinction puisse fournir une base assurée pour répondre à toutes questions controversées.

5. SYMPTÔMES DE L'ESTHÉTIQUE.

L'incapacité répétée de trouver une formule précise propre à assortir les expériences en esthétiques et non esthétiques, en conformité grossière avec l'usage grossier, suggère de recourir à une approche moins naïve. Peut-être un bon commencement serait-il d'examiner la pertinence esthétique des caractéristiques majeures des différents processus symboliques impliqués dans l'expérience de l'esthétique et de chercher des aspects ou des symptômes plutôt qu'un critère tranchant. Un symptôme n'est une condition ni nécessaire ni suffisante pour l'expérience esthétique, mais il tend simplement à y être présent en conjonction avec d'autres symptômes du même genre.

Trois des symptômes de l'esthétique peuvent être : la densité syntaxique, la densité sémantique et la saturation syntaxique. Comme nous l'avons vu, la densité syntaxique est caractéristique des systèmes non linguistiques, et est un trait qui distingue les esquisses des partitions et des scripts ; la densité sémantique est caractéristique de la représentation, de la description et de l'expression dans les arts, et est un trait qui différencie les esquisses et les scripts des partitions ; et la saturation syntaxique relative distingue parmi les systèmes sémantiquement denses les plus représentationnels des plus diagrammatiques, les moins « schématiques » de ceux qui le sont davantage. Ces traits réclament tous trois une sensibilité maximale de discrimination. Densités syntaxique et sémantique exigent une attention sans limite pour déterminer caractère et référent, une fois donnée une marque quelconque du système ; et la saturation syntaxique relative dans un système syntaxiquement dense exige un effort de discrimination analogue portant, pour ainsi dire, sur davantage de dimensions. L'impossibilité d'une détermination finie peut suggérer l'idée d'ineffabilité que l'on a si souvent revendiquée pour l'esthétique ou dont on lui a fait non moins souvent reproche. Mais la densité, loin d'être mystérieuse et vague, est explicitement définie ; elle dérive de l'exigence impossible à satisfaire d'une précision absolue, et elle la renforce.

Le quatrième et dernier symptôme de l'esthétique est le trait qui distingue les systèmes exemplificationnels des systèmes dénotationnels et qui, en se combinant avec la densité, permet de distinguer entre montrer et dire. Une expérience est exemplificationnelle pour autant qu'elle concerne des propriétés exemplifiées ou exprimées — à savoir, des propriétés possédées et exhibées — par un symbole, et non uniquement des choses que le symbole dénote. Considérer une telle exemplificationalité comme esthétique peut sembler une concession à la tradition qui associe l'esthétique à l'immédiat et au non transparent et qui veut donc que l'objet esthétique soit tenu pour ce qu'il est en lui-même plutôt que comme signifiant quoi que ce soit d'autre. Mais l'exemplification, tout comme la dénotation, met en rapport un symbole avec un référent, et la distance entre un symbole et ce qui s'y applique ou qu'il exemplifie n'est pas moindre que la distance à ce à quoi il s'applique ou qu'il dénote. De même que l'« ineffabilité » se transforme à l'analyse en densité plutôt qu'en mystère, l'« immédiateté » devient une question d'exemplification plutôt que d'intimité — elle est fonction de la direction plutôt que de la distance. Rien ici n'implique que la représentation, par contraste avec l'exemplification, est non esthétique. L'exemplification fait contraste avec la dénotation plutôt qu'avec la représentation. Nous avons vu que la représentation fictive et également la représentation-en sont affaire d'exemplification ; mais il n'est pas fréquent que la représentation dans les arts soit explicitement factuelle et par ailleurs purement dénotationnelle. De plus, une expérience esthétique n'a aucunement besoin de présenter la totalité des quatre symptômes.

Il est probable que les quatre symptômes tendent à être plutôt présents qu'absents, et à occuper une place éminente dans l'expérience esthétique ; mais n'importe lequel d'entre eux peut être absent de l'expérience esthétique ou présent dans l'expérience non esthétique. Le medium symbolique des arts littéraires, par exemple, n'est pas syntaxiquement dense, tandis que le jaugeage des poids ou des températures peut être dense à la fois syntaxiquement et sémantiquement. L'absence d'un des symptômes esthétiques ou la présence d'un symptôme non esthétique ne conduit pas à une totalité esthétiquement moins pure, et il n'est même pas vrai qu'une expérience est d'autant plus esthétique que s'y concentrent davantage de symptômes esthétiques. Cependant si les quatre symptômes inventoriés ne sont *séparément* ni suffisants ni nécessaires pour l'expérience esthétique, ils peuvent être *conjonctivement* suffisants et *disjonctivement* nécessaires ; peut-être alors qu'une expérience est esthétique si elle possède la totalité de ces attributs mais elle doit obligatoirement posséder au moins l'un d'eux.

Je ne prétends pas que cette proposition se conforme fidèlement à l'usage ordinaire. L'usage présystématique des mots « esthétique » et « non esthétique » est encore moins clairement établi par la pratique, et plus gravement contaminé par une théorisation inepte, que ce n'est le cas de la plupart des termes. Je suggère plutôt que nous avons ici un usage approprié pour certains termes sérieusement maltraités. La densité, la saturation, et l'exemplificationalité sont alors des marques distinctives de l'esthétique ; une structure articulée, l'atténuation, et la dénotationalité des marques distinctives du non esthétique. Une dichotomie vague et cependant brutale entre expériences cède le pas à une distribution de traits, d'éléments et de processus. La classification d'une totalité comme esthétique ou non esthétique a moins d'importance que l'identification de ses aspects esthétiques et non esthétiques. Des phases d'un composé incontestablement esthétique peuvent être totalement non esthétiques ; par exemple, une partition et la simple lecture qu'on en fait sont dénués de tout aspect esthétique. D'autre part, des traits esthétiques peuvent prédominer dans la subtile discrimination qualitative et quantitative requise pour tester certaines hypothèses scientifiques. L'art et la science ne sont pas complètement étrangers l'un à l'autre.

La distinction que je fais ici entre l'esthétique et le non esthétique est indépendante de toute considération de valeur esthétique. Il en va nécessairement ainsi. Une exécution abominable de la *Symphonie londonienne* est aussi esthétique qu'une exécution superbe ; et l'*Érection de la croix* de Piero n'est pas plus esthétique mais seulement meilleure que celle d'un barbouilleur. Les symptômes de l'esthétique ne sont pas des marques de mérite ; une caractérisation de l'esthétique ne requiert ni ne fournit une définition de l'excellence esthétique.

6. LA QUESTION DU MÉRITE.

La tradition populaire tient que la bonne image est jolie. Au niveau immédiatement supérieur, « beau » remplace « joli » puisque souvent les meilleures images à l'évidence ne sont pas jolies. Bien plus, beaucoup d'entre elles sont au sens le plus évident laides. Si le beau exclut le laid, alors « beauté » devient seulement une appellation alternative et trompeuse du mérite esthétique.

La maxime selon laquelle la science se juge à sa vérité alors que l'art se juge à la satisfaction qu'il donne n'apporte guère plus de lumière. Beaucoup des objections avancées plus haut contre la satisfaction, produite ou anticipée, en tant que trait distinctif de l'esthétique, gardent leur importance contre la satisfaction en tant que critère du mérite esthétique : on ne peut identifier la satisfaction avec le plaisir, et postuler un sentiment esthétique spécial fait pétition de principe. Il nous reste la formule vaine que ce qui est esthétiquement bon est esthétiquement satisfaisant, mais la question demeure : qu'est-ce qui rend une œuvre bonne ou satisfaisante ?

Être satisfaisant est en général relatif à la fonction et au dessein. Un bon fourneau chauffe la maison à la température demandée, régulièrement, économiquement, silencieusement et sans risques. Une bonne théorie scientifique rend compte des faits significatifs clairement et simplement. Nous avons vu que les œuvres d'art ou leurs exemples accomplissent une ou plusieurs des fonctions référentielles suivantes : la représentation, la description, l'exemplification, l'expression. La question de ce qui constitue la symbolisation effective de n'importe laquelle de ces espèces soulève à son tour la question du dessein que sert une telle symbolisation.

Une réponse qu'on donne parfois est que l'exercice des facultés de symboliser au-delà du besoin immédiat obéit au dessein pratique plus lointain de développer nos capacités et nos techniques pour faire face à des contingences futures. L'expérience esthétique devient un entraînement au gymnase, les images et les symphonies les haltères et les punching-balls dont nous nous servons pour fortifier nos muscles intellectuels. L'art nous équipe pour survivre, conquérir et gagner. Il canalise l'énergie en excès qu'il détourne d'issues destructrices. Il rend le scientifique plus fin, le marchand plus avisé, et débarrasse les rues des jeunes délinquants. L'art longtemps tourné en ridicule comme étant la distraction gratuite d'une classe coupablement oisive, est salué comme serviteur universel de l'humanité. C'est un point de vue réconfortant pour ceux qui doivent réconcilier les inclinations esthétiques avec la conviction que toute valeur se réduit à une utilité pratique.

Plus allègre et peut-être plus candide est la réponse presque opposée : la symbolisation est en penchant irrépressible de l'homme qui continue de symboliser au-delà de la nécessité immédiate, simplement pour la joie qu'il y trouve ou parce qu'il ne peut s'arrêter. Dans l'expérience esthétique, l'homme est un chiot qui cabriole ou un puisatier qui continue à creuser opiniâtrement après avoir trouvé assez d'eau. L'art n'a pas le sens pratique, il est enjoué ou irrésistible. Les chiens aboient parce qu'ils sont canins, les hommes symbolisent parce qu'ils sont humains ; et les chiens continuent d'aboyer, et les hommes de symboliser, lorsqu'il n'y a plus de besoin pratique, simplement parce qu'ils ne peuvent arrêter et parce que c'est tellement amusant.

Une troisième réponse, qui évite le dilemme caractère pratique vs amusement, voit dans la communication le vrai dessein du symboliser. L'homme est un animal social, la communication est un réquisit pour l'échange social, et les symboles sont des moyens de communication. Les œuvres d'art sont des messages qui véhiculent des faits, des pensées et des sentiments ; leur étude appartient à la nouvelle discipline omnivore appelée « théorie de la communication ». L'art dépend de la société et contribue à la renforcer — il existe parce qu'aucun homme n'est une île et il contribue à nous en assurer.

Chacune de ces explications — en termes de gymnastique, de jeu, ou de conversation — gonfle et déforme une vérité partielle. S'exercer à des talents de symbolisation *peut* améliorer quelque peu les aptitudes pratiques ; le caractère cryptographique de l'invention et de l'interprétation symboliques leur confère *vraiment* la fascination d'un jeu ; et les symboles *sont* indispensables à la communication. Mais l'avocat ou l'amiral qui améliorent leur compétence professionnelle au moyen d'heures passées dans les musées, le chiot qui cabriole ou le puisatier névrotique, et la femme au téléphone, ne livrent pas, séparément ou ensemble, la totalité du tableau. Ce que tous trois laissent échapper, c'est que le moteur est la curiosité et que le but est d'obtenir des lumières (*enlightenment*). L'usage des symboles au-delà du besoin immédiat joue au profit de l'entendement, non pas de la pratique ; c'est l'impulsion à connaître qui nous motive, la découverte qui nous enchante, et la communication passe après l'appréhension et la formulation de ce qui est à communiquer. Le dessein primordial est la cognition en elle-même et pour elle-même ; l'intérêt pratique, le plaisir, la contrainte, et l'utilité communicative n'en sont que des corollaires.

On doit donc juger la symbolisation fondamentalement par la manière dont elle sert le dessein cognitif : par la finesse de ses distinctions et la justesse de ses allusions ; par les chemins qu'elle fraie en appréhendant, en explorant et en donnant forme au monde ; par la manière dont elle analyse, ordonne et organise ; par la manière dont elle participe à la fabrication, à la manipulation, à la rétention et à la transformation du savoir. Des considérations de simplicité et de subtilité, de puissance et de précision, de portée et de sélectivité, de familiarité et de fraîcheur, sont toutes pertinentes et souvent se concurrencent l'une l'autre ; leur estimation est relative à nos intérêts, à notre information et à notre recherche.

Voilà pour l'efficace cognitive de la symbolisation en général, mais qu'en est-il de l'excellence esthétique en particulier ? Distinguer entre l'esthétique et le méritoire est à double tranchant. Si l'excellence n'est pas requise de l'esthétique, l'excellence n'est pas non plus appropriée à des objets esthétiques réduits à eux-mêmes, ou plutôt, l'excellence générale qu'on vient d'esquisser ne devient esthétique que lorsque ce sont des objets esthétiques qui en font preuve. C'est-à-dire que le mérite esthétique est une excellence telle qu'elle rend esthétique tout fonctionnement symbolique, en vertu de sa constellation particulière d'attributs. Cette subsomption de l'excellence esthétique sous l'excellence cognitive nous oblige à rappeler une fois de plus que le cognitif, bien que faisant contraste à la fois avec le pratique et le passif, n'exclut pas le sensoriel ou l'émotif, que ce que nous connaissons par l'entremise de l'art est ressenti dans nos os, nos nerfs et nos muscles aussi bien que saisi par nos esprits, et que toute la sensibilité et capacité de répondre de l'organisme participent à l'invention et à l'interprétation des symboles.

Le problème de la laideur se dissipe ; car le plaisir et la joliesse ne définissent ni ne permettent d'évaluer l'expérience esthétique ou l'œuvre d'art. La présence ou l'absence d'agrément d'un symbole ne détermine pas son efficace cognitive en général ou son mérite spécifiquement esthétique. *Macbeth* et le *Sabbat des sorcières* de Goya ne réclament pas plus de justifications que *Pygmalion* et la *Vénus* de Botticelli.

La dynamique du goût, souvent embarrassante pour ceux qui recherchent des normes inflexibles d'immuable excellence, devient elle aussi aisée à comprendre. Après un certain temps et pour un temps, la peinture la plus belle peut s'affadir et la plus grande musique exaspérer. Une œuvre peut être successivement choquante, fascinante, rassurante et ennuyeuse. Ce sont là les vicissitudes des véhicules et des instruments du savoir. Nous concentrons notre attention sur les frontières ; l'apogée de l'intérêt tend à coïncider avec le moment où un symbole se révèle, quelque part vers le milieu du trajet de l'obscur à l'évident. Mais il y a aussi permanence et renouvellement. Des découvertes ne deviennent un savoir disponible que lorsqu'elles sont conservés sous une forme accessible ; le symbole incisif et prégnant ne perd pas sa valeur en devenant familier, mais il se trouve incorporé au matériel de base en vue d'une exploration plus poussée. Lorsqu'il y a densité dans le système symbolique, cette familiarité n'est jamais complète ni définitive ; un autre regard peut toujours dévoiler de nouvelles subtilités significatives. De plus, ce que nous devinons à partir d'un symbole et apprenons par son intermédiaire varie avec ce que nous lui apportons. Non seulement nous découvrons le monde par l'entremise de nos symboles mais nous comprenons et réévaluons nos symboles progressivement à la lumière de notre expérience grandissante. La dynamique et la durabilité de la valeur esthétique sont au même titre des conséquences naturelles de son caractère cognitif.

Des considérations similaires expliquent qu'une expérience éloignée de l'œuvre relève pourtant du mérite esthétique. Ce qu'un Manet, un Monet ou un Cézanne apporte à notre vision ultérieure du monde est aussi pertinent pour l'appréciation de leur œuvre que n'importe quelle confrontation directe. La manière dont nous regardons les images et écoutons la musique [9], parce qu'elle informe ce que nous rencontrons plus tard et ailleurs, fait partie intégrante de ces événements cognitifs. Nous pouvons mettre au rebut le mythe absurde et maladroit de l'insularité de l'expérience esthétique.

Le rôle du thème-et-variation — aussi courant en architecture et dans d'autres arts qu'en musique — devient également intelligible. L'établissement et la modification des motifs, l'abstraction et l'élaboration de modèles, la différenciation et l'interrelation des modes de transformation, sont tous des processus de recherche constructive ; les mesures applicables ne sont pas celles de la jouissance passive mais celles de l'efficace cognitive : sensibilité dans la discrimination, pouvoir d'intégration et juste équilibre entre récognition et découverte. De fait, une voie caractéristique pour faire avancer le savoir consiste en une variation progressive sur un thème. Certains compositeurs modernes dédaignent parfois le thème-et-variation dont le patron serait trop reconnaissable, et déclarent viser une imprévisibilité maximale ; mais, comme C.I. Lewis l'a fait remarquer [10], une irrégularité complète est inconcevable car si aucune séquence n'est jamais répétée dans une composition donnée, ce fait en lui-même constitue une régularité notable.

Le mérite esthétique, toutefois, n'a en aucune façon été ma préoccupation principale dans ce livre, et je me sens quelque peu mal à l'aise d'être arrivé à un début de définition de ce qu'on appelle souvent, pour tout embrouiller, la « beauté ». C'est une polarisation excessive sur la question de l'excellence qui a été responsable, je pense, d'un rétrécissement et d'une distorsion de la recherche esthétique [11]. Dire qu'une œuvre d'art est bonne, ou même dire dans quelle mesure elle est bonne, ne nous avance guère, après tout, et ne nous dit pas si l'œuvre est évocatrice, vigoureuse, palpitante, ou exquisément conçue, et encore moins quelles sont ses qualités spécifiques marquantes de couleur, de forme ou de son. De plus les œuvres d'art ne sont pas des chevaux de course, le but primordial n'est pas de désigner un vainqueur. Loin que les jugements portant sur les caractéristiques particulières soient de simples moyens en vue d'une appréciation ultime, ce sont plutôt les jugements de valeur esthétique qui sont souvent des moyens pour découvrir de telles caractéristiques. Si un connaisseur me dit que l'une de deux idoles Cycladiques qui me semblent presque indiscernables est bien supérieure à l'autre, cela me pousse à chercher, et peut m'aider à trouver, les différences significatives entre elles. Les évaluations d'excellence sont au nombre des éléments mineurs qui aident à pénétrer une œuvre. Juger de l'excellence des œuvres d'art ou de la bonté des gens n'est pas la meilleure manière de les comprendre. Un critère de mérite esthétique n'est pas la visée majeure de l'esthétique, pas plus qu'un critère de vertu n'est la visée majeure de la psychologie.

En bref, concevoir l'expérience esthétique comme une forme de compréhension aboutit à la fois à résoudre et à dévaluer la question de la valeur esthétique.

7. L'ART ET L'ENTENDEMENT.*

En disant que l'expérience esthétique est une expérience cognitive qui se distingue par la prédominance de certaines caractéristiques symboliques et qu'on juge par des normes d'efficace cognitive, ai-je négligé le contraste le plus marqué, à savoir qu'en science, à la différence de l'art, le test décisif est la vérité ? Est-ce que les deux domaines ne diffèrent pas de la manière la plus radicale en cela que la vérité signifie tout pour l'un, et rien pour l'autre ?

En dépit de la doctrine communément acceptée, la vérité par elle-même importe très peu en science. Nous pouvons engendrer à volonté des volumes de vérités dûment fondées

(*) « Entendement » traduit ici « understanding », par référence aux titres classiques de la tradition anglaise ; la notion de « compréhension », subordonnée à une démarche cognitive (cf. section précédente), lui est strictement équivalente. (N.d.T.)

aussi longtemps que nous ne nous soucions pas de leur importance ; les tables de multiplication sont inépuisables, et les vérités empiriques abondent. Les hypothèses scientifiques, si vraies soit-elles, sont sans valeur si elles ne satisfont pas des exigences minimales de portée ou de spécificité que leur impose notre recherche, si elles n'aboutissent pas à une analyse ou à une synthèse intéressante, si elles ne soulèvent pas des questions significatives ou n'y répondent pas. La vérité ne suffit pas : elle est au plus une condition nécessaire. Mais c'est encore trop concéder ; les lois scientifiques les plus nobles sont rarement tout à fait vraies. On passe outre à quelques anomalies mineures dans l'intérêt de la généralité, de la puissance ou de la simplicité [12]. La science désavoue ses données tout comme l'homme d'État désavoue ses électeurs — dans les limites de la prudence.

La vérité n'est pas non plus un critère à part dans l'ensemble des critères en compétition pour évaluer les hypothèses scientifiques. Quel que soit l'ensemble des données empiriques, il existe d'innombrables hypothèses concurrentes qui s'y conforment. Nous ne pouvons choisir entre elles sur la base de la vérité, car nous n'avons pas d'accès direct à leur vérité. Nous les jugeons plutôt par des caractéristiques telles que leur simplicité et leur force. Ces critères ne suppléent pas la vérité, mais nous les appliquons avec l'espoir de parvenir, grâce à eux, à la meilleure approximation de la vérité qui soit compatible avec nos autres intérêts.

Nous reste-t-il cette différence résiduelle capitale que la vérité — quoiqu'elle ne soit ni suffisante ni nécessaire, ni même une pierre de touche pour choisir entre des hypothèses — est néanmoins une considération qui compte en science mais non en art ? Même une formulation aussi édulcorée suggère un contraste trop fort. Après tout la vérité d'une hypothèse est affaire d'ajustement — ajustement avec un corps de théorie, et ajustement de l'hypothèse et de la théorie aux données dont on dispose et aux faits qu'on peut rencontrer. Comme aimait à nous le rappeler Philipp Frank, ce qui fait un bon ajustement tient à un va-et-vient — de la théorie aux faits et des faits à la théorie — avec le double dessein de renforcer et de renouveler. Mais une telle convenance, une telle justesse dans la conformité à notre savoir et à notre monde et dans la tâche de les réformer, importe au même titre pour le symbole esthétique. La vérité et sa contrepartie esthétique reviennent à être appropriées, sous des noms différents. Si nous déclarons vraies des hypothèses, mais non des œuvres d'art, c'est que nous réservons les termes « vrai » et « faux » à des symboles de forme propositionnelle. Je ne dis pas que cette différence soit négligeable, mais elle est spécifique plutôt que générique, c'est une différence dans le domaine d'application plutôt que dans les formules, et elle n'est la marque d'aucun schisme entre le scientifique et l'esthétique.

Rien de tout ceci ne vise à effacer la distinction entre l'art et la science. Les déclarations d'indissoluble unité — qu'elle porte sur les sciences, les arts et les sciences pris ensemble, ou sur l'humanité — tendent de toute façon à focaliser l'attention sur les différences. Ce sur quoi j'insiste, c'est que les affinités sont ici plus profondes, et les différences spécifiques marquantes autres, qu'on ne le suppose souvent. La différence entre l'art et la science ne passe pas entre le sentiment et le fait, l'intuition et l'inférence, la jouissance et la délibération, la synthèse et l'analyse, la sensation et la cérébralité, le caractère concret et l'abstraction, la passion et l'action, le médiat et l'immédiat, ou la vérité et la beauté, mais constitue plutôt une différence dans la manière de maîtriser certaines caractéristiques spécifiques des symboles.

Il se peut que les implications de cette reconception dépassent la philosophie. On entend dire bien des choses sur la manière dont les aptitudes et la formation dont on a besoin pour les arts et pour les sciences s'opposent ou même s'affrontent les uns les autres. Des efforts sérieux et approfondis sont constamment engagés pour imaginer et tester un moyen de découvrir et de stimuler les dispositions esthétiques. Mais rien dans ce discours ou ces essais ne mène très loin sans un cadre conceptuel adéquat pour inventer des expériences décisives et interpréter leurs résultats. Une fois qu'il est bien reconnu que les arts et les sciences impliquent un travail d'invention, d'application, de lecture, de transformation, de manipulation de systèmes symboliques qui s'accordent et diffèrent à certains points de vue spécifiques, on peut se permettre d'entreprendre une investigation psychologique serrée sur la façon dont les talents pertinents s'inhibent ou se renforcent les uns les autres ; cela pourrait bien avoir pour conséquence de réclamer des changements dans la technologie de l'éducation. Notre étude préliminaire suggère, par exemple, que certains processus requis pour une science sont moins apparentés l'un à l'autre qu'à certain réquisit pour un art. Mais prenons de vitesse des conclusions courues d'avance. Des résultats fermes et utilisables sont aussi lointains que grandement nécessaires ; le temps est venu, dans ce domaine, de permettre à l'expérience élémentaire et à l'hypothèse hésitante de prendre la place du truisme faux et de la platitude retentissante.

Quelles que soient les conséquences qui pourraient éventuellement en découler pour la psychologie ou l'éducation, elles compteraient en tout cas comme sous-produits de l'enquête théorique commencée ici. Mon objectif a été de faire quelques pas en direction d'une étude systématique des symboles et des systèmes symboliques, ainsi que de leurs modalités de fonctionnement dans nos perceptions et nos actions, dans les arts et dans les sciences, et donc dans la création et la compréhension de nos mondes.

NOTES
CHAPITRE VI

1. On peut considérer ceux qui ne sont pas sémantiquement denses comme des systèmes représentationnels anormaux ; mais dans ce qui suit, « système représentationnel » voudra souvent dire « système représentationnel normal ». La densité sémantique requiert seulement de *se doter* d'un ensemble dense de classes-de-référence, non pas que le domaine de référence soit *effectivement* dense. Entre parenthèses, nous avons vu plus haut que la densité n'est pas impliquée par l'absence complète de différenciation.

2. La saturation (*repleteness*) se distingue donc à la fois de la généralité d'un symbole et de l'illimitude d'un schéma, et elle est de fait entièrement indépendante à la fois de ce qu'un symbole dénote et du nombre de symboles dans un schéma. Comme opposé de la saturation, j'utilise le terme « atténuation ».

3. C'est-à-dire : la relation symbolique de la position-de-la-jauge ou de la mesure numérique à ce qui est jaugé ou mesuré est la dénotation, alors que la relation d'exemplification fonctionne dans la direction opposée, faisant retour de ce qui est jaugé ou mesuré vers la position ou le nombre. Ce qui provoque la confusion, c'est que le *processus* pour découvrir ce qu'une image exemplifie fonctionne dans la même direction que le *processus* de jauge ou de mesure.

4. Exactement de même qu'on peut dire indifféremment que des objets exemplifient la couleur rouge ou le nom « rouge » de cette couleur, on peut dire indifféremment que des exécutions exemplifient une œuvre ou la partition qui a comme extension, et donc nomme, l'œuvre.

5. Mais seulement par ellipse. Nous ne pouvons dire que l'œuvre exemplifie véritablement quoi que ce soit de ce que tous ses exemples exemplifient, car si tous les exemples exemplifient l'œuvre ou la propriété d'être un exemple de l'œuvre, du moins l'œuvre n'exemplifie-t-elle pas cette propriété.

6. Je parle ici bien sûr de l'exemplification littéraire, et non simplement de l'exemplification par la littérature. Certains poèmes, tout comme certaines peintures, peuvent exemplifier la propriété d'être invendables ; mais l'exemplification n'est pas plus littéraire dans le premier cas que picturale dans l'autre.

7. Manifestement tout système qui est, réciproquement, syntaxiquement dense mais sémantiquement articulé aura de nombreux caractères vacants ou un grand nombre ayant même classe-de-référence. Mais un système qui est syntaxiquement et sémantiquement dense peut néanmoins être tel que les classes-de-référence, considérées indépendamment du système, soient différenciées et normalement ordonnées de manière discontinue d'un bout à l'autre. Pour un cas de ce genre, supposez que chaque caractère consiste dans la classe des tirets qui, pour une fraction arabe totalement réduite m/n, ont une longueur de m/n centimètres. (Une marque n'est pas une inscription dans ce schéma à moins que sa longueur en centimètres ne soit un nombre rationnel.) Le schéma est syntaxiquement dense. Maintenant supposez que chaque caractère prend comme référent le nombre entier avec lequel le m/n en question est mis en corrélation dans une ordination complète particulière des rationnels. Alors, même si l'ensemble des nombres entiers, de quelque manière qu'on l'ordonne, est différencié d'un bout à l'autre, chaque caractère de ce système syntaxiquement dense possède sa propre classe-de-référence, et le système est sémantiquement dense. La densité sémantique résulte ici de la manière dont les nombres entiers sont mis en relation dans le système avec les caractères qui leur font référence.

8. Voir *SA*, pp.130-132.

9. La musique peut informer la perception non seulement d'autres sons mais aussi des rythmes et patrons de ce que nous voyons. Une telle manière de se reporter aux propriétés structurales avec transfert me semble être un aspect important et fondamental de l'apprentissage, pas simplement une matière à expérimentation nouvelle pour des compositeurs, des danseurs et des peintres.

10. *Mind and the World Order,* New York, Charles Scribner's Sons, 1929, p.385.

11. Voir mon article « Merit as Means » dans *Art and Philosophy,* ed. S. Hook, New York, New York University Press, 1966, pp.56-57.

12. Voir mon article « Science and Simplicity » dans *Philosophy of Science Today,* ed. S. Morgenbesser, New York, Basic Books, Inc., 1967, pp.68-78.

INDEX DES NOMS CITÉS

TABLE DES MATIÈRES

IV
LA THÉORIE DE LA NOTATION

V
PARTITION, ESQUISSE, SCRIPT

VI
L'ART ET L'ENTENDEMENT

Je tiens à exprimer ma gratitude envers tous ceux qui ont manifesté de l'intérêt pour mon projet et qui ont contribué à en perfectionner le résultat. Je suis plus particulièrement redevable à Pierre Jacob pour nombre de tournures techniques du texte et à Gérard Genette pour d'heureuses suggestions. Chantal Capet a relu le manuscrit et lui a apporté de substantielles améliorations sur le plan stylistique. Enfin le soutien d'Yves Michaud m'a été un stimulant précieux.

J.M.

Imprimé en Espagne, par LIBERDUPLEX (Barcelone)
HACHETTE LITTÉRATURES – 31 rue de Fleurus – 75006 Paris

Collection n° 25 – Édition 01
Dépôt légal : 56162-05/05
ISBN : 2.01.279255.3